ЕЛЕНА АРСЕНЬЕВА

РОКОВАЯ СТРАСТЬ РАСПУТИНА

Prospect Heights Public Library
12 N. Elm Street
Prospect Heights, IL 60070
www.phpl.info

ЭКСМО
Москва
2014

УДК 82-3
ББК 84(2Рос-Рус)6-4
А 85

Оформление серии *П. Петрова*

**Ранее книга выходила под названием
«Юсуповы, или Роковая дама империи»**

Арсеньева Е.

А 85   Роковая страсть Распутина / Елена Арсеньева. —
М. : Эксмо, 2014. — 352 с. — (Чаровница. Романы
Е. Арсеньевой).

ISBN 978-5-699-69334-4

Согласно преданию, основатель династии Юсуповых был проклят
своей дочерью, царицей Сююмбике — и с тех пор роковое число 26,
которое повторяла и повторяла она, преследует этот блистательный
род. В семье выживает только один ребенок — и если их рождается
больше, до 26 лет никто из них не дотягивает... Жена последнего из
Юсуповых, Ирина Романова, княжна императорской крови, имеет в
сложении букв своего имени тоже число 26. И столько же — домогав-
шийся ее Григорий Распутин, чьим убийцей в конце концов станет
супруг Ирины...

УДК 82-3
ББК 84(2Рос-Рус)6-4

© Арсеньева Е., 2014
© Оформление. ООО «Издательство
«Эксмо», 2014

ISBN 978-5-699-69334-4

ЧАРОВНИЦА

Романы Е. Арсеньевой

Собственное понимание добродетели и пороков — самое главное.

Цицерон

Прошлое нужно знать не потому, что оно прошло, а потому, что, уходя, не умело убрать свои последствия.

В. Ключевский

Мне давно хотелось написать о своей жизни, которую я прожила с мыслью, что это из-за меня погибла Россия... Из-за меня, княжны императорской крови, племянницы последнего русского государя. И он, мой дорогой дядя Никки, такой добрый и ласковый, погиб — из-за меня, и мои подруги-кузины, которых я так любила, и Царское Село, и Гатчина, и Петербург, и Ай-Тодор в Крыму, и все-все-все... ВСЯ Россия!

Из-за меня, по сути дела!

Моего мужа часто спрашивали, не ужасается ли он того, что совершил. Ведь *Г.Р.* — я не могу называть его по имени, я ненавижу это имя и боюсь его! — предрекал, что, если его убьет кто-то из дома Романовых, императорская фамилия перестанет существовать. А в этой истории был замешан и Дмитрий! Великий князь Дмитрий Павлович, кузен государя...

Мой муж, правда, так отвечал на упреки: можно лишь пожалеть, что они с Дмитрием не сделали то, что сделали, раньше, когда еще была возможность исправить непоправимое и образумить неразумных. Возможно, тогда Россия не погибла бы.

Меня он, само собой, никогда не упоминал. Ну да, я находилась в это время в Крыму с родителями мужа. И все-таки *Г.Р.* пришел в наш дом на Мойке, чтобы встретиться со мной!

Я прочла в одной парижской публикации, что его якобы заманили туда возможностью встречи с Верой Каралли, этой балериной, актрисой немого кино и тогдашней любовницей Дмитрия. Но эта версия тоже не более чем попытка скрыть мое участие. Каралли там не было. Все ее позднейшие россказни об этой истории, о том, как она писала письмо *Г.Р.* в перчатках (зачем, Господи Боже, если она писала его от своего имени?!), — совместные выдумки ее и досужих folliculaires, газетных писак. После того как Дмитрий ее бросил, после того как завершилась ее карьера в кино, она, смертельно скучая в благопристойной Вене, уныло старея, избрала для себя это трагедийное историческое амплуа. К сожалению, она стремилась к славе Герострата. Я была бы счастлива, если бы могла признать: да, это из-за нее, а не из-за меня погибла Россия. Но здесь лишь моя вина, и этими записками я попытаюсь объясниться — нет, не оправдаться, ибо верю, что поступила так по воле Божией, без которой, как известно, и волос с головы не упадет, — а просто рассказать, как это было на самом деле. И оправдываться мне не в чем и не за что.

Желание сделать это появилось у меня, когда мой муж Феликс работал над своими знаменитыми мемуарами и мне на глаза беспрестанно попадались его разбросанные там и сям заметки, в которые просто невозможно было не заглянуть. Я, конечно, заглядывала — и частенько не могла сдержать ехидной усмешки.

Феликса, впрочем, это нимало не задевало.

— Знаю-знаю, — говорил он, высокомерно поднимая брови, — ты бы все это описала иначе! Гораздо лучше! Еще бы! Где уж нам уж... Вот вы, сударыня... — И шутовски раскланивался.

Потом, когда вторая часть мемуаров вышла, я обнаружила в самом конце такие строки: «Я и не сомневался, что далеко не все русские в нашей эмигрантской среде будут возмущены публикацией первой части «Воспоминаний». Это, впрочем, не помешало мне написать вторую. А моя жена, пристально наблюдавшая за моей работой, уверяла, что напишет третью часть под названием «О чем умолчал муж». Конечно, сказал я жене, третья часть была бы гораздо лучше первых!»

Я прочитала это — и не смогла удержаться от смеха! Все вроде бы так, как было в нашем разговоре. И в то же время наизнанку вывернуто. Как всегда, впрочем. Как всегда было с Феликсом. Я в жизни своей не встречала более правдивого человека, который при этом был насквозь лжив. Откровенного — и скрытного. Искреннего — и лукавого.

Эти сочетания противоречий можно было перечислять до бесконечности. Трусливый — и отважный. Сентиментальный — и жестокий. Страстный — и холодный. Щедрый на деньги и чувства — и при этом не любивший никого в жизни, кроме меня, нашей дочери и своей матушки, моей свекрови... И ее-то он любил больше всех!

Матушка, Зинаида Николаевна, его тоже обожала. Они отлично понимали друг друга, были очень близки и в большом, и в малом. Например, они вместе с детским восторгом упивались историями о роковом числе Юсуповых, о цифре 26. Помню, когда умирал Феликс, он с ужасом ждал этого дня. А когда пережил 26 сентября, уверовал, что будет жить еще долго. Но он умер 27-го... Самой смертью своей опроверг фамильную легенду Юсуповых. Эта семья, где в деньгах купались, где им не знали счету, семья, которая была богаче царской фамилии, с бережливостью скряги цеплялась за выдумку меньше чем столетней давности, созданную, как мне кажется, дедом Феликса, князем Николаем Борисовичем Юсуповым. Мой муж и моя свекровь лелеяли эту легенду. Преподносили обрамленной в ужасные подробности. И даже семейная трагедия — смерть старшего брата Феликса, Николая, смерть, подкосившая здоровье Зинаиды Николаевны, со временем стала еще одной жемчужиной в этом ожерелье правдивых выдумок, реалистических фантазий... подобно заветной «Перегрине-Пелегрине», наследственной жемчужине Юсуповых, которая, как взахлеб уверяли они, некогда принадлежала самой Клеопатре и была парной той, которую египетская царица растворила в уксусе и потом выпила эту смесь. Все это было якобы сделано ею для того, чтобы выиграть пари у Марка Антония.

О, это особая тема в наших семейных распрях! Не могу удержаться, чтобы не рассказать о ней.

Я читала у Плутарха, что царица египетская вообще обожала поддразнить своего любовника: «Александрийцам очень нравились всяческие забавы, и потому им по сердцу был Антоний, о котором они говаривали, что для римлян он надевает маску трагика, а для них — маску комического артиста. Было бы потерей времени подробно описывать простодушные забавы Антония, но одну историю можно привести как пример. Однажды Антоний отправился на рыбалку, но в тот день ему не везло, и он очень сердился, поскольку это происходило в присутствии Клеопатры. Поэтому Антоний приказал нескольким рыбакам нырять и тайно насаживать на его удилище уже пойманных ими рыб. После этого он дважды или трижды поднимал свою удочку, будто поймал рыбу, но Клеопатра разгадала обман. Притворившись, что она рада его успеху, царица рассказала обо всем своим друзьям и пригласила их прийти на рыбную ловлю на другой день. Большое число гостей назавтра сели в рыболовные лодки, и, как только Антоний начал удить рыбу, Клеопатра тайно велела одному из своих слуг нырнуть и насадить на крючок удочки Антония соленую черноморскую рыбу. Антоний, решив, что поймал рыбу, вытащил удочку, и вся компания расхохоталась. Тогда Клеопатра сказала

ему: «Император, лучше оставь удочки н
ным правителям Фароса и Канопа. Твое
охотиться за городами и царствами».

Вот и еще одно противоречие, подума
гда. Оказывается, трагическая Клеопат
ужасная язва! Все люди, куда ни посмотри
себя или в глубь веков, — сплошные пр
чия. Я, кстати, тоже...

Ну так вот о том баснословном пари.
славился своими пирами. И ужасно люби
ляться изысканными яствами, которые там
ли. Тогда Клеопатра поспорила, что он не
задать пир, который обошелся бы в десять
нов сестерциев. На другой же день пир со
но Клеопатра привередливо заметила, что
чается от других пиров Антония только к
вом еды. А вот она может задать пир, со
лишь из одного блюда, — но это блюдо бу
ить десять миллионов сестерциев. По ее зн
ги внесли чашу, наполненную уксусом. Кл
вынула из уха жемчужную серьгу и бросила
Жемчуг в уксусе растворился, и царица
этот напиток. Она хотела проделать то же
второй серьгой, чтобы угостить и Антони
словным напитком, но знатный римлянин
бывший судьей в этом пари, удержал ее
объявил: Антоний проиграл.

Всю эту историю, восторженно повто
моей свекровью и Феликсом с легкой руки
го же grand-papa Юсупова, я всегда счита
дочной чушью. Просто потому, что я п
горькую участь одной из горничных, слу

ma tantine, покойной государыне императрице Александре Федоровне.

Надо заметить, что в семье моего дяди Никки и его родственников, в том числе и в нашей, вообще было немного слуг: дядя всегда говорил, что чем меньше людей вокруг, тем лучше. В отличие, à propos, от семьи Юсуповых, количество слуг которых меня на первых порах после свадьбы просто пугало. Во всех их домах и имениях царило какое-то вавилонское столпотворение: арабы, калмыки, татары, совершенно черные негры — и все в своих национальных платьях! Ну а русских вообще было без числа. В этом было что-то азиатское... Впрочем, кто они, Юсуповы? Потомки азиатов! Именно отсюда их суеверия, их слепая вера в роковое число!

Но об этом я чуть позже расскажу. Сейчас — о слугах государевой семьи. Их брали только из деревень. Отчетливо помню, как дядя Никки говорил моей maman, объясняя, почему у них горничные какие-то неотесанные... Ну, не то что неотесанные, а не столь бонтонные, каких предполагаешь увидеть у государыни и великих княжон:

— Девушки постепенно всему научатся, дело наживное, зато народ в деревнях чище, доверчивей и преданней. Городские уже слишком испорчены гнилостными разговорами, непременно станут сплетничать о нашей семье. Еще и не погнушаются в газеты продать какую-нибудь ерунду о нашей жизни. Либеральные газеты, ты сама знаешь, Ксения, из самой ничтожной мухи грандиозного слона сделают!

Maman отвела глаза. Как раз в это время слухи об отношениях моих родителей просочились в газеты — со слов горничной матери и лакея отца, самых что ни на есть деревенских и вроде бы «чистых духом»... Но она не стала спорить с братом: он, как обычно, пел с голоса жены, а переубедить Александру Федоровну вообще было невозможно.

Впрочем, не суть важно.

Так вот об уксусе! Вернее, о горничной. Когда в семье государя менялись горничные (ну, к примеру, девушки выходили замуж), они должны были представить себе замену. Помню, как Дуняша, горничная великих княжон Татьяны и Ольги (с Ольгой из всех своих кузин я больше всего дружила, она была такая милая, такая добрая!), собираясь замуж, привела себе на смену деревенскую девушку Оленьку. Никогда я не встречала такой красавицы! Именно с такими чертами лица и с такими фигурами ваяли скульпторы древнегреческих богинь! Однако Оленька была не беломраморной бесцветной куклой, а голубоглазой, золотоволосой, а кожа у нее была, как говорят французы, le teint de lis et de rose, цвета лилии и розы. По-русски это то же самое, что кровь с молоком, но я русское выражение терпеть не могу, в нем есть что-то жуткое. Людоедское.

Словом, Оленька напоминала и розу, и лилию: совершенная красавица! Смотреть на нее было враз и удовольствие, и мучение. Удовольствие — потому что красавица. Мучение — потому что превосходит тебя красотой несоизмеримо. А при этом кто? Да никто, деревенская девка, которой предстоит ночные горшки за царевнами носить.

Спустя некоторое время прихожу к Ольге, смотрю — у них с Татьяной в горничных какая-то другая девушка, а лицо у нее слегка побито оспинами.

Я говорю:

— А где же ваша деревенская красавица?

— Maman ей отказала, — ответила Ольга и покраснела.

Я только плечами пожала. Нетрудно было предвидеть, что ma tantine откажет: она очень ревниво относилась, если кто красивее кузин, оттого и меня недолюбливала, хотя я себя половину жизни считала настоящей уродиной, это уж потом стала с удовольствием в зеркало смотреть.

Тут Ольга так принужденно рассмеялась и говорит:

— Дуняша привела другую девушку — ее приняли.

Мне стало жалко Олю с Таней: ну почему матушка так им выказывает свое мнение, что они для нее не самые красивые на свете? Но еще жальче было мне потом ту девушку, Оленьку, которая не вынесла позора — конечно, для нее, бедняжки, это был позор, что императрица ее не приняла на службу! — и отравилась уксусом. Выпила и умерла в ужасных мучениях, это моим кузинам потом под страшным секретом рассказала Шура Теглова, их новая горничная, та самая, рябоватая: она на себя грех брала, что пришла на место, на которое Оленьку не приняли, а ведь грех был на ma tantine...

Словом, если бы Клеопатра выпила уксус, она бы страшной смертью умерла на глазах Антония, и мне отчего-то кажется, что она не такая была дура. Вообще, например, этот самый Планк мог ее остановить еще прежде, чем она бросила «Перегрину» в уксус... и ей ничего не пришлось бы пить.

Между прочим, не я одна так думаю. Как-то у букиниста на набережной Бурбон я увидела книжку некоего Жоссена с невероятно длинным названием, занимавшим чуть не половину обложки: *«Химическое и историческое произведение, в котором рассматривается, точно ли Клеопатра немедленно растворила жемчужину, о которой говорят, что она проглотила ее во время праздника, и правда ли, что эта операция была сделана в одно мгновение, в соответствии с принципами, правилами и законами химии»*.

Это был фолиант, изданный в Париже в 1749 году. А потом мне попался еще один томик, вышедший уже в 1828 году в Дижоне, однако посвященный тому же вопросу: *«Роскошества Клеопатры на пирах с Юлием Цезарем и Марком Антонием»*. Написал книгу какой-то господин Пеньо. Так вот: оба эти автора весьма убедительно доказывали, что жемчужину может растворить только концентрированный уксус! И отведать такого напитка немыслимо, если не хочешь умереть мучительной смертью!

Но ладно, Господь с ним, с уксусом. Откуда вообще взялось, что наша жемчужина под названием «Перегрина» — парная жемчужине Клеопатры?!

Тоже очередная юсуповская фантазия. Фамильная фантазия, так сказать! И еще неизвестно вообще, как эта жемчужина называлась!

Роковая страсть Распутина

В связи с этим не могу не вспомнить довольно забавную, хотя изрядно унизительную для юсуповского самомнения историю, произошедшую в Лондоне в 30-х годах XX века. Мы с Феликсом тогда уже много лет как поселились в Париже, но отправились в Англию на выставку ювелирных изделий из собраний русской аристократии на Белгрэйв-сквер. Хоть многое было оставлено, брошено, покинуто в России после этой ужасной революции, кое-что вывезти некоторым беженцам удалось, и не все было еще продано, в том числе и нами. В экспозиции оказалось много восхитительных вещей, так больно напоминающих о прошлом...

Правду сказать, мы шли на эту выставку не без опаски. Нам памятна была еще недавняя история. В 1927 году в Лондоне состоялся аукцион дома «Кристи» под названием «Драгоценности государства Российского». Мы присутствовали там, конечно. Отправились вместе с maman и ее сестрой, моей тетей Олей, великой княгиней Ольгой Александровной, бывшей герцогиней Ольденбургской (она покинула супруга, который, увы, был неисправимый мужеложец, а затем вышла по любви за адъютанта бывшего мужа — ротмистра кирасирского полка Куликовского), которая, слава те, Господи, к тому времени уже перебралась из окровавленной России в Данию вместе со своим мужем и детьми и жила при своей матери, моей любимой бабушке, вдовствующей императрице Марии Федоровне, в Амалиенборге. Бабушка необыкновенно любила ее сыновей, Гурия и Тихона, особенно Тихона, который родился во время нашей тяжелой жизни в Крыму, под надзором большевиков.

Впрочем, речь не о том. На аукционе по баснословным ценам ушли 124 лота — и это все были наши драгоценности, наши! Драгоценности Романовых... а ведь я тоже Романова в девичестве! Брачная императорская корона, которую мне не довелось надеть, потому что я не великая княжна, однако моя кузина Мари в ней венчалась и много мне о том венчании рассказывала, я к этому еще вернусь в своих воспоминаниях... диадема из колосьев, драгоценности императрицы Екатерины II — брошь в виде букета цветов из бриллиантов и рубинов, броши-банты с бриллиантами... Некоторые из них купила английская королева Мэй[1]. Тетя Оля узнала на аукционе свой изысканный веер из перламутра, усыпанный алмазами и жемчужинами. Это был один из подарков к ее свадьбе с герцогом Ольденбургским (они поженились в 1901 году, а развелись в 1916-м из-за неудачи этого брака и ее романа с Куликовским). Конечно, этот веер был похищен из ее дома в Петрограде... Но на веер у королевы Мэй денег уже недоставало! Мы так и не знаем, кому он ушел.

Вообще наши фамильные драгоценности то и дело где-то да всплывали... но они были уже не наши. Вот очень характерный эпизод, который рассказывала мне моя матушка, великая княгиня Ксения Александровна, сестра государя Николая Второго.

---

[1] Королеву Марию Текскую, супругу короля Георга V, в семейном кругу называли Мэй. (*Прим. автора.*)

Когда maman бывала в Лондоне, ее часто приглашали на чай к королю и королеве, все же король был ее кузеном. Однажды королева Мэй показала ей последнее приобретение — изделие Фаберже, эмалевую табакерку, на крышке которой бриллиантами была выложена буква «К». Maman едва не задохнулась от воспоминаний. Ведь эту табакерку подарил ей мой отец — к рождению их первого ребенка, то есть к моему рождению!

— Ах, как интересно! — промолвила королева Мэй, выслушав эту историю, — и спокойно вернула табакерку на почетное место в своей коллекции.

Помню, когда maman нам с братьями об этом рассказала, мы были вне себя от изумления. Как королева могла не отдать ей табакерку?! Это бесценная вещь для нее, а для Мэй — всего лишь безделушка...

— Конечно, она мне ее не отдала, — пожала плечами maman. — Мэй, в конце концов, за табакерку заплатила и имеет право на нее. — И добавила, отворачиваясь и пряча глаза, вдруг наполнившиеся слезами: — Эта вещица напомнила мне о столь многом...

Мы тогда все думали, что это большевики распродают награбленное, наживая огромные деньги. Это было гнусно... но правда, которую мы узнали позже, оказалась еще гнусней! Оказывается, некто Норманн Вейс, представитель какого-то англо-американского синдиката, а может быть, просто антиквар, точно не скажу, купил из совдеповского Алмазного фонда девять с половиной килограммов наших драгоценностей. Просто на вес! Уму непостижимо... Это обошлось ему в пятьдесят тысяч фунтов стерлингов. Он-то и выставил наши вещи на продажу в Лондоне по заоблачным ценам. И траты свои окупил в десятки раз.

Впрочем, нет ничего глупей, чем горевать о том, чего уже нельзя вернуть.

Вернусь к «Перегрине». Наверное, надо пояснить, откуда взялось это название. La Peregrina — по-испански «странница». Этой драгоценности много пришлось попутешествовать на своем веку, поэтому ее так и назвали.

В каталоге выставки о ней написали как о жемчужине, принадлежавшей в XIV веке к сокровищам испанской короны. Поскольку авторы каталога посовещались, естественно, с Феликсом, не обошлось и без упоминания Клеопатры как первой владелицы этой драгоценности.

И вот являемся мы на Белгрэйв-сквер. Феликс, maman, я... И видим: перед витриной, в которой выставлена «Перегрина», стоит бывшая фрейлина великой княгини Елизаветы Федоровны, княгиня Александра Николаевна Лобанова-Ростовская (ее с самого детства все знакомые звали просто Фафка за ее простоватые манеры и разухабистую речь... Помню, она едва не испортила этой своей простотой, которая хуже воровства, помолвку Верочки Клейнмихель с Митей Орбелиани!), и несет такую околесицу, что, как говорили в России, хоть святых выноси! Пересказала взахлеб историю Плутарха о том, как Клеопатра растворила жемчужину в уксусе... et cetera, et cetera, а потом, значительно помолчав, брякнула во всеуслышание:

— Эта самая жемчужина — перед вами!

В первую минуту мы даже не вполне поняли, что она вообще сказала. Потом постепенно начали соображать. Тут я стиснула одной рукой пальцы maman, другой — Феликса и потащила обоих прочь, делая страшные глаза. Они были чрезвычайно смешливы и сейчас могли бедную Фафку оконфузить перед доверчивыми англичанами. А мне ее было жалко, как всех чудаков, над которыми обожал потешаться Феликс. Фафка вообще не могла слова сказать, чтобы не приврать, как будто у нее язык был поистине заговорен. Барон Мюнхгаузен удавился бы от зависти, слушая ее! Например, на одном из приемов (сейчас уж не припомню, где, у кого, но других русских, кроме нас, там не было) гости слушали, доверчиво хлопая ушами, россказни Фафки о том, что ее петербургский дворец было невозможно обойти за неделю, столь он был велик. Но венцом ее выдумок была история о том, как она однажды купалась в севастопольской гавани и спасла тонувший линкор, схватив его за якорную цепь и дотянув вплавь до берега. По сравнению с этим слова: «Эта самая жемчужина — перед вами!» — были просто детским лепетом!

Впрочем, моя деликатность Фафке нимало не помогла. Мы не прошли и пяти шагов, как услышали поистине гомерический хохот. Так слушатели оценили полет Фафкиной фантазии.

А потом на выставке появился герцог Эберкорн и заявил, что принадлежащая *ему* жемчужина и есть подлинная «Перегрина»!

Ни о какой Клеопатре он и речи не вел, а рассказал, что его белая жемчужина грушевидной формы была найдена в 1513 году на берегу Жемчужного острова в Панамском заливе. Ловца, принесшего ее, раба, отпустили на волю в благодарность за столь невероятную находку. Жемчужина стала украшением короны испанского короля Фердинанда V и его преемника Карла V, явившийся ему на смену Филипп II подарил жемчужину английской королеве Марии Тюдор, когда женился на ней. После смерти королевы «Перегрина» вернулась в Испанию, где и хранилась более двухсот пятидесяти лет, до 1808 года, когда Наполеон Бонапарт захватил Испанию и сделал там королем своего брата Жозефа. Ну а тот оставил жемчужину в наследство своему племяннику Шарлю Луи Наполеону, известному как Наполеон III, который, живя в изгнании в Лондоне и терпя серьезные финансовые трудности, продал «Перегрину» лорду Гамильтону, второму маркизу Эберкорну.

Тут мы все убедились в его правоте, кроме Феликса, конечно, который просто не мог признать поражение, хотя жемчужина Эберкорна была в два раза больше той, которая принадлежала Юсуповым.

Феликс вывернулся весьма ловко. Он теперь называл свою жемчужину не «Перегрина», а «Пелегрина». Всего одна буква изменена, кто заметит? La Pellegrina тоже означает — «странница», только не по-испански, а по-итальянски. Феликс нигде не вдавался в подробности небольшого конфуза, случившегося у него с герцогом, и я до сих пор не имею представления, как он называл свою жемчужину, когда отвез ее в Женеву и продал ювелиру Жану Ломбару. Потом, много лет спустя, мне случалось слышать, Феликс-де продал подлинную «Перегрину» (само собой, некогда принадлежавшую Клеопатре!!!) не кому-нибудь, а самим Картье. Конечно, мы хорошо знали этот дом, поскольку с 1909 года Жак Картье открыл свое отделение в Петербурге и поставлял ювелирные изделия нам, то есть Романовым, и даже изготовил для меня мой свадебный венец. Но все же Феликс поехал именно в Женеву, к Ломбару, потому что Картье были в курсе лондонского недоразумения и их было бы весьма трудно провести, это могло сыграть свою роль в оценке жемчужины, Феликс другие наши ценности продавал Картье, и не раз, но не «Пелегрину»...

Герцог Эберкорн нигде и никогда официально не оспаривал притязаний Феликса и не рекламировал приоритетов своей жемчужины. Феликс этому очень удивлялся и не мог понять почему. Он и знать не знал, что этим молчанием герцога он обязан мне... Да, тогда, в Лондоне, произошла одна история, о которой я до сих пор вспоминаю равно и с досадой, и с насмешкой, и с нежностью. Тогда мне третий раз в жизни предложили бросить мужа и выйти за другого. Первый раз подобное случилось в Петербурге, этим человеком был *Г.Р.*, потом в Париже, вскоре после того, как мы открыли наш модный дом Irfé, «Ирфе», и появились с коллекцией на показе мадемуазель Шанель, вернее, после показа, на который мы опоздали. Ну, о *Г.Р.*, об «Ирфе» и об этих les propositions indiscrétes в частности я еще расскажу. А сейчас о том, что случилось в Лондоне.

Мы на выставке познакомились с одной дамой, миссис Лисгоу Смит — но настоящее ее имя было Лидия Сергеевна Северская, она вышла замуж за англичанина. Эта миссис Смит говорит:

— Что бы вам, ваши сиятельства, не открыть в Лондоне магазин парфюма «Ирфе»?

А надо сказать, что еще в 1926 году Феликс выпустил духи «Ирфе». Собственно, по его просьбе их составил парфюмерный дом «Молинар», но об этом вообще мало кто знал.

Аромат был очаровательный, я его обожала... влажные от росы нарциссы, бергамот и легчайшая нотка свежей кипарисовой смолки... получилось очень фантазийно, жаль, что мы потеряли рецептуру. Впрочем, мы так много потеряли, что это — капля в море!

Мы выпускали три разновидности этого аромата, с разной степенью резкости, отдельно для темноволосых, светловолосых и рыжих дам. Irfé brune, Irfé blonde, Irfé rousse — «Ирфе брюнетка», «Ирфе блондинка», «Ирфе рыжая»...

Вообще с легкой руки моего дорогого супруга, который обожал полет своей фантазии, а проще сказать, никогда не затруднялся соврать, принято считать, что собственный парфюм наш модный дом выпустил первый среди домов высокой моды. Однако Жан-Пату еще в 1925 году представил духи Amour... Amour как духи для блондинок, a Que sais-je? — как духи для брюнеток. А Мария Новицкая вообще за год до Пату открыла ателье — шелковые пижамы с экзотической росписью, купальные костюмы и свитера джерси, так вот, она выпускала духи Catherine II и Ming.

Впрочем, аромат нашей продукции был поинтересней, чем у Пату и Новицкой, что верно, то верно. Различными оттенками наших влажных нарциссов благоухал весь Париж, но как раз в это время, когда мы отправились в Лондон, пик популярности этого парфюма начал спадать. Поэтому, конечно, предложение открыть английский бутик пришлось очень кстати.

Миссис Смит финансировала предприятие, что нам тоже было кстати. Мы сняли помещение на Давер-стрит, 45, который отделали a la Directoire, в стиле Директория — с его сдержанной «римской» меблировкой, обоями вместо обивки и непременными кретоновыми портьерами. У нас занавески были в серо-розовую полоску, а сам салон — светло-серый. Еще был один le cabinet privé, для нас с Феликсом, очень интересно оформленный в зеленых тонах и напоминающий шатер. В этот-то шатер в отсутствие Феликса и явился однажды Джеймс Альберт Эдвард Гамильтон, третий герцог Эберкорн, и признался мне в любви.

В общем-то я не могу сказать, что для меня подобные признания были редкостью. Я спокойно смотрела на мужчин, которые открывали мне сердце. Более того, я со временем научилась отличать тех, которые были влюблены только в меня, от тех, которые желали и меня, и моего мужа, воспринимая нас как некое нераздельное существо, любовь с которым могла им открыть бездны эротического безумия и невероятного наслаждения. Одним из таких людей был Дмитрий, великий князь Дмитрий Павлович, который никак не мог сделать выбора между нами двумя. В свое время их с Феликсом связывали более чем близкие отношения, ну а жениться Дмитрий хотел все же на мне. Наша с Феликсом свадьба разбила ему сердце... я до сих пор помню его застывшую в отчаянии трагическую фигуру на вокзале, откуда мы уезжали в наше свадебное путешествие... Я никогда не верила в прочность его романа с мадемуазель Шанель: у меня такое ощущение, что он сделался ее любовником только ради того, чтобы поддержать свою сестру Мари, Машуню, великую княгиню Марию Павловну, которая искала у Шанель протекции своему модному дому «Китмир». Брак Дмитрия с этой американкой Одри Эмери тоже казался мне сущим фарсом: он продал титул за деньги... правда, там родился сын, но сути брака это не меняет, они же развелись, и Одри лишилась титула, а Дмитрий сделался богат, хотя и не смог на эти деньги купить себе здоровье... Вторым человеком, который хотел нас обоих, был *Г.Р.*, и он тоже заполучил только Феликса, хотя уже был уверен, что ко мне осталось только руку протянуть — и схватишь. Но он схватил не меня, а свою смерть.

О Господи, я все время перескакиваю с пятого на десятое, но что поделать, если все это так тесно связано в моей жизни! Начнешь про одно — и оказывается, что невозможно обойтись без другого!

Итак, на Давер-стрит, 45, появился Эберкорн, который без лишних слов признался мне в любви и сообщил, что готов затеять бракоразводный процесс, тем паче что у него есть доказательства измены его жены, леди Розалинды, так что он будет не ответчиком, а истцом, а потому надеется на благоприятный и скорый исход. Далее он сказал, что я тоже могу быть истицей при расторжении своего брака, ибо ему известно, что Феликс вернулся к увлечениям своей юности и возобновил нежную дружбу с Эриком Гамильтоном, его близким приятелем по Оксфорду (и дальним родственником самого Эберкорна), и я могу получить самые достоверные свидетельства этого.

Не могу передать, как мне больно было услышать его слова, потому что я чувствовала, что в Лондоне Феликс как то изменился, с ним что-то происходит, но боялась даже подумать о его возвращении к прежним пристрастиям. И вдруг услышать такое...

Мне помогло только то, что помогало и прежде. Я с детства приучала себя не слышать того, чего мне не хотелось слышать, того, что ранило меня или оскорбляло. Это очень выручало во время ссор родителей. Потом я таким же образом спасалась, когда мы всей семьей находились в Крыму, в большевистском заточении в Дюльвере, и каждый день могли ожидать расстрела. Вот и сейчас я просто выключила слух и чувства, как выключают электричество, и принялась беседовать с герцогом как с обычным посетителем, который явился купить духи «Ирфе». Я выспрашивала о цвете волос его жены, о ее предпочтениях в одежде, о том, какие оттенки она предпочитает...

И тут я поняла, что разговоры о пресловутой британской выдержке не более чем миф. Эберкорн воспринял мои слова как оскорбление. Вспыхнул, вскочил...

Я даже немного испугалась. Отошла к столику, на котором стояли флаконы с пробами духов, взяла Irfé rousse — он был самый тяжелый. Вдруг почудилось, что Эберкорн на меня сейчас набросится. Вид у него сделался совершенно безумный! Думала, швырну в него флакон, выплесну ему в лицо эти довольно едкие духи, если кинется.

И он в самом деле кинулся... мне в ноги!

И заговорил — у него был довольно высокий голос, который от волнения сделался пронзительным:

— Вы не знаете... я могу обвинить вас в подлоге «Перегрины». Если я дам материал газетам, вас обольют грязью. В любом случае, ваша жемчужина всегда будет считаться второй. Но я могу сделать так, что моей «Перегрины» больше никто не увидит!

Я только плечами пожала, а он продолжал, горячечно, бредово, и его голос резал мне слух:

— Жемчужина до сих пор не просверлена. Она держится одной только золотой скобой ожерелья. Моя мать и моя жена не раз были недалеки от того, чтобы лишиться ее. Один раз жемчужина затерялась в складках платья. Второй раз она исчезла в Виндзорском замке. Ее долго искали. Оказывается, она завалилась за обивку дивана... Ваше слово, ваше согласие — и она будет потеряна навсегда! Тогда у вашей «Перегрины» не будет соперниц!

Роковая страсть Распутина

Он был поистине безумен в тот миг, и мне стало жаль его. Я спросила:

— И что вы хотите взамен?

— Вас! — воскликнул он.

— Послушайте, — ласково сказала я, — но ведь если я покину мужа, мне будет все равно, что станется с юсуповской «Перегриной». Сами посудите!

— А вы покинете мужа? — жадно спросил герцог.

Я покачала головой.

— Вы любите его?

Я кивнула, хотя, наверное, честнее было бы пожать плечами.

Эберкорн поднялся с колен и тяжело сел на стул. Потом заговорил, не глядя на меня:

— Один из тех людей, которые замешаны в известном вам декабрьском деле...

Он умолк, и у меня дрогнуло сердце, как это было всегда, когда разговор заходил о той ночи, когда был убит *Г.Р.*

— Один из них видел вас, — продолжал герцог. — Он рассказал мне о случившемся. О вас... Я не мог поверить, что этого хитрого, умного человека, этого русского колдуна, который держал в повиновении семью императора, могла довести до гибели страсть к женщине. Но теперь я смотрю на вас, на ваше волшебное лицо... да сознаете ли вы сами, какая сила кроется в вашем взгляде, голосе, в ваших чертах, в самом мерцании вашей кожи?

У меня мучительно перехватило горло. Его пронзительный голос вдруг сменился другим — низким, хриплым... ненавистным, гипнотизирующим, завораживающим...

27

— Ты, лицо твое... вековечная красота на нем... так сделаю, что годы тебя не тронут, старухой сделаешься, а тебе девки молодые завидовать станут: ты будешь как цветок дурманный... только меня полюби, мне в руки дайся!

Я стряхнула наваждение, меня мороз пробрал от того воспоминания. И снова визгливый голос герцога так и пронзил слух:

— Неужели вы своей силы не знаете? Вы можете повелевать мужчинами, как Цирцея...

У него были мутные глаза, и я вдруг почувствовала ужасное отвращение и к нему, и к тому воспоминанию, которое он вызвал. Неодолимо захотелось швырнуть в Эберкорна флакон, но я все же удержалась и поставила его на стол, но так резко, что густо-золотистая жидкость выплеснулась мне на руку.

Я темноволоса — Irfé rousse, парфюм для рыжих, был не мой аромат, а я всегда весьма чувствительно относилась к запахам. Сейчас мною овладело величайшее раздражение!

— Сравнивая меня с Цирцеей, вы меня оскорбляете! — воскликнула я страстно. — Мне не доставляет удовольствия видеть, как на моих глазах достойный мужчина превращается в глупое животное!

Вслед за этим я вышла из комнаты и из помещения... Вышла на улицу в одном платье, забыв пальто. Я шла по Давер-стрит, не помня себя от злости и тоски. Я не чувствовала холода и уже не думала о герцоге. Мысли о Феликсе преследовали меня.

Где он сейчас? Я не видела его с самого утра... Неужели это правда, что он и Гамильтон... что они сейчас вместе?!

Меня догнала Лена Вальстрим, заместительница директрисы нашего бутика, миссис Ансель. Та была англичанка, а Лена — русская, бывшая замужем за англичанином. Здесь ее звали Ленни. Она держала в охапке мое пальто и накинула его на меня, очень встревоженная.

— Наш визитер ушел? — спросила я, холодным тоном показывая, что не желаю никаких вопросов.

— Да, — ответила Ленни. — Но телефонировал князь, просил передать, что сейчас возвращается.

У меня сердце задрожало! Я со всех ног помчалась назад, в бутик, и Бог весть сколько времени ждала Феликса, у которого «сейчас» означало «через час», и это в лучшем случае.

Наконец он явился — с букетом для меня, с нераспустившимися белыми розами, которые я любила больше других цветов. В другую минуту я обрадовалась бы, но тут мне это показалось подозрительным. Я подумала: «Это неспроста. Наверное, Феликс догадался, что я узнала про его встречи с Гамильтоном. Наверное, он просто хочет загладить вину, опасается скандала!»

Я редко теряю самообладание и начинаю выяснять отношения, но сейчас не выдержала и спросила:

— Вы были у Эрика?

Мы с Феликсом обычно обращались друг к другу на «вы». Не знаю почему, так уж повелось еще со времен нашего знакомства. В письмах всегда было «ты», а в общении — «вы», как правило, с шутливым оттенком, потому что тогда о себе каждый говорил «мы», но иногда это звучало подчеркнуто холодно и наших знакомых удивляло. Моя мать, а ргороs, говорила, что они с отцом были на «ты» лишь в юности и во время первых, счастливых лет жизни, а когда меж ними начались нелады, они перешли на «вы». Но мы с Феликсом хоть и всегда более или менее ладили и были друг другу первой опорой в жизни, а все же не могли «тыкать».

— У Эрика? — вскинул он свои ровные, прекрасные, тонкие, тщательно подбритые брови. — С чего вы взяли? Эрик уже другой месяц путешествует по Америке. К тому же он сделался настолько религиозен, что с ним, по слухам, невозможно говорить ни о чем, кроме как об отрешении от мира.

Я смотрела на него, чувствуя, как сердце начинает биться свободней.

— Я слышал, здесь был герцог Эберкорн, — сказал Феликс. — Он что, хотел поговорить о делах?

— Какие у него могут быть с нами дела? — удивилась я.

— Разве вы не знаете? — в свою очередь удивился Феликс. — Да ведь это была его мысль — открыть наш бутик. Миссис Смит всего лишь поверенная, а предложение и средства — все его.

Хорошо, что я в это мгновение сидела... хорошо, что Феликс отвлекся, зажигая спиртовку под чайником, и не видел выражения моего лица... я уже прощалась мысленно с этим уютным зальчиком a la Directoire, с этими утонченными кретоновыми портьерами... Я решила, что герцог не простит мне оскорбления.

Однако он не изъял средств, вложенных в наше предприятие. И более не оспаривал никаких выдумок Феликса относительно истории нашей «Перегрины». Из этой неприятной истории Эберкорн вышел с великолепным чувством собственного достоинства, хотя и пытался бросить его к моим ногам. Может быть, отчасти он остался даже признателен мне, что я не позволила ему это сделать!

Собственно, на этом историю с «Перегриной-Пелегриной» можно считать законченной. Правда, во время войны мы ее чуть не лишились, когда в 1940 году немцы проводили ревизию сейфов, принадлежавших английским подданным. А наша жемчужина находилась в личном сейфе директора английского Вестминстерского банка в Париже. Феликсу германцы тогда предложили сотрудничество в обмен на «Пелегрину», однако он, конечно, отказался. Коллаборационистом он не мог стать, хотя и в резистанты не годился. С «Пелегриной» мы уже простились было после того случая, но после ухода гитлеровцев из Парижа ее нам все же вернули. Феликс держал ее до последнего, но наконец все же продал в Женеве в 1953 году.

...Я несколько раз подступалась к тому, с чего, собственно, начала свое повествование. Наверное, уже пора об этом обо всем рассказать. Я не слишком корректно обращаюсь с читателем моих воспоминаний, не так ли? Сначала завлекла, так сказать, разрекламировала себя, а теперь то и дело увожу разговор в сторону.

Ну... да. Увожу. То есть я непременно к этому подойду рано или поздно, но прежде скажу о том, с чего я начала. Об этом самом роковом числе Юсуповых.

Без этого мне просто не обойтись, если я все же хочу рассказать о том, почему именно я стала причиной гибели моей страны.

Я всегда любила рисовать. Еще когда угрюмой девочкой жила у родителей, которые вечно ссорились... Я не имею права их осуждать, но меня в юности всегда изумляло, куда делась их любовь. Куда она ушла? Почему? Ведь она была!

Когда мы уже уехали из России, и прошли годы, и отец написал свою чудесную книгу воспоминаний, я прочитала там, как он был влюблен в мою маму, сестру государя, великую княжну Ксению, хотя ее любил и его брат, великий князь Сергей Михайлович, как он посватался, как императрица велела ждать год и как он не осмеливался напомнить государю императору, моему дедушке Александру Александровичу, о его обещании решить их судьбу, пока в дело не вмешался его отец, мой второй дед, великий князь Михаил Александрович, брат императора, и, рискуя поссориться с государыней, он все же вырвал у нее согласие отдать дочь за Сандро, как всегда называли в семье моего Papá. Я читала, как он не мог дождаться возвращения своего отца и от волнения сломал в своем кабинете по крайней мере дюжину карандашей. Потом он, узнав о согласии, счастливый, поехал к невесте.

«Я стоял и смотрел на дверь в спальную Ксении.

«Как странно, — подумал я, — что она так долго не идет...»

И вдруг она вошла с опущенными глазами, в простой белой шелковой блузе и синей юбке. Она остановилась у окна в выжидательной позе. Я взял ее за руку и повел к двум мягким креслам. Мы говорили почти шепотом, и мне казалось, что мы говорили одновременно. Раньше мы обменивались поцелуями, но это были поцелуи кузенов. Теперь я поцеловал ее как ее будущий супруг...»

Свадьбу назначили чуть не через полгода, чтобы приготовить приданое мамы, и я помню, дядя Никки, император Николай II, который дружил с моим отцом с детства, рассказывал, что жених с невестой были тогда отчаянно влюблены:

— Сандро и Ксения то и дело целовались. Вернее, лизались. Они лизались и обнимались, не обращая никакого внимания на окружающих. Твой покойный дядя Джорджи начал даже бояться, что дело дойдет до греха. Ходил за сестрой, как привязанный, и вечно им мешал. Сандро на него страшно ворчал. А Джорджи ведь ее стерег!

Уже после моей свадьбы, когда я считалась «большая» и со мной можно было говорить о разных не вполне приличных вещах, дядя Никки показал мне одно письмо Джорджи. Тогда родители были в очередном разладе, отец уехал в Америку к своей Марии Ивановне, и дядя Никки предложил прочитать это письмо, чтобы показать, как они были молоды и влюблены. Я то письмо списала для себя — оно меня всегда страшно забавляло и как-то утешало. Вот оно:

«Джорджи — Никки, 9 июня. Гордерский перевал
Помнишь, ты мне писал о безобразном поведении Ксении и Сандро; я был действительно поражен всеми гимнастическими упражнениями, которые эти два субъекта производили весь день. Они чуть не продавили тахту и вообще вели себя весьма неприлично: так, например, ложились один на другого в моем присутствии и, так сказать, имели поползновения играть в папу и маму. При виде такого безобразия я даже обиделся. Это уже ни на что не похоже! Хорошо, что недолго до свадьбы осталось, а то, пожалуй, кончилось бы плохо! Я их срамил, срамил, но все ни к чему: они продолжали упражняться с остервенением. Ну и народец!»

Даже трудно поверить, что так было, что они так страстно любили друг друга!

До сих пор я обожаю перечитывать в воспоминаниях отца те страницы, которые описывают венчание и свадьбу моих родителей. Отец все это изобразил с такой нежностью и с таким очаровательным юмором! «20 июля мы возвратились в столицу, чтобы посетить выставку приданого, которая была устроена в одной из дворцовых зал.

В конце зала стоял стол, покрытый приданым жениха. Я не ожидал, что обо мне позаботятся так же, и был удивлен. Оказалось, однако, что по семейной традиции Государь дарил мне известное количество белья. Среди моих вещей оказались четыре дюжины дневных рубах, четыре ночных и т. д. — всего по четыре дюжины. Особое мое внимание обратили на себя ночной халат и туфли из серебряной парчи. Меня удивила тяжесть халата.

— Этот халат весит шестнадцать фунтов, — объяснил мне церемониймейстер.

— Шестнадцать фунтов? Кто же его наденет?

Мое невежество смутило его. Церемониймейстер объяснил мне, что этот халат и туфли по традиции должен надеть новобрачный, перед тем как войти в день венчания в спальню своей молодой жены. Этот забавный обычай фигурировал в перечне правил церемониала нашего венчания наряду с еще более нелепым запрещением жениху видеть невесту накануне свадьбы. Мне не оставалось ничего другого, как вздыхать и подчиняться. Дом Романовых не собирался отступать от выработанных веками традиций ради автора этих строк.

Сутки полного одиночества и бессильных проклятий по адресу охранителей традиции, и наконец долгожданный день наступил.

Сам Государь Император вел к венцу Ксению. Я следовал под руку с Императрицей, а за нами вся остальная Царская фамилия в порядке старшинства. Миша и Ольга, младшие брат и сестра Ксении, мне подмигивали, и я должен был прилагать все усилия, чтобы не рассмеяться. Мне рассказывали впоследствии, что «хор пел божественно». Я же был слишком погружен в мои мысли о предстоящем свадебном путешествии в Ай-Тодор[1], чтобы обращать внимание на церковную службу и наших придворных певчих.

Мы возвращались во дворец в том же порядке, с тою лишь разницей, что я поменялся местом с Государем и шел впереди под руку с Ксенией.

— Я не могу дождаться минуты, когда можно будет освободиться от этого дурацкого платья, — шепотом пожаловалась мне моя молодая жена. — Мне кажется, что оно весит прямо пуды.

Только в 11 часов вечера мы могли переодеться и уехать в придворных экипажах в пригородный Ропшинский дворец, где должны были провести нашу брачную ночь. По дороге нам пришлось переменить лошадей, так как кучер не мог с ними справиться.

Ропшинский дворец и соседнее село были так сильно иллюминованы, что наш кучер, ослепленный непривычным светом, не заметил маленького мостика через ручей, и мы все — три лошади, карета и новобрачные упали в ручей. К счастью, Ксения упала на дно экипажа, я на нее, а кучер и камер-лакей упали прямо в воду. К счастью, никто не ушибся, и к нам на помощь подоспела вторая карета, в которой находилась прислуга Ксении. Большая шляпа с страусовыми перьями Ксении и пальто, отделанное горностаем, были покрыты грязью, мои лицо и руки были совершенно черны. Князь Вяземский, встречавший нас при входе в

---

[1] Крымское имение великого князя Александра Михайловича.

Ропшинский дворец, как опытный царедворец не проронил ни одного слова...

Нас оставили одних... Это было впервые со дня нашего обручения, и мы едва верили своему счастью. Может ли это быть, что никто не помешает нам спокойно поужинать!

Мы подозрительно покосились на двери и затем... расхохотались.

Никого! Мы были действительно совсем одни. Тогда я взял ларец с драгоценностями моей матери и преподнес его Ксении. Хотя она и была равнодушна к драгоценным камням, она все же залюбовалась красивой бриллиантовой диадемой и сапфирами.

Мы расстались в час ночи, чтобы надеть наши брачные одежды. Проходя в спальную к жене, я увидел в зеркале отражение моей фигуры, задрапированной в серебряную парчу, и мой смешной вид заставил меня снова расхохотаться. Я был похож на оперного султана в последнем акте...

На следующее утро мы возвратились в С.-Петербург для окончания свадебного церемониала, после которого на вокзале нас ожидал экстренный поезд. Быстро промчались семьдесят два часа пути, и новая хозяйка водворилась в Ай-Тодор. Здесь мы строили планы на многие годы вперед и рассчитывали прожить жизнь, полную безоблачного счастья».

Да, так было сначала. А потом между моими родителями начались нелады. У них родилась первая я, потом мои братья Андрей, Федор, Никита, Дмитрий, Ростислав и Василий. Мама безумно любила мужа и надеялась, что дети удержат его от многочисленных любовных похождений. Теперь, прожив жизнь, я припоминаю, что знала только двух непоколебимо верных своим женам людей: моего дедушку, императора Александра Александровича, и моего дядю Никки. У каждого из них была до брака сильная страсть, а потом они не изменяли женам. Но мой отец был моряк... не зря неверность моряков стала как бы общим местом. Причем все это по большей части происходило не только в далеких портах, но и на наших детских глазах. Постепенно каждый из наших родителей стал жить своей собственной жизнью, от нас они были очень далеки. Редко-редко они заглядывали ко мне в комнаты, и то на минуту. Я же ходила к ним в определенное время и тоже лишь ненадолго. С отцом я в детстве была ближе, чем с матерью, это потом уже, когда я повзрослела, ей стало со мной интересно. А в детстве я ее редко видела. Правда, иногда maman взбредало забавничать. Например, за семейным столом вдруг она начинала швыряться яблоками, грушами, виноградом... Хохотала... Это немедленно бывало подхвачено мною и братьями. Все мы смеялись во все горло, когда брошенный фрукт попадал в кого-нибудь, сидевшего на другом конце стола. Теперь я вижу, что постороннему наблюдателю во всем этом могло показаться что-то дикое, но мы так радовались, что maman с нами, что она весела! По большей части она была очень грустна из-за отца. А потом сама стала находить утешение на стороне... Я помню, Александра Федоровна и тетя Оля обсуждали ее *друга* — англичанина мистера Фэна. Заметили меня — и умолкли, но я до сих пор помню возмущенную фразу императрицы: «Ma belle-soeur ira bientôt selon les mains!»[1]

Было ужасно слышать это холодное «ma belle-soeur» от тети Аликс, которая раньше всегда называла мою maman Цыпленочек, а свои письма к ней подписывала «твоя старая Курица»! Они были раньше так дружны, но императрица ненавидела адюльтер!

Так-то оно так, ненавидела-то ненавидела, но...

Наверное, не бывает людей, которые умудряются прожить жизнь и обойтись без каких-то трагических слабостей. До меня как-то раз дошли слухи о том, что мать Дмитрия и Мари, моих дорогих родственников и друзей, великая княгиня Александра Иосифовна, умерла в преждевременных родах после того, как застала своего мужа, Павла Александровича, с великой княгиней Елизаветой Федоровной в совершенно недвусмысленной ситуации. Я никого не осуждаю... Я даже не осуждаю мою тетушку Александру Федоровну, которая считается образцом супружеской нравственности, а между тем муж Анны Вырубовой, известной подруги императрицы, однажды, придя домой в неурочный час, застал в спальне жены графа Александра Орлова, красавца, повесу-командира одного гвардейского полка, стоявшего в Царском Селе — это был Уланский ее величества лейб-гвардии полк, — но застал Вырубов этого демона-искусите-

---

[1] Моя золовка скоро пойдет по рукам! *(франц.)*

ля не с Анной, а с императрицей... После этого Вырубова немедленно перевели в Москву, Анна с ним развелась. Я об этом узнала уже взрослой и сразу вспомнила, как тетушка судила мою мать.

Конечно, в детские годы я была далека от того, чтобы оправдывать увлечение maman Фэном, я его терпеть не могла, и, помню, моя гувернантка, графиня Екатерина Леонидовна Камаровская, была страшно шокирована, когда поняла, что я отлично осведомлена о сути их отношений. Но еще более она была шокирована однажды в Царском, куда моя кузина Ольга пригласила Екатерину Леонидовну посмотреть комнаты своих родителей, которые уехали в Петербург. И вот в будуаре Александры Федоровны моя воспитательница увидела множество фотографий графа Александра Афиногеновича Орлова, от юных его лет до предсмертных снимков (он умер в 1907 году от почечной болезни). Ольга с непроницаемым выражением сказала, что граф был большой друг ее maman. Когда Екатерина Леонидовна узнала, что графа похоронили в Царском Селе (хотя умер он в Каире, куда отправился лечиться), около церкви, и что императрица ежедневно по особой дорожке ходит на эту могилу, всегда утопающую в цветах, молиться, она вообще едва сознания не лишилась, что дети императрицы в таком возрасте все знают и понимают.

Вот и мы с братьями о слабостях своих родителей знали с детства...

Потом случился роман отца с Марией Ивановной, родственницей Фэна по мужу, богатому американцу Воботану, владельцу самых крупных бань в Нью-Йорке. В Марию Ивановну отец влюбился в Биаррице, причем влюбился так, что пожелал сделать ее на какое-то время моей воспитательницей и учительницей английского языка, чтобы с ней не расставаться.

К счастью, тут все до того воспротивились, что ему этого сделать не удалось. Хотя воспитательницу мне поменять и следовало бы. Ведь моя тогдашняя гувернантка, Мария Владимировна Ершова, была так ко мне равнодушна, что мы с братьями ее ненавидели и пренебрежительно называли Маха. Протекцией устройства к нам она была обязана великому князю Сергею Александровичу, а мой отец его очень не любил, поэтому он тоже мечтал от Махи избавиться. Вообще Маха была веселая дама по натуре, а мне всегда казалось, будто она надо мной смеется, дразнит меня. Ей обязана я своей детской угрюмостью, от которой потом с трудом избавилась с помощью графини Камаровской (Маха вышла замуж за управляющего двора моего отца, и тогда воспитательницу мне заменили). Графиня Екатерина Леонидовна Камаровская, как ни странно, была протекцией Махи, они были близкие подруги, хотя более разных людей трудно вообразить. Графине достался в моем лице некий неприрученный зверек. Я вечно конфузилась, стеснялась, краснела, говорила сбивчиво, несвязно, а прикрывала свой страх перед незнакомыми людьми угрюмостью. Мисс Костер (я ее звала Нана), которая была моей няней с самого рождения, а также вынянчила и моих братьев, ничего не могла со мной поделать. Между прочим, мой дядя Никки рассказывал, что они с тетей Аликс когда-то завидовали моим родителям из-за моей няни, потому что няня Ольги была с ужасными претензиями и все время делала родителям своей воспитанницы (императору и императрице!) выговоры, например, из-за того, что они слишком часто заглядывали в детскую. Потом они взяли великим княжнам, моим кузинам, русскую няню, Марию Вишнякову, однако называли ее Мэри. Вот была чистая, верная душа! Мои кузины ее обожали. Однажды, во время поездки по монастырям, ее изнасиловал *Г.Р.* Мэри доложила государыне, а та сказала, будто все, что делает *Г.Р.*, свято... Они и Софью Ивановну Тютчеву, которая всех моих кузин воспитала, удалили от них, уволили, потому что она была врагом *Г.Р.*...

Но я сбилась.

Итак, я о мисс Костер. Она была такая мягкосердечная! Я ее очень любила, но именно за то, что она мне ни в чем не перечила и не мешала все делать по-своему.

Вернее, не мешала не делать ни-че-го. И, разумеется, на меня совершенно не могла повлиять моя горничная Лала (на самом деле ее звали Мария Андреевна, но мы все называли ее только Лала), которая была при мне с рождения — помощницей мисс Костер.

Вообще моим любимым времяпровождением в юности было «гулять в саду». Я это так называла. Екатерина Леонидовна Камаровская (потом я ее стала называть просто Котя, у меня были Нана и Котя) была потрясена, когда узнала, в чем это «гулянье» заключалось. Произошло это так. Только что мы вошли в небольшой, огороженный сад при дворце, я бросилась вперед, встала лицом близко к дереву, помнится, там росла береза, и начала будто бы что-то рассматривать. Екатерина Леонидовна очень удивилась и подошла, чтобы понять, чем это я так увлечена. Ничего не увидела, кроме черно-белого ствола, и растерянно спросила, что это значит.

— Я хочу так стоять и молчать, — буркнула я.

Как вспомню, сколько от меня приходилось вытерпеть графине Екатерине Леонидовне! Поначалу я просто из вредности хотела ее позлить, рассердить, сделать ей что-то неприятное. А иногда делала гадости просто потому, что не приучена была думать ни о ком, кроме себя. Мне и в голову не приходило, что раз Екатерина Леонидовна при мне целый день, то она дорожит каждым часом свободы, когда может уделить время своим делам. Я делала что хотела, без оглядки на нее. Например, скажу: «Я иду к maman или papa» — и убегу часа на два-три туда, куда ей вход не дозволен без особого вызова. Сяду в ванной отца (я знала, что там меня искать никто не станет в его отсутствие!) и читаю какой-нибудь запрещенный мне английский роман. Я с удовольствием выстраивала между нами с графиней стену... хотя от этого мне было только печальней, мне так хотелось кого-то любить и чтобы меня любили! Графиня терпела, терпела, а потом однажды и сказала мне:

— Мне нужно с вами серьезно поговорить, Ирина. Вы молоды, способны, вы имеете все блага земные, все возможности учиться, расти духовно, интересно заполнить свое время — а между тем вы скучаете, не знаете, что делать, полны каких-то глупых шалостей и капризов, дразните близких, ничего им не давая, не любя никого. Только черствый и холодный эгоизм! Я взяла обязанности вашей воспитательницы по двум причинам: во-первых, облегчить тяжесть содержания своей семьи, помочь больному отцу, а во-вторых, постараться сделать все, что только есть в моих силах, чтобы ваша жизнь была, возможно, более счастливой, радостной, интересной. Первое я исполняю свято, второе без вашего содействия я сделать не в состоянии. Для этого необходимо полное ваше доверие и ваше послушание мне при исполнении моих главных обязанностей учения, отношений к окружающим и в прочем. Так как две эти первые недели убедили меня в противном, я решила уйти от вас. Моя жизнь до сих пор была полна и интересна, и я не хочу даром тратить время и силы. А вы призадумайтесь над моими словами и проследите за своими поступками.

Меня даже в жар бросило от этих слов, от этого ледяного тона. А Екатерина Леонидовна добавила:

— Я отнюдь не дорожу своим внешним положением, при котором часто видишь в людях лесть, низкопоклонство, заискивание. Я дорожу больше всего искренним, сердечным отношением! Вы раз и навсегда должны запомнить, что я не нуждаюсь в вас как в великой княжне, я просто вижу в вас многообещающую девушку. На днях я переговорю с вашей матерью и уеду в Москву.

Я еле могла справиться со своими губами, но все же нашла в себе силы прошептать:

— Не делайте этого!

Кое-как мне удалось уговорить Екатерину Леонидовну испытать меня в течение месяца.

Конечно, не могу сказать, что я изменилась по мановению волшебной палочки, но я старалась измениться, она это видела...

Вообще мне в ту пору все было скучно, я предпочитала лениться. Заставить меня хоть что-то делать было очень трудно. Сейчас я понимаю, что моим и вообще моей семьи, Романовых, главным чувством было ощущение собственного превосходства над окружающими. Как бы дамы нашей фамилии ни строили из себя добрых самаритянок и как бы ни были милостивы к так называемому русскому народу, все же мы очень хорошо знали — мы рождались с этим сознанием! — что мы на вершине некоей горы, по сравнению с которой древний Олимп — всего лишь невзрачный холмик. По склонам ее прилепились на разной высоте известные дворянские роды, еще ниже — богатые парвеню или обедневшая знать, ну а у самого подножия и на земле, куда взор обитателей вершин не достигает, валяется грязная масса этого русского народа. Собственно, и сейчас мое восприятие не изменилось... я не питаю — да и не могу питать! — никаких чувств, кроме отвращения, к людям, которые изувечили, изуродовали, затопили в крови и грязи Россию, и, что характерно, этого русского народа я всегда страшно боялась и была просто счастлива, что нахожусь от него далеко и высоко.

Конечно, говорить такое считается неприличным. Но я ведь не говорю, а пишу...

Париж сделал меня более демократичной. Уже здесь, в эмиграции, встретилась я как-то с одним бывшим офицером, который во время Первой мировой войны находился на излечении в санатории, открытом моей свекровью и свекром в их имении в Кокозе, в Крыму. Мы ностальгически поговорили о минувшем, и он рассказал, каким дичком я была в ту пору. Встретив кого-нибудь случайно в парке, старалась свернуть в сторону, скрыться. А если с кем-то все же сталкивалась, никогда первой не начинала разговора, чем ставила людей в большое затруднение, ибо, согласно придворному этикету, обычные люди не имели права сами начинать разговор с высочайшими особами.

Да, в пору моей молодости я была равно и застенчива, и высокомерна. Конечно, главная роль в этом пренебрежении к низшему сословию принадлежит моему воспитанию, однако же не только ему. Я боялась этих людей, и страх был приобретенным... Вспоминаю один случай, казалось бы, незначительный, который, впрочем, оставил в моей душе очень глубокий след... Случай из детства.

Я в те времена никогда о деньгах не думала, само собой разумеется. Кто бы мне сказал, что под конец жизни я, племянница русского императора, и мой муж, выходец из семьи, которая была в разы богаче этого императора, что мы станем размышлять, как свести концы с концами, и порой даже брать деньги взаймы у нашего слуги Гриши... Причем и мы с Феликсом, и Гриша — все знали, что долга мы никогда не вернем, потому что нечем... Кто бы мне сказал!

Никто не сказал, а и сказал бы, я бы не поверила.

В общем, счету деньгам я не знала. Maman безалаберно давала мне деньги: вдруг даст 200 рублей или даже больше. Я немедленно посылала купить мой любимый земляничный торт в известной кондитерской Иванова и готова была съесть его чуть ли не сразу, причем в одиночестве, ни с кем не делясь. Да и никто этого торта так, как я, не обожал... Он мне даже во сне иной раз снится... До сих пор... В Париже мне все как-то невкусно, да я вообще малоешка. Ну, Котя мигом положила конец такому моему неумеренному транжирству, и, сколько бы maman мне ни хотела дать, я получала ежемесячно двадцать пять рублей, да еще Котя требовала от меня полного отчета в расходах, чтобы приучить меня хоть к какому-то счету и экономии.

Однако со мной это плохо удавалось. Я умудрялась всегда, как это называлось, sortait du budget, то есть выходить из бюджета! Мне понравилось тратить деньги не только на свои удовольствия. Перед днями рождения и днями ангела в семье я стала покупать подарки, сама выбирая их. Это было для меня до поры до времени огромной радостью. И вот однажды в каком-то магазине Гостиного двора мы с Котей случайно услышали такой разговор бабушки и внучки. Старушка держала в руке трехрублевую монету и говорила:

— Ты не можешь все купить — мало денег. Ты старшая, нужно отказаться от куклы и купить братцу книжку.

Девочка смотрела уныло. Мне стало так жалко ее! Подумаешь, несчастные три рубля! Я вспомнила торты Иванова и их стоимость... Схватила свой золотой червонец, сунула в руки девочки и выбежала из магазина. Котя поспешила за мной, очень довольная, и тихо сказала:

— Молодец! Вообрази, как она сейчас счастлива, покупая куклу! И братцу книжку купят, и, конечно, быть может, еще на сладости им останется!

Голос ее звучал умиленно, я чувствовала себя необычайно благородной и доброй...

Мы стояли за углом, и вдруг, в эту наивысшую минуту моего довольства собой, мимо прошли та самая бабушка и внучка, причем бабушка оживленно говорила:

— А все-таки жаль, что эта богатая дурища убежала. Надо было пожалостней поклянчить, глядишь, еще один червонец выманили бы.

А девочка спорила:

— Ненавижу клянчить! Лучше б ты мне разрешила ее карманы порезать!

Я по наивности своей не поняла толком, о чем идет речь, но выражение лица ужаснувшейся Коти заставило и меня испугаться. С тех пор мы надолго оставили посещение лавок Гостиного двора, если с нами не было никого из отцовых адъютантов. А меня мучили сны о том, как девочка пробирается в мою комнату и режет... причем не только мои карманы, но и меня.

Помню еще один случай, произошедший в нашей Гатчине. Как-то раз мы с Екатериной Леонидовной гуляли по парку и встретили там караульного матроса. Увидев нас, он загородил дорогу и спросил, кто мы. Я онемела от изумления, ужасно смутилась. Мне казалось невозможным, чтобы какой-то матрос не знал, кто я! И смел преграждать мне путь! В это время Екатерина Леонидовна назвала себя и меня. Матрос с важным видом достал какую-то книжонку, посмотрел в нее, водя пальцем по строкам, и сказал графине:

— Проходите. А вы, — обратился он ко мне, — подите прочь из парка, вон тут калитка.

Видимо, я в его книжке обозначена не была... Наверное, не была! Ведь Гатчина принадлежала нашей семье! Само собой разумелось, что я имела право ходить где и когда захочу!

Но надо было видеть важное, значительное лицо этого матроса, его напыщенное самодовольство! Он был просто счастлив, что имеет возможность запретить гулять по парку какой-то разодетой богатой девчонке! Увидев, что я не пошла к калитке, он двинулся ко мне с весьма грозным видом. Во мне кипело возмущение, но я была слишком застенчива, чтобы что-то сказать, только вся передернулась брезгливо. Екатерина Леонидовна очень тактично и вежливо — чересчур вежливо, на мой взгляд! — разъяснила ему, кто я и почему не внесе-

на в его книжку, и посоветовала запомнить все
царские имена. При этом она пообещала никому
не говорить о его ошибке на первый раз.

Надо было видеть лицо этого матроса. На нем
не было ни следа раскаяния. На нем было лишь
разочарование, что он лишился возможности выставить *меня* из принадлежащего *мне* парка!

Екатерина Леонидовна потом уговорила меня
не жаловаться отцу, увещевала, матрос-де новенький, вот и ошибся. Я так хотела завоевать ее расположение, что жаловаться, конечно, не стала. Но
до сих пор помню выражение его круглого румяного лица, это упоение своей минутной властью, это
разочарование, что невозможно этой властью воспользоваться... Сколько раз этот mufle[1] мне потом
мерещился в кошмарах, когда я представляла разорение нашей любимой Гатчины, наши прекрасные
комнаты, по которым шлялась пьяная матросня,
хватая наши вещи, сидя в наших креслах, валяясь
на наших постелях, уничтожая наши книги...

Странно ли, что я не любила народ? Никогда я
не общалась ни с кем, кроме слуг, да и то находилась от них на чрезвычайном отдалении. Когда мы
были под домашним арестом в Крыму, нас всех
практически спас Феликс своей разговорчивостью,
своим жадным интересом до всякого чудачества и
юродства — он даже этих красных большевиков
воспринимал чудаками и юродивыми, хотя и понимал, что они уже очень даже не безобидны. А я... я
всех всегда сторонилась, весь этот «низший класс»

---

[1] Рожа, морда *(франц.)*, слово муж. рода.

был для меня пугающе-низшим. С тех пор, после тех случаев в Гостином дворе и в Гатчине, я даже учиться стала еще хуже.

Хотя вроде бы хуже и некуда было!

Я только и думала, как бы увильнуть от занятий. Заставить меня учить по вечерам уроки была целая мука. Кроме того, я не могла рано просыпаться, а вечером отправить меня спать в положенные десять часов было почти невозможно. Кое-как я выпросила у maman разрешение ложиться попозднее, но толку для моей учебы в этом было немного. Мне вообще ничего не нравилось, особенно преподавание искусств. Учительница музыки, старушка, которая давала уроки еще maman, заставляла меня выучивать какую-нибудь вещь нс по моим силам и принуждала по тактам долбить бесконечно долго каждую музыкальную фразу. От этого всякая охота к музыкс была у меня отбита, а способностей вообще никогда не было. Правда, Котя нашла потом другую учительницу, которая научила меня играть с листа, и вскоре я стала недурно исполнять легкие вещицы, конечно, только «для себя». Точно так же «для себя» я и рисовала. Вот к живописи я была способна... рисую и до сих пор.

В пору моей юности больше всего я любила рисовать цветы. Помню, я была еще девочкой — лет двенадцати, что ли, — отдыхали мы в Ай-Тодоре. Там росли совершенно невероятные глицинии! Их сиреневым, лиловым, белым, голубым великолепием я грезила во сне, ими были заполнены мои этюды. С тех пор я никогда больше таких глициний не видела, даже в Италии... А может, это просто влияют воспоминания юности, ведь таких ярких впечатлений больше не бывает — только в юности.

Тем летом я впервые встретила Феликса.

Мы были на верховой прогулке с maman и братьями и вдруг видим — едут к нам навстречу Юсуповы. Зинаиду Николаевну и ее мужа я прежде не раз встречала: она была фрейлиной двора, а сына их увидела впервые. Я смотреть много не смела: увидела, что высок и строен, очень красив, увидела, что у него ровные, прямые брови и светлые, очень пристально глядящие, словно гипнотизирующие глаза. Мне почему-то показалось, что он должен видеть в темноте... потом я узнала, что это так и есть на самом деле, а в ту минуту я поспешно отвела глаза и уставилась на аккуратно постриженную гриву своего коня. Но все эти глаза передо мной мерцали... Глаза северного европейца с дикарской татарской фамилией.

Он на меня произвел неизгладимое впечатление, я несколько дней покоя себе не находила, не могла понять, что за смятение на меня нашло, как вдруг вижу сон...

Снится мне женщина — с черными многочисленными, скользящими по ней, как змеи, косами, в татарской одежде и с татарским лицом. Лицо дикое, исступленное, исполненное такой ненависти, что я даже во сне испытала нечеловеческий ужас, потому что почудилось, будто эта ненависть ко мне обращена. Однако она меня не замечала, я за всем происходящим наблюдала как бы со стороны. Женщина бродила взад-вперед до просторному двору русского бревенчатого дома — вернее, металась, как лисица в клетке. Именно лисица приходила на ум, потому что она была в золотистой одежде, отороченной рыжим мехом. И ткань, и мех изрядно пообтрепались, из ожерелья, украшавшего ее грудь, кое-где повыпали самоцветы, и золотые скобки зияли пустотой, словно рот с выбитыми зубами. Лицо ее было увядающим, хотя в чертах сохранилась былая красота: вообще, глядя на нее, можно было сказать, что некогда она была невероятная красавица, даром что татарка узкоглазая. Она металась, металась, прижимая руки к груди, а потом вдруг упала на колени и принялась биться лбом в землю. И что-то царапала по пыли пальцами. Я пригляделась — и вижу, что это какие-то перечеркнутые кресты, а между ними словно бы цифры. Я смотрела, смотрела, но ничего не разглядела толком, вроде бы 26, то ли 25, а может, и 23 или дажс 24, но, возможно, мне это лишь померещилось. И вот она вскочила на ноги, воздела руки, сжатые в кулаки, и принялась кричать, размахивая этими кулаками, плевала в разные стороны, и выражение ее лица было такое, с каким посылают проклятья самым страшным врагам. А за ее спиной, за завесою поднятой ею пыли, маячили очертания минаретов и какой-то высокой покосившейся башни — мне она напомнила наклонную Пизанскую башню, которую я видела, когда мы путешествовали с родителями по Италии. Потом женщина вдруг замерла с широко открытым ртом — да и рухнула лицом вниз, дернулась несколько раз и осталась недвижима. Пыль медленно оседала на ее одежду, на рыжий мех, на жесткие змеиные косы, и очертания покосившейся башни растаяли... постепенно все стало серым — и я проснулась, дрожа. Не скоро мне в ту ночь снова удалось заснуть, но сон не померк, и утром, когда пошел дождь и прогулка наша отменилась, Котя хотела усадить меня за математику: делать дополнительные задания, которые мне были заданы на лето, — а я сказала, что хочу рисовать. Котя к моим занятиям рисованием благоволила, потому что некоторые из работ мы выставляли на благотворительных базарах, их очень хорошо раскупали... Вот любопытно, сохранились ли у кого-то в России мои рисунки или сгорели в том пожаре, в котором сгорела вся наша прежняя жизнь? Да, наверное...

Ну, словом, я выговорила у Коти позволения порисовать и села за свои краски. Садясь, я и сама не знала, что именно стану рисовать, однако какая-то сила словно бы водила моей рукой. Я не без изумления обнаружила, что изображаю свой сон, эту женщину-лисицу с косами-змеями, исцарапанную неясными числами пыльную землю — и косой силуэт башни за ее спиной. Мне прежде лучше удавались пейзажи, чем портреты или фигуры. А если я рисовала лица, то изображала всякие фантастические образы с огромными глазами и странными взорами каких-то нездешних существ. А эта женщина мне удалась. И еще — моим рисункам обычно были свойственны глубокое спокойствие и даже некая неземная благость. Феликс этому всегда дивился, моему примирению с жизнью дивился, сам такого же пожелал для себя и однажды, помню, мы тогда уже были в эмиграции и жили на Корсике, в Кальви, в своем чудном доме, купленном баснословно задешево, вдруг сам принялся рисовать. Приступил к этой затее с жаром, как приступал ко всему в своей жизни, но точно так же скоро и охладел, потому что еще пуще от рисунков своих растревоживался. Получались у него на бумаге черти и чудовища, родичи химер, мучивших воображение средневековых скульпторов и художников. Как он сам это называл, кошмарные виденья. Феликс злился:

— Это я-то, любитель красоты во всех видах, стал создателем монстров!

Да, чудилось, некая злая сила, поселившись в нем, владела его рукой, рисовала помимо его воли. Он сам в точности и не знал, что сейчас нарисует. В конце концов он создал серию рисунков, отображающих человеческие чувства: желание, зависть, безразличие, удивление, сомнение и тому подобное, — да и бросил свои рисовальные затеи. Конечно, не преминул показать рисунки профессионалам, которые в лицо их расхвалили за технику, а заглазно пожали плечами, как это часто бывало при общении с Феликсом... Но не о том сейчас разговор.

Итак, рисунки у меня обычно получались благостные. А в этом сквозило горе и тревога, та боль, которой мучилась женщина из моего сна. Котя очень удивилась и принялась допытываться, отчего я именно этот сюжет избрала. Я призналась, что сон подсказал, — она удивилась еще пуще. Рисунок мне так понравился, что я положила его в папку и всюду носила с собой. То и дело останавливалась и украдкой на него поглядывала.

Прошел, что ли, день или два, не припомню, как вдруг Котя сообщила, что мы приглашены в гости к Юсуповым и едем туда все — с родителями и братьями моими, Андреем, Федором, Никитой, Дмитрием, Ростиславом и Василием.

Имение Юсуповых располагалось в долине близ татарской деревушки с их обыкновенными белеными домами под плоскими крышами-террасами. Но само имение было отнюдь не обыкновенное!

Я уже знала, что Кокоз — так оно называлось — в переводе с татарского означает «голубой глаз». И правда, все здесь напоминало о названии! Голубой глаз был всюду: и на фонтанной мозаике среди кипарисов, и в восточном убранстве столовой.

На крыше белого дома, напоминающего дворец Бахчисарая, лежала черепица с древней зелено-синей глазурью. Вся мебель в доме яркая, красно-сине-зеленая. На диванах и стенах разбросаны восточные ковры в синеватых и бирюзовых тонах. На потолке столовой голубоватые витражи — сквозь них проникал свет, и вечерами видны были звезды, которые словно перемигивались со свечами, стоящими на столе.

В стене устроен был фонтан наподобие ханского, бахчисарайского. Вода перетекала каплями во множестве маленьких чаш: из одной в другую. Все отличие состояло в том, что чаша юсуповского фонтана была изнутри выложена чистой бирюзой, а сам он был из горного хрусталя. Куда там хану!

Португальскому королю Иммануилу, который был близким другом Феликса, так понравилась усадьба, что он мечтал остаться в Кокозе навсегда. Императорская семья тоже любила Кокоз и часто наезжала сюда. Гостеприимство и пышность приемов могли впечатлить кого угодно, и это при том, что обращение между собравшимися было самое свободное. Никаких «высочеств» — все звали друг друга просто по имени-отчеству, а то и просто по имени.

Здесь было принято рядиться к ужину — Юсуповы, особенно Феликс и его брат Николай, очень любили маскарады. Мы решили не остаться в стороне. Матушка хотела было послать к нам в Ай-Тодор за костюмами, однако хозяйка, княгиня Зинаида Николаевна Юсупова, остановила:

— Нынче ужин в татарском стиле, ну и нарядиться надобно по-татарски, а у нас довольно много костюмов.

Накануне ужина нас провели в гардеробную. Оказывается, сказать, что костюмов — довольно много, значило очень скромно оценить их число. Всему Большому театру вместе с его кордебалетом хватило бы на многолюдное выступление, да еще осталось бы для труппы Мариинки.

И все же я, утомившись поисками, не нашла того, что искала, поэтому так и сидела перед самым ужином все еще в своем платье, не зная, как быть, только парик с косами-змеями сыскался. И тут мой брат Федор встретил в коридоре Феликса, которого страшно интересовало, как я оденусь, и рассказал, что мне нужно непременно золотистое платье с рыжей лисьей оторочкой, а ничего другого я надеть не хочу. Спустя полчаса мне подали одно из платьев Зинаиды Николаевны Юсуповой — невероятной красоты, словно из чистого золота! — и отдельно к нему на выбор нескольких лис разных рыжих оттенков.

Я только руками всплеснула. Котя заканючила — нельзя, мол, так капризничать, что хозяйка из своего поистине восточного гостеприимства ради меня рассталась с прекрасным платьем, в коем хоть сейчас на бал в императорский дворец, но матушка, которая присутствовала при этом разговоре, сказала, отмахивая ото лба султан головного убора из павлиньих перьев:

— Уверяю вас, Екатерина Леонидовна, что княгиня потери этого платья даже не заметит.

И я с изумлением услышала в ее голосе нотку зависти. Кажется всем, что члены императорской семьи были богаче богатых, а на самом деле великие князья получали в год по 280 тысяч рублей, князья же и княгини императорской крови — такие, как я, — могли рассчитывать лишь на миллион рублей на всю жизнь — и более ни копейки из казны. По сравнению с юсуповским состоянием это были просто гроши, поэтому и нотка зависти в голосе maman понятна, и мое легкое головокружение открывшимся передо мной баснословным богатством.

...Феликс любил говорить друзьям, мол, я вышла за него из-за денег. Все считали это просто дурной шуткой и натянуто улыбались, стесняясь глядеть на меня, а я и не спорила, ведь это отчасти была правда...

Ну, словом, я оделась в то платье, которое было мне несколько штроковато, но, поскольку оно оказалось распашного татарского фасона, довольно мне было широким кушаком подпоясаться, что я и сделала, и платье тотчас на меня село, я накинула на плечи мех и пошла к гостям.

И тут мне показалось, что я хорошую дуру сваляла из упрямого желания изобразить героиню моего сна. На меня поглядывали странно, непонимающе. Maman подобрала себе роскошнейший наряд, даже Котя выглядела очень эффектно, а я — нелепо. Впрочем, Зинаида Николаевна, которая казалась в своем переливчатом платье воистину шамаханской царицей, очень тактично отвлекла от меня общее недоуменное внимание, однако Феликс от меня не отошел и пробормотал, чтобы другие не слышали:

— Я думаю, вы, Ирина Александровна, не просто так этот наряд выбирали. Не откроете ли, какой в нем смысл?

Я говорю:

— Это по моему сну. Я вам рисунок покажу, хотите?

Говорю это и чувствую, что у меня вся шея от смущения красными пятнами пошла — я почему-то всегда с шеи краснела. Удивляюсь, как это я, дичок, так расхрабрилась с почти незнакомым молодым человеком! В Феликсе всегда что-то было... что-то сильное, сильнее меня и даже сильнее моей застенчивости. Кабы кто мог видеть нас, когда мы были только вдвоем... Я и сама себе наутро после тех ночей ужасалась и почти ненавидела мужа за то, что он мог меня заставить так себя вести, но вот ведь в том-то и дело, что он не заставлял, я сама с ним такая становилась, как будто моя ледяная броня таяла, а потом снова нарастала...

В общем, я была польщена интересом этого необыкновенного красавца ко мне, по сути дела, еще девчонке, и мы пошли смотреть рисунок, который находился в комнате, отведенной мне в Кокозе. Потом она так и осталась моей, когда я вышла замуж за Феликса.

Он как увидел картинку, так и замер. Лицо у него и так было бледное, беломраморное, а тут и вообще вся кровь от него отошла, я даже на минутку испугалась, что у него сделается обморок, но он точно так же быстро с собой справился и говорит:

— Пойдемте, я вам одну книгу покажу.

И, не обращая внимания на какого-то слугу, которого Зинаида Николаевна послала нас к ужину звать, пошел по коридору, только и бросил небрежно:

— Передай матушке, Мустафа, пускай без нас начинают, мы после придем.

Повернулся ко мне и сказал со своей улыбкой, для которой я не могу другого слова подобрать, кроме «сверкающая»... Нет, еще можно сказать — «ослепительная»:

— Вы, я вижу, моему непослушанию дивитесь? Матушка простит, я в семье шалый, все уже привыкли. Брат мой Николай — воплощенное приличие, а я — чудить люблю. Вы и вообразить не можете, какой я чудило! Вот я вам расскажу. У нас тут, в горах, очень хорошая охота на лосей. Я бы вас пригласил, но это мужская забава, грубая. Братьям вашим понравится, наверное, когда подрастут, а вам... — И поглядел на меня лукаво. — Словом, среди наших охотничьих гостей однажды был эмир Бухарский. После вернулись домой, отобедали, подали кофе, ликеры, сигары... Только закурили — вдруг пальба со всех сторон! Все решили, что это покушение на эмира. Его охрана в панике! Не поймут, откуда стрельба! А я со смеху помирал: ведь эти сигары с сюрпризом я незадолго привез из Парижа! Увидел отец, что я хохочу, и сразу понял, что, как всегда, я виноват. И досталось же мне! Однако эмиру Бухарскому понравилась моя шутка: несколько дней спустя он пожаловал мне брильянтово-рубиновую звезду, какую-то их бухарскую награду, сфотографироваться со мной захотел, ну и вообще, как все...

Тут Феликс как-то странно усмехнулся. Я тогда значения этой усмешки и тем более этих слов не поняла. Как все! Что значит — как все?! Потом-то я узнала, *как* мужчины его вожделели, особенно такие, вроде этого эмира, человека восточного, для которого мужеложество было обыкновением. Но тогда, повторяю, ни о каких пристрастиях и грехах Феликса я еще не была осведомлена, да и слишком волновалась и тем, что он так был поражен, мой рисунок посмотрев, и тем, что я иду с ним рядом, как будто не два дня его знаю, а всю жизнь...

Мы пришли в библиотеку — меня, помнится, количество книг удивило, а Феликс небрежно сообщил:

— Мы всегда новые книги заказываем по нескольку экземпляров: в каждое из наших имений, чтобы под рукой были. Но есть, конечно, у всех свои любимые книги, которые с нами путешествуют, со мной таких несколько, а среди них, конечно, вот эта.

И он подал мне небольшую, довольно уже потрепанную книжку в зеленоватом кожаном переплете и с российским гербом на нем. Я спросила:

— Это какие-то законы?

И тут же думаю, ну что за глупость я несу? С чего ему возить с собой сборник законов?!

Феликс был первым человеком, рядом с которым я чувствовала, что все не так делаю, чувствовала, что во мне великое множество недостатков...

Сейчас, думаю, начнет хохотать, он же слова не мог сказать, чтобы не усмехнуться!

Но он открыл книгу, и я прочла: *«О роде князей Юсуповых собрание жизнеописаний их, грамот о них и писем к ним российских государей с XVI до половины XIX века и других фамильных бумаг, с присовокуплением пофамильной росписи предков князей Юсуповых с XIV века».*

Оказывается, это было знаменитое сочинение князя Николая Юсупова о своем роде. Так я впервые познакомилась с этой «святой» для Юсуповых книгой. На титульном листе стояли эпиграфом следующие слова: *«На сем свете не умрет и не ми-*

нется слава добрая. Слова Юсуфа с грамоте к царю
Иоанну Васильевичу».

— Этот Юсуф — один из наших предков, по
имени которого стал называться весь наш род, —
пояснил Феликс, хотя я уже и сама догадалась. —
У него была дочь — не кто иная, как Сююмбике,
царица Казанская.

И посмотрел на меня значительно.

Я отвела глаза, вновь почувствовав себя чрезвычайно глупо. Ни про какую Сююмбике я никогда
не слышала. Возможно, она была историческая
знаменитость, возможно, про нее было написано в
каком-нибудь учебнике, но либо мы этого на моих
уроках еще не проходили, либо рассказывали мне
о ней на том уроке, на котором я, по обыкновению
своему, ленилась и все нарочно пропускала мимо
ушей.

Феликс, впрочем, кивнул понимающе:

— Да что за беда не знать дочери какого-то но-
гайского князька! Юсуф был не татарин даже, а
ногаец, а Сююмбике за красоту взял в жены казанский хан Джан-Али. Но вскоре собственные вель-
можи зарезали Джан-Али ночью в спальне — как
говорили, с согласия царицы, которая хотела другого мужа. Это был крымский хан Сафа-Гирей, который и получил казанский престол. Сююмбике
родила ему сына Утямыша. А после смерти хана
сделалась полновластной правительницей Казани:
при своем трехлетнем сыне она была регентшей.
Потом казанцы выдали Сююмбике Ивану Грозно-
му, и некоторое время она жила при русском дворе. Сююмбике упорно отказывалась принять пра-

вославную веру и надеялась на помощь своего отца Юсуфа, который вел с царем переговоры, прося вернуть ему дочь. Впрочем, не слишком настаивал, потому что ссориться с всесильным Иоанном опасался. А тот насильно выдал Сююмбике за Шах-Али, касимовского хана, хотя, как пишут историки, и хан «не любил ее, несмотря на ее красоту, и жила она у него запертая, в отдельной и несветлой комнате, словно в темнице, и не сходился он с нею спать...» Несколько лет Сююмбике влачила тоскливое существование... сын ее, оставленный при московском дворе и окрещенный Александром, умер, а вскоре умерла и она. Где-то в Касимове, в заброшенном ханском мавзолее, князь Николай видел плиту с почти затертой цифрой 37. Считается, что в этом возрасте Сююмбике и скончалась, хотя никто точно этого не знает. Зато известно другое. При ней была в Казани построена некая башня... Князь Николай вот что пишет: «Еще и поныне в кремле в Казани высится огромная семиярусная башня, удивляющая прочностью постройки. Эту башню именуют Сумбекиной». Так, по-старинному, Сумбека, именует ее князь Николай Юсупов. Но со временем башня покосилась, теперь стоит несколько наклонена...

Феликс посмотрел на меня почти умоляюще:

— Ну Ирина Александровна! Ну теперь-то вы понимаете, *что* нарисовали?!

— Не понимаю, как можно нарисовать то, о чем в жизни не слышала, чего никогда не видела, — возразила я упрямо, хотя голос у меня невольно задрожал от волнения.

— Вы видели во сне именно Сююмбике, — непререкаемым тоном возразил Феликс. — Все тому доказательство! И видели вы ее в тот самый миг, когда она проклинала своего отца Юсуфа и его потомков.

Я вспомнила женщину из сна. Да, она проклинала... похоже на то!

— За что же она проклинала отца? — пролспетала я, все еще вне себя от того, каким смыслом оказался наполнен этот случайный сон.

— Да бог весть, — пожал плечами Феликс. — Очевидно, что не смог избавить ее от ненавистного брака с Шах-Али, не освободил от касимовского заточения, что добрые отношения с русским царем предпочел жизни дочери. Кто-то из историков полагает, будто наш род был проклят какой-то неизвестной ногайской колдуньей уже при Алексее Михайловиче Тишайшем, но я склонен думать, что это дело рук именно Сююмбике, что тут два персонажа слиты в одно. Она ведь в самом деле была ногайской колдуньей.

Феликс перелистнул несколько страниц книги своего предка и прочел — несколько нараспев, как читают стихи:

— «При всех волнениях жизни Сумбека была до такой степени очаровательна, что в молве русской народной почиталась волшебницей, а самые неудачи русских при осаде Казани приписывались ее чародейству». Вот какова была Сююмбике, моя дальняя родственница!

— Вот уж не понимаю, с чего бы мне видеть во сне вашу дальнюю родственницу, человека мне совершенно постороннего, — пробормотала я, и глаза Феликса хищно блеснули:

— Возможно, это некий знак... Возможно, она вам не столь уж посторонняя.

В его словах был какой-то смысл, угадать который мне и хотелось, и страшно было, и я сказала:

— Так погодите... если ваш род проклят, в чем же суть этого проклятия?

— Только один из сыновей и дочерей в каждом поколении доживет до 26 лет, — сказал Феликс нарочито небрежно. — Этот рубеж роковой.

Я быстро подумала: сколько ему сейчас лет?.. До двадцати шести еще далеко или нет?

— Мне двадцать, — так же небрежно сказал Феликс, и я ощутила, что у меня горит шея: я начала краснеть от того, что он так угадал мои мысли. — Но брату моему двадцать пять... И вообще, если написать нашу фамилию, — он схватил с небольшого бюро, стоявшего в углу библиотеки, листок бумаги, карандаш и быстро-быстро написал: *Юсуповы Сумароковы-Эльстонъ*, — получается как раз 26 букв. Странное совпадение, верно?

Я по-девчоночьи испуганно ахнула и завороженно кивнула.

— У моей матери было двое детей до нас, но они умерли во младенчестве. — Феликс перекрестился и весело добавил: — Будем надеяться, что роковую дань мы уже заплатили. Впрочем, никто из нас особенно не верит в эти россказни. Я так и забыл бы про них, когда бы не увидел ваш рисунок... и эту цифру 26, которую вы изобразили за спиной царицы.

Роковая страсть Распутина

— Я точно не помню, какая там была цифра, — пробормотала я. — Неясно видно было. То ли 26, то ли 23, а может быть, и 25... Но отчего именно 26? Отчего именно этот возраст?

— Бог весть, — пожал плечами Феликс. — Никому сие неведомо. Быть может, она проклинала отца в 26-й день какого-то месяца. А может быть... Вы верите в нумерологию?

У меня уже не только шея горела — я вся пятнами шла, у меня слезы на глаза наворачивались, потому что я устала чувствовать себя дура дурой. Что еще за нумерология такая?!

— Говорят, это очень древняя наука, она придает огромное значение цифрам, — пояснил Феликс. — Мистическое значение! Будто бы у каждого человека есть свое число, и оно влияет на его жизнь подобно тому, как звезды зодиака на эту жизнь влияют. Конечно, можно сказать, что это чепуха, но ведь про все на свете можно сказать, что это чепуха! Нумерологические игры иной раз бывают очень любопытны. Сколько букв в нашей фамилии, вы уже видели. А если сложить слова: *Сююмбике, Утямышъ, Юсуфъ, Казань* — роковые слова для этой женщины! — тоже получится как раз 26 букв. Конечно, это я выдумываю некую зависимость, но, например, у нас с братом равное число букв получается, если сложить наши имена, отчества и фамилию. Вот поглядите: *Феликсъ Феликсовичъ Юсуповъ*. А потом — *Николай Феликсовичъ Юсуповъ*. Видите? Вот сами посчитайте.

Я посчитала. Оба раза получилось 25.

— А в вашем имени сколько букв? — спросил Феликс.

Написали — *Ирина Александровна Романова*. Посчитали. Вышло — 26.

Я даже вздрогнула. Но сама не могла понять, то ли от испуга — 26, роковое число! — то ли от огорчения, что количество букв не совпадает с тем, какое у Феликса. Лучше было бы, чтоб на одну меньше...

Феликс посмотрел на меня очень внимательно и сказал, словно опять мои мысли читал:

— Впрочем, это можно исправить.

Потом, уже накануне нашей свадьбы, когда мы этот день вспоминали, выяснилось, что мы оба одновременно об одном и том же подумали: чтобы моя фамилия сделалась короче на одну букву, она должна быть — *Юсупова*... Тогда получалось 25, совершенно точно! Феликс уверял, что именно в ту минуту решил на мне жениться, понял, что я его судьба, хотя до нашей женитьбы прошли еще годы и годы.

Но то число букв в моем имени — 26 — я запомнила, и оно тоже сыграло потом роковую роль — и для меня, и для всей России! Во всяком случае отчасти именно этим объясняется та маниакальная настойчивость, с которой меня преследовал *Г.Р.*, непоколебимо веривший, что мы с ним предназначены друг для друга.

Вот так мы стояли с Феликсом, глядя друг на друга и думая об одном и том же, когда появился сконфуженный Мустафа и сообщил, что все сидят за столом, но не кушают, потому что нас дожидаются.

Роковая страсть Распутина

Феликс комически перепугался, схватил меня за руку, мы ну бежать в столовую! По пути моя рыжая лиса с меня свалилась, да я не стала поднимать: до сих пор вся горела, жарко было до невозможности в скользком, липнущем к телу золотом платье Зинаиды Николаевны. И страшно было — вот мне сейчас устроит maman сцену при всех... Но она, как это ни странно, ничего не сказала, только поглядела так странно и потом, когда я уже села подле нее (с другой стороны сидел Николай, а Феликс поместился напротив), только пробормотала:

— Ну что ж, может быть, это даже и неплохо.

Я, конечно, тогда не поняла, о чем она говорит, а она подумала о том же самом, о чем мы с Феликсом...

Теперь, на склоне лет, я весьма скептически настроена по отношению ко всей на свете нумерологии и вообще любой каббалистике. В Бога нашего православного только и верю, а все эти забавы суеверных умов, гороскопы, нумерология, хиромантия — все это меня лишь раздражает, никакого смысла я в этом не нахожу. Все это совпадения, раздутые до нужных пределов теми, кто ищет в них выгоды или успокоения. Игры изощренного ума! Но тогда, когда я была девочкой, на меня, конечно, эта история о проклятии рода Юсуповых произвела очень сильное впечатление. Сон о Сююмбике... Я уже почти уверилась, что она изобразила на песке именно цифру 26... Юная душа моя была потрясена. Тем более что на другой год погиб на дуэли Николай Юсупов — не дожив до своего двадцатишестилетия.

Потом, когда я вошла в семью Юсуповых, я эту историю его гибели не раз слышала именно как подтверждение роковому совпадению. А между тем это была всего лишь история неудачной страсти, каких множество на свете...

Николай был влюблен в некую Марину Гейден. Несмотря на то что это был совершенно другой круг общения, находившийся далеко за пределами дворцового, я все же слышала имя этой особы. Как-то раз в моем присутствии maman и ее сестра Ольга Александровна обсуждали моего кузена Гавриила, Габриэля, как мы его звали дома, сына великого князя Константина Константиновича (брата греческой королевы Ольги, известного поэта, писавшего под псевдонимом К.Р.). О Гаврииле я еще скажу, когда пойдет речь о нашем доме моды, потому что они с женой тоже имели в Париже дом моды, как и многие бежавшие русские, да и вообще — его необычайная, необычайнейшая история заслуживает того, чтобы о ней рассказать, они с женой очаровательные люди, хотя она совсем, совсем простенькая, опять же — балерина, которых я не выношу... Но об этом далее.

Итак, maman и ma tantine Ольга обсуждали Гавриила, не на шутку увлекшегося этой легкомысленной Мариной Гейден, которая вела весьма свободный образ жизни с попустительства своей матери. Тетя Оля говорила, что Марине повезло, ибо Гавриил для какой-то безродной кокотки — фантастическая партия, а он человек слабохарактерный и может стать легкой добычей. Но maman возразила, что тогда Гавриил потеряет все, будет выслан из России, как был за морганатический брак с госпожой Пистолькорс выслан великий князь Павел Александрович, отец моих друзей и родственников Мари и Дмитрия, которые воспитывались сначала в семье великого князя Сергея Александровича, а потом, после его трагической гибели, — под присмотром самого императора, и если эта Гейден не вполне дура, она поищет себе в мужья человека и побогаче, чем князь императорской крови, и с более твердой почвой под ногами, с которым она не рискует сделаться в России персоной нон грата.

Мир тесен. Именно эта Марина Гейден стала в скором времени причиной гибели Николая Юсупова. Она уже была невестой конногвардейца графа Мантейфеля, но, когда за ней начал ухаживать Николай, решила, что это более интересный претендент на ее руку, и стала тянуть со свадьбой. Николай был очень сильно увлечен, хотя семья и прежде всего Феликс старались его охладить. Потом, понимая, что Юсуповы не позволят Николаю на ней жениться, Марина все же вышла за Мантейфеля, и они отправились в свадебное путешествие в Париж, куда за ними помчался Николай — под благовидным предлогом, что хочет побывать на концерте Шаляпина, который там тогда пел в Grand opéra, открывая «Борисом Годуновым» дягилевские «Русские сезоны».

Родители попросили Феликса вернуть брата. Феликс поехал в Париж и, между прочим, побывал у двух известных в ту пору гадалок, мадам де Феб и мадам Фрее. Де Феб сказала, что кто-то из его семьи в опасности и может быть убит на дуэли. Фрее повторила слова де Феб почти буквально и добавила: «Быть тебе замешанным в политическом убийстве, пройти тяжкие испытания и возвыситься».

Ну, поскольку эту историю я рассказываю со слов Феликса, то ручаться за правдивость сведения не могу. С его склонностью находить знаки судьбы уже постфактум, обнаруживать предсказание уже свершившегося события задним числом, с его легковесной фантазией он мог, конечно, и присочинить.

Итак, новобрачные воротились в Петербург, Николай тоже. Тут Мантейфель узнал, что жена ему неверна, и вызвал ее любовника на дуэль. Семья была в ужасе, но Николай умудрился всем отвести глаза и уверил, что дуэль не состоится, что они с Мантейфелем примирились.

А между тем сама Марина очень боялась дуэли и писала Феликсу, когда скандал только разгорался:

«Я умоляю Вас, чтобы Николай не приехал теперь в Петербург... Полк будет подбивать на дуэль, и кончится очень плохо... ради Бога, устройте так, чтобы Ваш брат не появлялся в Петербурге... Тогда злые языки успокоятся, и к осени все уляжется».

Но Феликс не смог его остановить. Николай был вызван, вызов принял. С уверенностью, что доживает последние часы жизни. Он писал Марине в ночь перед дуэлью: *«Последней моею мыслью была мысль о тебе... Мы встретились с тобою на наше несчастье и погубили друг друга... Через два часа приедут секунданты... Прощай навсегда, я люблю тебя».*

Но то последнее письмо она не получила: Николай оставил его в своем кабинете — там письмо и осталось лежать, когда утром домой принесли его мертвое тело. Николай был застрелен в упор на пятнадцати шагах, хотя сам перед этим дважды стрелял в воздух...

Узнав о случившемся, Марина писала в полном отчаянии: *«Феликс, я должна приложиться к его гробу... я должна видеть его гроб, помолиться на нем. Вы должны понять это, Феликс, и помочь мне. Устройте это как-нибудь ночью, когда все будут у Вас спать! Помогите мне пробраться в церковь, сделайте это для меня, сделайте это для Вашего брата!»* Но Феликс ничего этого не сделал. Прав он был или нет — не мне судить.

Брак Марины Гейден и графа Мантейфеля после этого распался, Марина уехала за границу, Мантейфель ушел из полка... Мать Феликса едва не скончалась от горя и ужаса, обнаружив, что, оказывается, еще не заплатила роковую дань проклятию Сююмбике...

Потом, много лет спустя, она не единожды рассказывала мне о том, как отзывалось в роду Юсуповых это проклятье. Приведу кратко ее рассказы, чтобы показать, как суеверие и преувеличенное значение простых совпадений могут испортить людям радости жизни, а некоторых превратить и в прямых убийц своих родственников, принося их в жертву своему страху.

До тех пор, пока в каждом поколении рождался всего один ребенок, фамилия жила относительно спокойно. Но вот у Григория Дмитриевича Юсупова, сподвижника Петра Великого, родились четверо детей. Он умер раньше, чем дети достигли рокового рубежа, и завещал трем сыновьям, Григорию, Борису и Сергею, все свои богатства, а дочери Прасковье — приданое ее матери, Анны Ильиничны, и подмосковную вотчину.

Братья, особенно Борис Григорьевич, разделом были недовольны, потому что именно материнское приданое составляло главную часть семейного богатства. И вдруг все получает сестра!

Вскоре умер Сергей. Доли двух оставшихся братьев увеличились, однако они по-прежнему косо поглядывали на сестру. Матушка знала о недовольстве сыновей и, умирая, умоляла их быть милосердными к Прасковье: «Если же не исполните, болезную душою и боюсь того, что, вместо милости Господней и моего благословения, за неисполнение не понести вам наказания душевного и телесного, от чего да сохранит вас Бог!» Эти слова Зинаида Николаевна прочла мне из уже упоминавшегося выше труда Николая Борисовича Юсупова.

Возможно, Григорий Григорьевич увещеваниям матери внял бы, а может быть, и нет: трудно узнать об этом, поскольку он вскоре умер. Остались в живых двое Юсуповых: Прасковья и Борис. Оба они были обласканы воцарившейся в то время Анной Иоанновной, обоих ждали хорошие партии. Борис был богатым женихом, а Прасковья — богатой невестой, сговоренной за одного из красивейших в то время молодых людей: родственника Лопухиных, которые были ярыми приверженцами царицы Анны. Ходили, правда, слухи, что Анна Иоанновна сим сговором недовольна, а желала бы выдать Прасковью за Петра Бирона. Неведомо, убедила ли она Прасковью бы или нет, ибо вдруг над бедной девушкой разразилась ужасная гроза! Императрице донесли, будто Прасковья Юсупова говорила какие-то «охульные, поносные слова» и о ней, государыне, и о Бироне, а самое ужасное, что громогласно уверяла, будто все дети Бирона — суть ее, императрицы Анны, дети, тайно прижитые с бывшим конюшим, а ныне герцогом и вторым лицом в государстве, оттого Анна Иоанновна так ревностно печется об устройстве их судеб, изыскивая богатых невест.

Это было правдой. Об этом знали все — но никто не был так глуп, чтобы открывать столь опасную правду! С чего же вдруг Прасковья на это решилась?!

Расправа была коротка. Хоть Прасковья отпиралась от всех обвинений, императрица не поверила ей. Девушка была сослана в Тихвинский монастырь, а затем передана в Тайную канцелярию Ушакова. После наказания плетьми ее насильственно постригли во Введенском монастыре Тобольской губернии. Условия ее содержания были предписаны столь суровые и приказание исполнялось столь ревностно, что бедная недолго прожила и вскоре сошла в могилу, оставив таким образом своего брата единственным наследником всех юсуповских богатств. Он и не помыслил заступиться за сестру — так же, впрочем, как и жених, который, очевидно, счел, что богатых красавиц много, а жизнь — одна.

Во все времена было «модно» в России подвергать опале всю ближнюю и дальнюю родню казненного или сосланного лица. Еще не столь давно в этом могли убедиться все виновные и безвинные родственники Меншиковых и Долгоруких. Борис же Юсупов, однако, возвысился при Анне Иоанновне до должности московского губернатора, а потом и при Елизавете Петровне вошел в милость, особенно когда устроил великолепный театр кадетского корпуса, в котором императрица нашла одного из своих фаворитов — красавца Никиту Бекетова...

Да, сестра погибла, а брат преуспел, и не зря доходили до столицы слухи: Прасковья-де, умирая, что-то бормотала о клевете, о братниных происках, которые довели ее до смерти...

Зинаида Николаевна рассказывала об этом с убеждением, что Борис Григорьевич знал о роковом предсказании и принес сестру в жертву ему. Мне же кажется, что это была просто зависть к богатству Прасковьи и к тем милостям, которыми ее осыпала государыня Анна.

У Бориса Григорьевича родились четыре дочери (причем одна из них в конце концов вышла за престарелого Петра Бирона, герцога Курляндского, за которого Анна Иоанновна некогда прочила сестру Бориса!) и два сына. Первый сын умер ребенком. Из дочерей до двадцати шести лет тоже не дожил никто. Единственным остался Николай Борисович.

Роковая страсть Распутина

Разумеется, моя свекровь усматривала в этом исполнение пророчества Сююмбике! Я с ней почти не спорила, только раз сказала:

— В каждой семье умирают дети! Даже и теперь, когда медицина сильна. А в те времена, когда доктора были больше шарлатанами, чем целителями и полагались лишь на «авось»... Да если в каждой детской смерти обнаруживать след некоего проклятия, получается, что в мире очень немного непроклятых семей! А герцог Петр Бирон отличался таким свирепым нравом, что не одну жену сводил в могилу. Феликс мне рассказывал, что императрица Екатерина надеялась: милая, кроткая нравом Евдокия Борисовна, которая мужу чуть ли не во внучки годилась, утихомирит супруга. Однако тот оставался истинным тираном и обращался с женой отвратительно. Государыня хитростью вызвала герцогиню Евдокию к себе. Однако прожив при дворе некоторое время, Евдокия умерла от стыда и горя и от последствий мужниной жестокости. Любая, даже не Юсупова, сошла бы в гроб от такой жизни!

Зинаида Николаевна тогда очень обиделась моему неуважению к проклятию Сююмбике, начала ворчать, что я своим скрипучим «романовским» голосом способна разрушить любое очарование и любую веру, и прошло довольно много времени, прежде чем она перестала смотреть на меня косо и рассказала историю последующих Юсуповых.

Николай Борисович женился на любимице государыни, племяннице самого Потемкина, Татьяне Энгельгардт, однако верен ей не был. Впрочем, он составил славу своего рода не своими похождениями, а тем, что неустанно умножал его богатства и баснословно увеличивал количество предметов роскоши, которым вскоре было воистину несть числа. Возможно, что он также попал «в случай» к Екатерине Алексеевне — так в прежние времена говорили о молодых красавцах, ненадолго удостоенных внимания императрицы. Есть очаровательная книга госпожи Яньковой «Дневник бабушки». В ней сия дама, упоминая о вельможах своего времени, выдающихся тем или иным свойством характера, писала и о Николае Юсупове. Впоследствии, в Париже, я эту книгу нашла в Тургеневской библиотеке и с удовольствием прочитала. Потом удалось достать у букинистов старинное издание. Эта книга стала одной из тех немногих, которые я всегда, при всех переездах, имела при себе. По ней и цитирую теперь:

«Князь Юсупов — большой московский барин и последний екатерининский вельможа. Государыня очень его почитала. Говорят, в спальне у себя он повесил картину, где она и он писаны в виде Венеры и Аполлона. Павел после матушкиной смерти велел ему картину уничтожить. Сомневаюсь, однако, что князь послушался. А что до князевой ветрености, так причиной тому его восточная горячность и любовная комплекция. В архангельской усадьбе князя — портреты любовниц его, картин более трехсот. Женился он на племяннице государынина любимца Потемкина, но нравом был ветрен и оттого в супружестве не слишком счастлив...

Роковая страсть Распутина

Князь Николай был пригож и приятен и за простоту любим и двором, и простым людом. В Архангельском задавал он пиры, и последнее празднество по случаю коронования Николая превзошло все и совершенно поразило иностранных принцев и посланников. Богатств своих князь и сам не знал. Любил и собирал прекрасное. Коллекции его в России, полагаю, нет равных. Последние годы, наскуча миром, доживал он взаперти в своем московском доме. Когда бы не распутный нрав, сильно повредивший ему во мнении общества, он мог быть сочтен идеалом мужчины».

У сего «идеала мужчины» родился только один сын — Борис, впоследствии женившийся на Зинаиде Нарышкиной. Она ему и наследовала после его смерти. У этой пары родилась дочь, умершая во младенчестве (помню, говоря об этом, свекровь моя посмотрела на меня вприщур, с великой многозначительностью!), а также сын Николай, тот самый князь Николай Борисович, который написал «Историю рода Юсуповых». Он был человек высокообразованный, вице-директор Петербургской публичной библиотеки.

К слову... Моя свекровь была названа Зинаидою в честь своей бабушки, урожденной Нарышкиной, однако говорить о ней не любила. Феликс, однако, обожал ее вспоминать и рассказывал, что княгиня Зинаида Ивановна была истинная красавица и нрав имела весьма свободный. Как уверял Феликс, в нее влюбился в свое время император Николай Павлович... якобы Феликс сам видел в прабабкином архиве его весьма недвусмысленные послания, император даже предлагал ей в подарок царскосельский домик «Эрмитаж», чтобы являться туда к ней на свидания. Но княгиня сочла это предложение оскорблением и отомстила государю весьма тонко. Просто купила землю и построила на ней совершенно такой же домик. Именно туда, как рассказывали, и являлся к ней государь, и не он один...

Княгиня пережила в своей жизни не одно любовное приключение, но самый бурный роман был у нее с неким молодым народовольцем. Он был арестован, однако княгиня не смогла с ним расстаться. Его заключили в крепость Свеаборг, что в Финляндии, и Зинаида Ивановна за ним последовала. Напротив крепости на горе находился дом, так вот она его купила и поселилась там, чтобы видеть окно его каземата, а он оттуда мог бы видеть ее окно.

В конце концов, говорят, будто она подкупила охрану, устроила побег своему любовнику и секретно привезла его в Петербург, в свой дом на Литейном. Там она его некоторое время скрывала в потайной комнате рядом со своей спальной, однако здоровье его было подорвано... Дальнейшая судьба народовольца неведома, однако большевики в 1925 году, обыскивая юсуповские дома в поисках спрятанных сокровищ, нашли замурованную комнатку, а в ней — мужской скелет в саване. Когда Феликс узнал об этом, он вспомнил, что, живя на Литейном, разбирал в этой комнате семейные архивы... Он клялся и божился, что его так и пробирал мрачный холодок, он даже звал для компании лакея, чтобы не было так страшно.

Зинаида Ивановна женила сына и отдала ему дом на Мойке, а сама зажила с прежней свободой.

Вскоре, наскучив жизнью при русском дворе, княгиня уехала во Францию. В Париже, на Парк-де-Пренс, близ Булонь-сюр-Сен, она купила особняк и зажила так же широко, как в Петербурге. И точно так же, как в Петербурге, ею увлекся император — на сей раз это был Наполеон Третий. Вслед за ним в особняке княгини побывал весь свет.

Однако Зинаида Ивановна, кажется, скучала без своих бурных романов. И вот однажды на балу в Тюильри ей был представлен молодой и красивый офицер по фамилии де Шово. Он был нищ, как церковная крыса, но ей понравился, и княгиня обвенчалась с ним. В то время она захотела совершенно изменить свое положение, купила себе титул маркизы де Серр, а мужу — графский титул и замок Кериолет в Бретани. Однако граф де Шово вскоре охладел к жене, которая была его очень намного старше, и завел любовницу. А потом внезапно умер, завещав ей замок. Разгневанная графиня вновь заплатила за Кериолет огромную сумму, но все же выкупила у соперницы замок и подарила его департаменту, поставив условие, что в замке будет открыт музей.

Феликс очень забавно рассказывал, как бывал у гостях у прабабки. После смерти своего молодого мужа она уж более не заводила романов и жила почти затворницей, с одной только компаньонкой, в своем доме на Парк-де-Пренс. За собой она весьма следила, белилась, румянилась и носила рыжий парик — впрочем, в те времена не принято было опускаться, это нынче иные дамы не стыдятся хаживать в затрапезах дома, радуясь, что их никто не видит. А прислуга как же?!

Все гости маркизы жили во флигеле, который был соединен с домом. Хозяйка на приемах восседала в глубоком кресле, увенчанном тремя коронами: княжеской, графской и маркизской. Несмотря на возраст, она выглядела великолепно в своем великолепном жемчужном ожерелье, сохраняла царственность манер и осанки, широту русской души и пышность приемов.

Правда, по словам Феликса, в мелочах она бывала до смешного скупа и имела привычку угощать гостей заплесневелыми шоколадными конфетами, которые хранились в хрустальной бонбоньерке. Феликс говорил, что он единственный их ел, за что прабабка умиленно гладила его по голове и приговаривала: «Ах, какое чудесное дитя!» Скончалась маркиза в возрасте ста лет, оставив своей внучке, то есть моей свекрови, все драгоценности, брату Феликса Николаю — в ту пору, понятное дело, он был еще жив, особняк на Парк-де-Пренс, а самому Феликсу — дома в Москве и Санкт-Петербурге.

Между прочим, дом на Парк-де-Пренс долго пустовал, потом его перепродавали разным лицам, пока там не разместилась женская школа Дюпанлу, где позже училась наша дочь Ирина.

Но вернемся к рассказам моей свекрови о родовом проклятии Юсуповых. Далее свекровь говорила о нем буквально взахлеб, потому что эти воспоминания касались ее собственных детства и юности.

В семье князя Николая Борисовича было трое детей. Своего старшего брата Бориса Зинаида Николаевна не помнила — он умер от скарлатины в младенчестве. Прошли годы, и вот сама Зинаида поранилась во время прогулки. Незначительная ранка на ноге вдруг нагноилась... оказалось, заражение крови! Зинаида умирала и уже находилась в предсмертной прострации, когда отец, разуверившись в медицине, кинулся за помощью к священнику Иоанну Кронштадтскому, который был прославлен своими чудесными исцелениями безнадежно больных. Сила его молитвы вернула Зинаиду к жизни. А спустя немногое время ее сестра Татьяна в двадцать два года умерла от горячки. Зинаида Николаевна, конечно, была убеждена, что сестру взяло ногайское проклятие, от которого ей самой удалось ускользнуть.

Теперь Зинаида стала единственной наследницей баснословных богатств Юсуповых. Она была красавица, в мужья ей прочили родственника императора, претендента на трон Болгарии. Однако она с первого взгляда влюбилась в графа Феликса Сумарокова-Эльстона, одного из свитских офицеров жениха. И вскоре вышла за него замуж. Мой свекор принял титул князя Юсупова, а его дети звались графами Сумароковыми-Эльстон, князьями Юсуповыми.

Должна признать, Зинаида Николаевна была божественно красива. Иногда я посматривала на нее с завистью, хотя молодость вроде бы всегда красивее старости.

Мужчины совершали из-за нее безумства. Феликс рассказывал, что был такой офицер императорской свиты Грицко Витгенштейн, страшно любимый женщинами, любитель эпатировать общество и чудить. Он совершенно потерял голову от княгини Юсуповой и однажды изумил всю семью, въехав верхом в ее столовую и бросив к ногам дамы своего сердца роскошный букет роз. Конечно, мой свекор был страшно скандализован, однако Феликс эту историю запомнил навсегда. Потом, позже, спустя много лет, Витгенштейн добивался его дружбы, умолял о встречах, поскольку Феликс был очень похож на свою мать...

Да что говорить! Мой отец был тоже в нее влюблен в свои молодые годы. Он тогда метался между страстью к двум женщинам, ни одна из которых не могла ему принадлежать: к Зинаиде Николаевне, уже вышедшей за графа Сумарокова-Эльстона, и великой княгине Елизавете Федоровне, бывшей женой его дяди, Сергея Александровича. Потом он полюбил мою мать, однако никогда не скрывал, что встречи с Зинаидой Николаевной его страшно волнуют.

Да, из-за нее мужчины теряли головы! Однако никто из-за этой красоты не совершал ошибок, которые стали роковыми для ее отечества...

Ну вот я и опять вплотную подступила к тому страшному эпизоду своей жизни! Наверное, уже и впрямь пора рассказать о нем... Но нет, его трудно будет совершенно понять, если перед этим не поведать о нашем браке с Феликсом и еще не открыть немного некоторых особенностей натуры моего мужа. Я расскажу, я все расскажу... в свое время. А пока я дошла в своих воспоминаниях только до 1908 года, до гибели Николая на дуэли — и до того потрясения, которое в то время переживала вся семья Юсуповых.

Феликс и прежде верил в эти старые сказки о пророчестве, но отныне они стали его навязчивой идеей, потому что, как он считал, сбылись на его глазах. Именно поэтому он не хотел иметь других детей, кроме нашей Бэби, нашей Ирины, и даже ей умудрился внушить семейный ужас перед многодетной семьей. У нее тоже одна лишь дочь — Татьяна, и не удивлюсь, если, когда наша малышка вырастет, у нее тоже родится единственный ребенок. Итак, Феликс был страшно потрясен, но если кто-то думает, что он немедленно взялся за ум и прекратил свои чудачества, тот совершенно не знает его натуры. Напротив — он опять пустился во все тяжкие, и воистину тяжелей этих тяжких трудно представить нормальному человеку. Он дневал и ночевал в цыганских таборах, он курил опиум, спивался, менял увлечения как перчатки, он шлялся по ночлежкам — якобы для того, как уверял он впоследствии, чтобы постигнуть, как тяжело живут люди, а на самом деле — чтобы получить еще более острые ощущения жизни, ибо то, чем довольствуется восприятие человека обычного, было для него уже нестерпимо скучно. Он совершенно пресытился жизнью! Наконец, чтобы не видеть укоряющих глаз родителей, он отправился в Англию — под тем предлогом, что хочет получить образование в Оксфорде. Там он не столько учился, сколько продолжал неистово прожигать жизнь, предаваясь своим странным пристрастиям... он ведь всегда считал, что мужчина может желать и любить другого мужчину так же страстно, как женщину. Эрик Гамильтон, Освальд Рейнер, Джек Гордон, другие приятели его по Оксфорду, князь Сергей Оболенский, Василий Солдатенков, знаменитый автогонщик (он был возлюбленным необыкновенной красавицы того времени, Лины Кавальери, даже автомобиль назвал ее именем — «Лина», но это не мешало ему предаваться буйному распутству с мужчинами), сербский наследный принц Павел Карагеоргиевич, король Португалии Иммануил — самый верный и давний поклонник, можно сказать, раб редкостной, почти противоестественной красоты Феликса... Возобновились его нежные отношения и с моим кузеном Дмитрием Павловичем. Познакомились-то они давно, еще в детские годы, в Ильинском, находившемся по соседству с Архангельским, знаменитом своей роскошью имением Юсуповых. Ильинское принадлежало моему двоюродному деду, великому князю Сергею Александровичу и его жене, великой княгине Елизавете Федоровне.

Всю жизнь у Феликса и Елизаветы Федоровны были необыкновенно хорошие отношения. Он восхищался ее редкостной красотой и преклонялся перед отрешением от мира, который таил столь много соблазнов для такой грешной души, какая была у него. А вот великого князя он не любил — причем нелюбовь эта пошла с детства, когда Сергей Александрович устремлял на него взгляд... тот особенный взгляд, которым он смотрел на всех привлекательных молодых людей и даже мальчиков. Феликс тогда был еще слишком юным, чтобы склоняться к таким странным отношениям, которые предпочитал великий князь, и гораздо больше обращал внимание на то, что он носит корсет — тот поскрипывает при ходьбе и просвечивает летом, при жаре, сквозь белое белье. К слову... тут должна пояснить, что бельем в ту пору называлось вовсе не linge de corps, как говорят французы, или sous-vê tements, то есть не то, что носят под верхней одеждой, не исподнее, а всякую вещь из белой ткани, в том числе обычную мужскую сорочку. Сорочки и летние мундиры в жару Сергей Александрович носил тончайшие — удивительно ли, что корсетные кости просвечивали! Феликс мальчиком был шалун, причем шалун любопытный, он не мог удержаться, чтобы эти кости не потрогать, причем при народе... Тогда и зародилась неприязнь к нему великого князя!

Отношения Феликса с Дмитрием складывались совсем иначе. Вот как рассказывал об этом мой муж:

«Дмитрий был очень красив: высокий, элегантный, с прекрасными задумчивыми глазами, которыми напоминал матушку свою, греческую принцессу Александру, которой стоило жизни рождение Дмитрия. Чудилось, он сошел со старинного портрета! Но обладал натурой противоречивой. Добродушный — и в то же время заносчивый, сильный, умный, образованный — и в то же время чувствительный до слабости, мечтательный, романтичный — и в то же время чувственный. В характере его, как говорится, не хватало стержня, оттого Дмитрий был подвержен чужим влияниям, причем подпадал под них тем охотней, чем крепче привязывался к тому или иному человеку. Когда началась наша дружба, я приобрел над Дмитрием огромную власть, потому что был старше и имел скандальную славу, которая казалась весьма заманчивой, загадочной, привлекательной. Дмитрий был со мной вполне откровенен и многое рассказывал о жизни императорской семьи... но об этом я буду молчать, чтобы не омрачить память погибших мучеников».

Феликс говорил, что его всегда смешила заносчивость Дмитрия. Тот был любимцем государя, мой дяди Никки видел в нем — когда еще не имел наследника и признавал слабость характера своего брата Михаила Александровича — возможного наследника престола. Понятно, что многие завидовали Дмитрию, ревновали, плели интриги против него. Дмитрий почувствовал себя персоной важности огромной и возгордился, начал чваниться. Феликс рассказывал, что он незлыми, но острыми насмешками охладил эгоизм Дмитрия, поставил его на место. Дмитрий был им так увлечен, что постепенно менялся под его влиянием. Дружба их только крепла. Они много разговаривали — и много кутили вместе. Уезжали из имения на автомобиле в Петербург и ночи напролет проводили в ресторанах и у цыган, приглашали в свою компанию знаменитых артистов и музыкантов. Их гостьей частенько бывала всем известная балерина Анна Павлова.

Слухи о скандальных похождениях Феликса дошли до государя, тот запретил им с Дмитрием видеться. За ними даже слежку установили! Тогда Дмитрий переехал в собственный дом и попросил Феликса помочь ему обустроиться.

Как видно из сего пассажа, мелькали в жизни моего будущего мужа и женщины. Кому любопытны его похождения, может обратиться к его мемуарам, только там полно полуправды и недоговоренностей. Впрочем, я не намерена открывать какие-то его тайны: все, что он совершал *до* брака со мной, было *до* меня, и, между прочим, выходила я за Феликса с открытыми глазами, отлично зная его репутацию и уверенная в том, что ради меня он с охотой расстанется с прежними привычками. Какая юная, невинная девица не ринется с радостью обращать в истинную веру грешника, жаждущего раскаяния, к тому же такого невероятно красивого грешника... И такого невероятно богатого!

Одно могу уточнить. Поскольку он сам рассказывал мне это с долей бравады и частично упомянул в мемуарах, не будет большого греха в этом уточнении, тем более что Феликс и сам пытался объяснить, откуда взялась в нем страсть к однополой любви. Первый такой опыт Феликс получил еще совсем юным, можно сказать, мальчиком, встретившись однажды с неким аргентинцем по имени Виктор Контрерас. Спустя десятилетия, уже в Париже, он познакомился с молодым художником, которого также звали Виктор Контрерас. В жизни случаются самые забавные совпадения, хотя мне они вовсе не казались забавными! Этот художник был им усыновлен. Хотя я наверное знала, что отношения между ними были всякие. Говорят, немолодых людей неодолимо тянет к молодости. Это так! Грубая, животная молодость этого неотесанного, хотя и стихийно талантливого существа очаровала Феликса на склоне его лет: Виктор Контрерас стал его последней любовью. Так же, как его полный тезка был некогда первым любовником. Странное совпадение!

Того, первого, Виктора Контрераса каким-то ветром занесло в Контрексевиль. Какое роковое созвучие, еще одно совпадение! — во Францию, в Лотарингию, где Зинаида Николаевна проходила курс лечения. Феликс от нечего делать шлялся где придется и однажды случайно подсмотрел свидание пылкого аргентинца с какой-то местной барышней. Его детская чувственность была возбуждена, он заговорил с аргентинцем. Тот, видимо, был человеком развращенным до мозга костей и не постыдился пригласить юнца к себе в отель — его извиняет лишь то, что Феликс прибавил себе лет, да и впрямь, по его словам, выглядел куда более взрослым, чем был на самом деле, лет на четырнадцать-пятнадцать, а в южных странах эти годы считаются вполне подходящими для приобщения к плотским развлечениям. Аргентинец позвал мальчика в свой отельный номер, где собирался продолжить свидание со своей подругой. Пригласил посмотреть... однако сделал его соучастником любовной вакханалии. Феликсу понравилось женское тело, однако мужское восхитило его неизмеримо сильнее. Он стал как бы двуполым существом, потому что развитие нормального влечения было искажено в столь раннем возрасте.

Сам он объяснял свои пристрастия так: «Я легко покорял женщин, но так же легко охладевал к ним. Они за мной, как говорится, бегали, а самому мне за кем-то бегать было скучно. Зачем? Я и так знал, что любая хочет стать моей. Я был весьма эгоистичен, привык быть центром любви и даже обожания, привык, что все мои прихоти немедля исполняются. Я считал вполне в порядке вещей: что хочу, то и делаю, мое желание — закон, мне нет дела ни до кого.

Меня иной раз упрекали, будто я женщин не люблю. Но это вовсе не так, однако люблю я тех, кого есть за что любить. Встречал я тех, от кого голову терял. Но очарование слишком быстро проходило. Не только я был в том виновен — женщины самой своей натурой отталкивали меня. Пусть меня осудят, но я уверен: мужчины честней и бескорыстней женщин. Странно ли, что некоторые вызывали во мне любовь? За что меня тут можно порицать? За что вообще можно порицать тех, кто любит себе подобных? Их считают ненормальными... Но как быть, если для них ненормально то, что нормально для большинства? Они в этом не виноваты, такими их создала природа...»

Такое же, как у Феликса, искажение сферы чувственности произошло и с моим кузеном Дмитрием, ибо его воспитатель, великий князь Сергей Александрович, был, к несчастью, непоборимым приверженцем только и исключительно однополой любви.

Это сделало брак великой княгини Елизаветы Федоровны истинной трагедией, хотя она искренне любила своего странного супруга, ставшего ей первым, лучшим другом, но не мужем в полном смысле этого слова. Ходили слухи... насчет нее много ходило слухов, причем не только прославляющих ее высокую нравственность и даже святость. С одной стороны, в ее лучшие годы рядом был муж, который даже не посчитал нужным не то что регулярно исполнять свои супружеские обязанности, но хотя бы в первую ночь разрушить ее девственность (и при этом они всегда спали в одной постели!). С другой — молодой брат этого ледяного супруга, весь пылкость и страстность, к тому же некоторое время назад овдовевший и не сводивший глаз с очаровательной, воистину очаровательной великой княгини... Я уже говорила о том, что у них произошло с великим князем Павлом Александровичем, дядей императора, отцом Дмитрия. И когда Павел Александрович влюбился в Ольгу Валерьяновну Пистолькорс — замужнюю даму, мать троих детей! — и пожелал заключить с ней морганатический брак, Елизавета Федоровна была одной из первых, кто поддержал самые суровые меры против этой пары. Ходили слухи, что из жгучей ревности...

Император поставил своему дяде Павлу Александровичу ультиматум... тот пожертвовал ради любви положением и уехал с госпожой Пистолькорс за границу. Впоследствии она получила титул княгини Палей. У них было трое детей: Владимир, погибший при красных в Алапаевске (вместе, к слову сказать, с Елизаветой Федоровной), Ирина, позднее вышедшая замуж за моего брата Федора, и Наталья, более известная по фамилии своего французского мужа, знаменитого кутюрье и парфюмера Лелонга. Наши пути с Натальей очень сильно пересекались в те времена, когда мы в Париже, в эмиграции, открывали свой модный дом.

Я уже не раз упоминала, что после отъезда великого князя Павла за границу его дети, Мари и Дмитрий, были переданы на воспитание великому князю Сергею Александровичу. «Теперь я ваш отец, а вы — мои дети!» — сказал им дядюшка.

Мы встречались тогда нечасто, поскольку Мари была постарше и уже не появлялась на тех детских праздниках, где веселились мы, но она рассказывала мне годы спустя, что они с братом были очень одиноки, и их опекуны сначала внушали им страх, настолько они, гордые и застенчивые, замкнутые, избегающие откровенных проявлений чувств, мало напоминали их веселого отца. И все же Сергей Александрович был самым заботливым, самым нежным дядюшкой для детей своего брата — в отличие, между прочим, от тети Елизаветы Федоровны. Она оставалась к племянникам совершенно равнодушна и интересовалась лишь собственной персоной: лелеяла свою нежную красоту (сама готовила кремы для лица из сливок и огуречного сока) и украшала себя (придумывала и рисовала дивные фасоны своих нарядов и тщательно подбирала к ним драгоценности, благо Сергей Александрович дарил их жене бессчетное количество). Лишь потом, с годами, жизнь смогла смягчить равнодушие Елизаветы Федоровны и к племянникам, и к людям вообще, превратила ее совсем в другого человека — полную противоположность ледяной, чопорной красавице, которую ее племянница Мари запомнила с детства. Так или иначе, она не помешала супругу приохотить Дмитрия к противоестественным отношениям, хотя, как сын своего веселого отца, он не был чужд и очарованию женщин, в чем годы спустя смог убедиться весь Париж, наблюдавший его бурный роман со знаменитой Коко Шанель. Да и в других женщин бывал он влюблен, уж я-то это доподлинно знаю...

В доме нашем считалось, разумеется, нонсенсом обсуждать и осуждать своих родственников, тем паче — в присутствии детей, однако у отца моего, великого князя Александра Михайловича, который был истинным мужчиной, мужчиной до кончиков ногтей, иной раз прорывались крепкие словечки по адресу «проклятых содомитов».

Государь к пристрастиям своего дядюшки также относился с отвращением... отчасти Сергей Александрович был назначен московским губернатором именно потому, что это удаляло его с глаз mon oncle Никки, хотя императрица страдала в разлуке с сестрой. Они были очень близки с Елизаветой Федоровной духовно... до тех пор, пока в жизнь императорской семьи не вошел *Г.Р.* — и не рассорил ее не только с родственниками, но и со всей страной.

Но вернусь к Феликсу. К его жизни после гибели брата.

Он то и дело наезжал в Париж. Какие безумства там учинялись, знал только он.

Как-то раз одновременно с ним в Париже оказались и мы с maman, хотя и не подозревали об этом. Мы приехали, чтобы посмотреть балеты во время «Русских сезонов» Дягилева. Не столь давно он впервые показал в Grand opéra «Бориса Годунова» Мусоргского — с Шаляпиным в заглавной партии. Мы были на этом показе, как и на премьерах балетов. Дягилев был прав, когда посмеивался над французами, у которых балетное искусство совершенно выродилось в какую-то сценическую комедию. Чтобы изумить парижскую публику, он пригласил лучших танцовщиков и балерин как из петербургской Мариинки, так и из московского Большого театра. Его расчеты оправдались: Париж был совершенно сражен тем, *что* увидел в скромном, даже обшарпанном театре Châtelet, где шли балетные спектакли. К сожалению, успех «Русских сезонов» привел к тому, что ведущих наших танцоров совершенно невозможно стало увидеть на родной сцене. Анна Павлова, Матильда Кшесинская, Тамара Карсавина, Екатерина Гельцер, Вера Каралли (тогда я и увидела ее впервые на сцене), Маргарита Васильева, Софья Федорова, Михаил Фокин, Михаил Мордкин практически не уезжали из французской столицы. Там же находился и божественный Вацлав Нижинский, на которого я не могла насмотреться... когда стали открыто говорить, что он любовник Дягилева и Фокина, я испытала странную жалость к этому волшебному созданию, к этому истинному чуду природы. Maman, которая после бурных ссор с отцом и романа со своим мистером Фэном, родственником отцовой возлюбленной, сделалась чрезвычайно склонна ко всякому эпатажу, теперь считала должным посещать все спектакли с участием скандально известного танцовщика, хоть бы даже по нескольку раз. Впрочем, от балета «Дафнис и Хлоя», который приводил ее в исступление, я тоже была в восторге.

Что же касается Веры Каралли, она давала отличную пищу бульварной прессе. Нам каждый день приносили свежие газеты такого толка — maman обожала читать их. И мы узнавали, что Вера Каралли устраивает страшные скандалы Дягилеву по поводу того, что главную роль в премьерном спектакле «Павильон Армиды», которая была при заключении контракта обещана ей, теперь отдана Анне Павловой. Тогда меня это забавляло, и симпатии мои были, конечно, на стороне преуспевающей звезды, а не скандалистки Каралли, но потом, через несколько лет, когда Феликс познакомил меня с Анной Павловой, своей бывшей пассией, я стала сочувствовать Вере. Да-да, тем паче что мы обе оказались замараны впоследствии одной и той же исторической грязью, только я — заслуженно, а она — нет, к тому же я всю жизнь старалась сделать вид, что чиста и бела, а она нарочно изображала себя еще грязнее. Феликс, конечно, описывал наши с Павловой отношения как идиллически-дружеские, а на самом деле я ее терпеть не могла. Где вы видели бы жену, которая спокойно смотрит на любовницу своего мужа, да к тому же такую знаменитость, какой была Павлова?! Конечно, она танцевала и в самом деле божественно, однако это не давало ей права беспрестанно лезть в наши отношения и причитать о том, как мне сказочно повезло с таким супругом. Когда у них с Феликсом начался бурный роман, думаю, она очень надеялась выйти за него замуж, и не исключено, что ей бы это удалось, но Феликс, на счастье, понимал, что такой брак убьет его мать, а потому Анна осталась при своем Викторе Дандре (он домогался ее целых три года, но в объятия его Анна упала лишь после того, как ее бросил Михаил Мордкин), сохранив самые теплые отношения с Феликсом на всю жизнь.

Между прочим, танцевала на премьере «Павильона Армиды» все же Каралли, потому что у Павловой был в это время спектакль в Вене, тамошний контракт она предпочла парижскому. Из тех же газет мы узнали о страшном гневе Дягилева, а потом — о разрыве Веры Каралли с ее давним любовником Леонидом Собиновым. Вернее, о разрыве Собинова с Каралли.

Но эти скандалы, как ни были пикантны, нас с maman уже не слишком интересовали, потому что жизнь предоставила нам новую и куда более оригинальную пищу для воображения и удивления. Однажды, возвращаясь в таксомоторе из театра

Шатле с очередного спектакля (уж и не припомню, на чем именно присутствовали), мы увидели какую-то совершено невероятную процессию. Это были полуголые люди — некоторые молодые и красивые, некоторые толстые и старые, однако все они были одеты нелепейшим образом, в какие-то шкуры и венки, словно изображали пещерных людей.

— О, простите, медам, — с отвращением сказал шофер, останавливаясь, чтобы пропустить процессию. — Мне стыдно за некоторых парижан... Ежегодный выпускной бал в Высшей художественной школе всегда превращается в сущее безобразие. Пьют свыше всякой меры, совершенно теряют разум, и я даже слышал — пардон, сто тысяч раз пардон! — что они открыто творят по углам самые непотребные непотребства. Вы только посмотрите на них! Ах нет, лучше не смотрите!

Но мы не могли не смотреть. Мы увидели, как из безобразной, пьяной толпы вдруг вырвались два человека. На голове одного был белокурый парик с косицами, на другом — соломенная шляпа аркадского пастуха, очень напомнившая мне ту, которую я видела на Нижинском в балете «Дафнис и Хлоя». Более — никакой одежды, кроме пары леопардовых клочков на плечах. Вся она была изорвана в клочья, коими размахивали полуголые подгулявшие художники.

— Боже! — воскликнула вдруг maman. — Да ведь это же князь Юсу...

И прикусила язык, покосившись на меня. Но я тоже узнала его!

Феликс, в самом деле! Стройный, обнаженный, в этой дурацкой аркадской шляпе, он был пьян и даже не слишком стыдился своей наготы, небрежно отмахиваясь от тянувшихся к нему похотливых, тоже пьяных лап.

Мы с графиней Камаровской, которая нас, конечно, сопровождала, были ну просто страшно скандализованы, у меня даже слезы выступили на глазах от ужаса и от непонятной обиды, как будто оскорбление было нанесено лично мне. Как он позволяет этим людям смотреть на себя, хватать себя?! И вдруг maman начала хохотать и хохотала так, что тоже дошла до слез, только развеселых. И я, посмотрев на нее, вдруг подумала доверчиво, что, может быть, и в самом деле ничего страшного не происходит? Ну, веселятся люди и веселятся...

— Ого, — сказала maman, — а ведь с ним не соскучишься!

Она оказалась права: много чего я испытала в жизни с Феликсом, и любила его, и ненавидела, и обожала, и презирала, но вот скучно с ним мне не было ни дня, ни часу, ни минуты!

Долго еще эта нагая стройная фигура маячила в моих девичьих сновидениях, смущая меня, но отнюдь не возмущая. Уже тогда я понимала, что многое смогу ему простить — если не вообще все.

Феликс нас, понятное дело, не заметил, а я никогда ему о том случае не напоминала: думаю, он не простил бы мне, что я повстречала его в столь постыдном виде. Потом из его же записок я узнала, что в компании с ним был его приятель, художник Жан Бестеги, который и привел его на этот бал, а шляпа... да, это и впрямь была шляпа из балетного реквизита Нижинского. Так же как и леопардовая шкура, тоже взятая взаймы у Нижинского и превратившаяся в клочки, которые остались валяться где-то на парижской мостовой.

Между прочим, в эти годы разгульного дебоширства Феликс впервые повстречал свою будущую жертву. О моих собственных впечатлениях от знакомства и нескольких встреч с *Г.Р.* я расскажу позднее, поскольку она произошла уже после моего брака с Феликсом. Он же тогда был холост и искал любой возможности если не повеселиться, то хоть как-то разнообразить свое существование.

Не ручаюсь, как всегда, за правдивость оценок, которые дает мой муж тем людям, которых встречал в жизни, но соглашусь, что *Г.Р.* произвел на него очень сильное впечатление... впрочем, оно было взаимным. Феликс так писал в своих заметках к книге мемуаров (собственно, по этим заметкам я все и цитирую, ибо их еще не касалась рука редактора, в них больше точности):

«Я вернулся в Петербург на Рождество, которое собирался провести с родителями, затем намеревался вернуться в Оксфорд. Я давно был дружен с семьей Г., вернее, с их младшей дочерью. Она была страстной поклонницей «старца Григория». Чистая, наивная, восторженная девушка не могла понимать всей его низости, коварства, развратности. Она верила, что старец обладает великой силой духа, что он послан очищать грешные души, исцелять духовные страдания, направлять наши мысли и поступки на добро. Я скептически выслушивал ее восторженные речи. Сам не знаю почему, я смутно ощущал душок шарлатанства, впрочем, дифирамбы мадемуазель Г. пробудили мое любопытство к этому «новому апостолу и посланнику неба», как она его называла, проводившему жизнь в посте и молитве и не совершившему ни единого грешного поступка. Кому бы не захотелось познакомиться с таким невероятным человеком? Захотелось и мне. Г. пригласила меня на семейный вечер, где ожидался и «старец».

Когда я вошел в дом, мать и дочь сидели в гостиной возле чайного стола с таким выражением на лицах, словно ожидали прибытия чудотворной иконы. Наконец быстрыми, частыми шажками вошел Распутин. Первым делом он приблизился ко мне, сказал: «Здравствуй, душа моя!» — и не руку протянул, как следует при знакомстве, а потянулся с явным намерением облобызаться. Я невольно отпрянул. Распутин ухмыльнулся недобро и взамен меня с покровительственным видом расцеловал хозяек. У них было такое выражение, словно они сподобились благодати! А на меня он сразу произвел отталкивающее впечатление.

Был он среднего роста, худощавый, но крепкий, мускулистый, вот только руки казались чрезмерно длинными. Волосы всклокочены. На лбу виднелся шрам — сохранившийся, как я узнал позже, со времен разбойничьей жизни. Выглядел Распутин лет на сорок со своим грубым лицом, неопрятной бородой, толстым носом. Водянисто-серые глазки неприятно поблескивали из-под нависших бровей, взгляд его было невозможно поймать, если он сам не хотел на вас уставиться. Одет Распутин был в кафтан, шаровары и высокие сапоги — этак попросту, по-крестьянски. Держался он непринужденно, но угадывалось, что лишь играет в спокойствие, а сам побаивается, ежится и поэтому исподтишка следит за собеседником.

Посидел он за столом недолго, вскочил и принялся сновать по гостиной, что-то глухо бормоча. Мне казалось — сущая нелепица, но барышня Г. внимала восторженно.

Конечно, мне было очень любопытно вблизи созерцать эту знаменитую и загадочную фигуру. Он почуял мой интерес и подсел поближе, поглядел испытующе. Началась беседа — о вещах самых общих. Речь его была не вполне связна, словно внимал словам свыше, а потом выговаривал их, так и сыпал цитатами из Евангелия, но и не к месту, и смысл перевирал, так что ощущение невнятицы и нелепицы усиливалось.

Я слушал и внимательно его рассматривал, пытаясь понять, как удалось тому лукавому, похотливому — это было иногда видно по выражению лица, когда он поглядывал на женщин, по слащавой улыбке, — простенькому мужичку забрать такую власть. Конечно, все дело было в этих глазах, близко посаженных к переносице. Заглянуть в них, как я уже говорил, было непросто, но если Распутин сам цеплял тебя взглядом, то словно веревками опутывал и в то же время иглы в тебя втыкал. Страшно тяжелый, давящий и пронизывающий взгляд! Хитроватая, лживая улыбка. При виде ее так хотелось сказать: «На языке мед, а под языком —

лед...» А между тем хозяйки, и мать, и дочь, не сводили с него глаз и внимали каждому слову как откровению.

Наконец Распутин встал и, обращаясь ко мне, сказал, указывая на мадемуазель Г.: «Она тебя очень хвалила. Вот тебе верный друг, вот тебе духовная жена! Вы, сразу видно, друг друга достойны. Слушайся ее и меня — и далеко, друг милый, пойдешь, очень далеко».

После этого он ушел, а я почувствовал, что, при всех своих странностях, при всем том неприятном и пугающем, что от него исходило, Распутин произвел на меня неизгладимое впечатление! Спустя несколько дней Г. сообщила, что он желал бы со мной увидеться вновь».

Та женщина, которую Феликс называет мадемуазель Г., — это Мария Евгеньевна Головина (свои звали ее то Маня, то Муня, один *Г.Р.* — Машенькой), дочь камергера Евгения Сергеевича Головина, одна из самых пылких поклонниц новоявленного пророка. Как, впрочем, и ее мать, Любовь Валериановна. Феликс ни словом не обмолвился в своей книге о том, что связывало его с Муней. Почему — не знаю. Наверное, по своей противоречивой натуре! Мне кажется это молчание ошибкой, поэтому я открою правду. Муня доверяла Феликсу потому, что в былые времена была безответно влюблена в его покойного брата Николая. Николай не обращал на нее внимания, он был самозабвенно увлечен Мариной Гейден, из-за чего и погиб.

В те времена Муня засыпала Феликса письмами такого рода:

«Мне хотелось еще раз помолиться около него. Сегодня прошло две недели этого страшного горя, но оно все растет, не уменьшается, хуже делается на душе с каждым днем».

После гибели Николая она смотрела на Феликса как на родного человека:

«Я так дорожу моей духовной связью с прошлым, что не могу смотреть на Вас, как на чужого... Я никогда так ясно не сознавала, как сейчас, что вся радость жизни ушла навсегда, что ничто и никогда ее не вернет...»

Муня решила уйти в монастырь. Мать была в ужасе. Однако на помощь пришли родственники.

Дело в том, что Муня некоторым образом н чужая нашему семейству, Романовым. Ольга Валериановна Пистолькорс, ради которой мой дядя, великий князь Павел Александрович, потерял голову, была теткой Муни Головиной! У Ольги Валериановны имелись до брака с великим князем дети от первого мужа. Дочь Марианна, по мужу Дерфелден, была в дружеских, доверительных отношениях с Феликсом. Вообще она была и со всей нашей семьей дружна, ее и наша дочь, Бэби, Ирина-младшая, очень любила. Подозреваю, что в основном из-за роскошного имени, которое малышка очень старалась выговорить, да никак не могла: выходило то «Малиана», то запросто — «Маланья». С ее трудной фамилией вообще что-то страшное получалось! Феликс над этим страшно хохотал и в приватных разговорах часто звал Марианну Дерфелден — Маланьей Деревянной. Она много помогла нам в том деле, к рассказу о котором я так медленно подступаюсь. А вот сын Ольги Пистолькорс Дмитрий был совершенно очарован *Г.Р.*, как и его жена Александра, которую все звали просто Сана.

Сана была знакома с *Г.Р.* и считала его истинно святым, была уверена, что только он может утешить Муню в горе. Устроила ее встречу с *Г.Р.* Он сказал, что в монастырь идти не стоит, потому что Богу можно служить везде. Муня послушалась. Этим *Г.Р.* завоевал сердце ее матери, которая, конечно, не хотела для дочери монашеской участи, и с тех пор Любовь Валериановна стала вернейшей его адепткой.

Я достоверно знаю, что *Г.Р.* окончательно покорил Муню тем, что «вызвал» — она очень увлекалась столоверчением — «дух Николая», который уверил, что никого в жизни не любил так, как Муню, и любовь эта с ним за гробом, а в жизни мирской она теперь воплощена в *Г.Р.* Воистину говорите человеку то, что он хочет услышать, — и вы обретете его сердце... Бедняжка Муня это потом отрицала, чтобы обелить *Г.Р.,* но она и замуж не вышла, и унижалась перед *Г.Р.*, чему я сама была свидетельницей, и стала его секретарем и любовницей, и других женщин с ним сводила, в том числе свою сестру Ольгу, и ко мне они тянули грязные руки... Я Муню просто видеть не могла — с этим ее унылым выражением лживо-невинных фиалковых глазок, вечно в каких-то заношенных вязаных кофточках и кривых шляпочках, прилизанную... бр-р!

Как ни старалась Муня, как ни желал этого *Г.Р.*, однако новая их встреча с Феликсом состоялась очень не скоро, потому что его скандальные похождения начали доводить княгиню Зинаиду Николаевну до нервных припадков. С ужасом видела она, как единственный обожаемый сын, оставшийся в живых ценой самой страшной жертвы (так она была убеждена), сознательно доводит себя если не до могилы, то до безумия. Она решила спасти Феликса тем, чтобы женить во что бы то ни стало. На ком?

На ком! Да в него влюблялись все поголовно. Даже моя строгая Котя называла его чарующим молодым человеком... В партиях недостатка, конечно, не было! Например, великая княгиня Мария Георгиевна, жена одного из моих дядей, великих князей, дочь греческой королевы Ольги Константиновны и моя троюродная тетушка, дружила с одной ирландкой — Матильдой Стекль. У нее была дочь Зоя, старше меня на два года. Как ни редко я посещала балы — maman меня совершенно не вывозила, никуда не сопровождала, за все мои светские выходы была ответственна графиня Камаровская, — я все же более или менее знала своих ровесниц, девушек на выданье. Знала и Зою Стекль, красивую истинной северной красотой. Этот тип называют иногда нордическим, и он ассоциируется с холодностью натуры. Однако Зоя вовсе не была холодной! Нет, ничего дурного я не хочу о ней сказать — она просто всех привлекала своим откровенно веселым нравом, таким отличным, между прочим, от моей сдержанности, застенчивости, порою даже дикости!

А вот Котя в ней никакой красоты и очарования не видела, говорила, что Зоя страшно избалована и ее правильные черты лица искажены эгоизмом и самолюбованием. Впрочем, Котя могла быть и пристрастна из-за меня. Сейчас, по прошествии стольких лет (а главное, будучи женой Феликса!), я спокойно утверждаю, что Зоя все-таки была очень привлекательна.

Великая княгиня Мария Георгиевна не нашла счастья в браке — дома, в Греции, она была сильно влюблена в простого моряка, но мать, королева Ольга Константиновна, настояла на ее браке с великим князем Георгием Михайловичем, братом моего отца, и этот брак стал притчей во языцех, потому что супруги жили врозь и были несчастны, хотя у них и родились две дочери, Нина и Ксения. О дружбе Марии Георгиевны и госпожи Стекль очень много разного говорили, мне, по молодости лет, вообще было слушать страшно. Я тогда впервые узнала, что не только мужчины грешили между собой, но и женщины... Стекль даже и жили в Михайловском дворце, вместе с семьей великого князя Георгия Михайловича и Марии Георгиевны...

Мария Георгиевна очень любила и Зою, крестной матерью которой она была, и желала выгодно выдать ее замуж. В свете такую фигуру, какой был Феликс Юсупов, первый, богатейший жених России, много обсуждали, многие матери в ту пору на него нацелились, но Мария Георгиевна была убеждена, что, при ее близости к императорскому дому, она станет самой привлекательной свахой. Она уже распускала слухи о том, что Феликс за Зоей ухаживает, и нарочно привезла в Крым, где в это время были Юсуповы, обеих Стекль: чтобы в самом выгодном свете показать их Юсуповым. Мария Георгиевна не сомневалась, что Зинаида Николаевна, к которой в то время государыня очень сильно охладела из-за ее ненависти к *Г.Р.* и тому, что княгиня Юсупова не стыдилась высказывать это отношение вслух, будет счастлива вернуть прежнее положение, а это возможно, если она, Мария Георгиевна, которая была пылкой поклонницей *Г.Р.*, замолвит за княгиню Юсупову словечко. Но Зинаида Николаевна и бровью не повела в ответ на эти «выгодные соображения» и заявила, что сын ее сам решит свою судьбу и сам сделает свой выбор.

Однако это были лишь только слова вежливого отказа, потому что Зинаида Николаевна, при всей своей слепой любви к Феликсу, отнюдь не была слепой относительно его характера и не доверяла его выбору совершенно. Опять же она знала, что сын будет с женитьбой тянуть и тянуть, если не взять дело в свои руки.

Обо мне как о возможной невесте она думала с осторожностью. Тот случай в Кокозе, когда мы с Феликсом опоздали к обеду и явились страшно смущенные, заставив втихомолку посудачить и пошутить на наш счет, ею не забылся; кроме того, она прекрасно знала, какое обаяние имеет звание «единственного наследника баснословных юсуповских богатств» для боковой ветви царствующей фамилии — ветви, вечно стесненной в средствах, порой вынужденной униженно выпрашивать у государя очередное денежное пособие, хотя это и нарушало узаконение Александра III. Но слишком разнообразная молва шла о пристрастиях Феликса, чтобы можно было не сомневаться в согласии моих родителей на этот брак. И для начала Зинаида Николаевна решила посоветоваться с великой княгиней Елизаветой Федоровной, которая к Феликсу весьма благоволила. Восхищенный ее красотой, трагической судьбой и добрыми делами, он на какое-то время возомнил себя ее верным рыцарем и пожелал очиститься под ее благотворным влиянием. В это время великая княгиня занималась только богоугодными делами и ее кажущаяся отрешенность от жизни в сочетании с несказанной красотой не могли не произвести впечатления на Феликса, до жизни и красоты весьма жадного и не способного понять, как можно сознательно лишить себя всех тех радостей, которые та и другая предоставляют. Он посещал с великой княгиней отвратительные ночлежки, бывал с ней в монастырях, добрался даже до Соловков... Но Феликс и там оставался самим собой: и годы спустя он восхищался лишь красотой молодых соловецких чернецов, дивно певших хором, и в то же время негодовал, отчего русское монашество избрало неряшливость символом подвижничества, словно Господу угодны вонь и грязь.

Итак, Зинаида Николаевна попросила у великой княгини встречи, надеясь на добрый совет, однако, к своему изумлению, наткнулась на довольно холодный прием — а ведь они с Елизаветой Федоровной были почти подругами! — и как бы полное непонимание того, чего она хочет. Она вернулась домой очень недовольная и в печальном убеждении, что в императорской семье обескуражены тем, что Юсуповы столь много о себе возомнили, что намерены свататься к племяннице императора.

А тем временем произошло одно чрезвычайное событие, которое меня очень сильно задело. Я узнала, что мой кузен Дмитрий просил руки великой княжны Ольги Николаевны, дочери императора.

Почему это меня задело? Да потому, что Дмитрий был моим первым, девичьим, вернее, еще девчоночьим увлечением.

Он был по родству моим двоюродным дядей, старше меня лет на шесть или семь; получил блестящее военное образование: окончил кавалерийскую офицерскую школу, служил в лейб-гвардии Конном его величества полку, имел звание флигель-адъютанта императорской свиты... Дмитрий был также спортсмен: в 1912 году участвовал в летних Олимпийских играх в Стокгольме в соревнованиях по конному спорту и даже занял какие-то призовые места, точно не скажу какие, ибо я всегда была далека от всякого спорта, да и времени много прошло, я просто забыла такие подробности. Однако влюблена я была не в блестящего свитского офицера, а в того, кем Дмитрий был раньше: печального, худенького мальчика, который изредка появлялся на праздниках, устраиваемых для многочисленных детей императорской фамилии. Его сестра Мари, шумная, веселая, общительная, выглядела и выше, и полнее, и живее, и вообще, было даже странно осознать, что это — брат и сестра, настолько они казались разными. Вот только глаза у них были похожи: очень красивые, большие глаза, напоминавшие об их матери — греческой принцессе Александре.

Я уже писала, что тетушка Элла, великая княгиня Елизавета Федоровна, была поначалу равнодушна к их воспитанию, к ним самим, да и не только к ним. Жизнь, однако, смогла смягчить равнодушие Елизаветы Федоровны и к племянникам, и к людям вообще, превратила ее совсем в другого человека — полную противоположность ледяной, чопорной красавице, которую ее племянница Мари запомнила с детства и о которой мне подробно рассказывала много лет спустя. Началось преображение Елизаветы Федоровны в тот ужасный день 18 февраля 1905 года, когда анархист Каляев бросил бомбу в карету великого князя. Покушение должно было состояться двумя днями раньше, когда московский генерал-губернатор ехал в театр, однако террорист узнал, что вместе с ним в карете находятся дети, Мари и Дмитрий, и пожалел их. Террорист этот — звали его Борис Савинков, и имя его еще окажется запятнано кровью многих жертв, — был отстранен от выполнения задания.

Каляев исправил его ошибку. Он не промахнулся, бросая бомбу: великий князь был убит на месте, буквально разорван на куски.

Елизавета Федоровна услышала взрыв и тотчас поняла, что произошло. Мари, у которой в это время был урок, видела из окна, как тетя Элла выбежала из дворца в едва наброшенном манто, без шляпы, вскочила в сани, которые ожидали ее, чтобы отвезти на склад Красного Креста (Россия воевала в те годы с Японией, и великая княгиня занималась организацией лазаретов и госпиталей), и исчезла из виду.

Спустя какое-то время детей отвели в церковь Чудова монастыря, где стояли носилки с тем немногим, что осталось от их заботливого, жестокого, немилосердного, странного дядюшки. Эти останки его жена своими руками собирала по снегу, но еще спустя несколько дней части разметанного взрывом тела приносили в Кремль случайные прохожие. Сердце отыскали и принесли в тот день, когда тело отпевали...

Елизавета Федоровна стояла на коленях подле носилок в запачканном кровью платье, с окровавленными руками. Лицо ее было белым, окаменевшим. И с этого дня в глубине ее глаз навсегда затаились страдание и боль. Она словно помешалась тогда, потому что вдруг поехала в тюрьму, чтобы встретиться с убийцей своего мужа. И сообщить ему, что он уничтожил не только великого князя Сергея Александровича, но и его жену...

Ну да, это стало кончиной прежней надменной Эллы и рождением будущей мученицы, подвижницы.

Теперь Елизавета Федоровна считала своим долгом заботиться о детях, которых так любил ее муж. Она предоставила в их распоряжение великолепный дворец на Невском проспекте, купленный ее погибшим мужем у князей Белосельских-Белозерских.

Она не отдала детей отцу, великому князю Павлу Александровичу, который приезжал из-за границы, из своей вынужденной любовной ссылки, на похороны брата, а сама занялась ими. И она в самом деле полюбила Дмитрия и Мари: их воспитание стало целью ее жизни. Другое дело, что воспитание особ императорской семьи понималось и ею, и всеми другими весьма своеобразно. С одной стороны, держали их достаточно просто и требовали от них такой же простоты в отношениях с другими людьми, особенно с теми, кто были ниже по положению. К примеру, когда близ Ильинского проходила ярмарка, детей непременно вели туда и заставляли покупать подарки для слуг и крестьянских ребятишек. С другой стороны, раздача этих подарков выглядела так: Мари и Дмитрий бросали лакомства в разные стороны, а детвора дралась из-за них...

Вообще это было совершенно замкнутое воспитание, в племянниках подавлялось всякое проявление самостоятельности, особенно в Мари. Дело доходило до того, что тетя Элла даже не спрашивала у нее, какую прическу она хочет носить, платья каких цветов предпочитает. С пятнадцати лет Мари вынуждена была носить высокую прическу, как у австрийской эрцгерцогини времен молодости тетушки Эллы: волосы зачесаны назад, длинная пепельная коса уложена узлом на затылке. Она мне много рассказывала о себе, а поскольку мы были дружны и в России, и потом во Франции, неудивительно, что мне хочется подробней рассказать о ней. Для первого бала племянницы Елизавета Федоровна приготовила ей платье из полупрозрачной вуали на розовом тяжелом чехле. Мари предпочла бы простой, легкий, белый шелк, который не мешал бы танцевать, но ее мнение меньше всего интересовало тетушку. Она считала, что современным девушкам недостает той застенчивой робости, которая и придает очарование юным особам. Эту застенчивую робость Елизавета Федоровна изо всех сил старалась привить племяннице, приучить ее покорно следовать своему предначертанию.

Предначертание сие состояло, конечно, прежде всего в браке с отпрыском какого-нибудь царствующего дома. Для семнадцатилетней Мари наиболее подходящим женихом сочли шведского принца Вильгельма.

О том, что судьба ее, собственно говоря, уже решена, она узнала совершенно случайно, прочитав лежащую на столе телеграмму. То, что телеграмма была на имя тети, Мари нисколько не смутило. Поскольку им с братом никто и ничего не рассказывал о том, что творилось в доме и что замышляли взрослые, они привыкли сами добывать сведения любым возможным образом, порою не гнушаясь подслушать или заглянуть в чужое письмо. И вот эта телеграмма о том, что шведская кронпринцесса хочет видеть последние фотографии Мари...

А вскоре в Москве появился и сам юный кронпринц, который путешествовал инкогнито, якобы для того, чтобы посмотреть Россию. На самом деле это были смотрины предполагаемой невесты. Нечего говорить, что и Мари было ужасно любопытно взглянуть на него.

Вильгельм оказался очень молод, изящен и даже красив, с этими его серыми глазами в тени пушистых ресниц. Но когда тетя завела разговор с племянницей о том, что он просит ее руки, Мари была потрясена. Она, конечно, всегда знала, что мужа ей подберут, исходя из соображений высшей политики, но... но ведь существует такое чувство, как любовь?.. Тетя все время твердит: это делается ради твоего счастья, твоего счастья, твоего счастья — а разве бывает счастье без любви?

Конечно, Мари не принуждали, но как бы предполагалось, что дело ужс слажено. Она чувствовала, что деваться просто некуда. Впрочем, особо не противилась. Конечно, она побаивалась огорчить тетушку и повредить высшим интересам — и в то же время хотелось пожить совсем другой жизнью, чем та, которую вела до сих пор. Замужество, самостоятельность, возможность делать что хочешь... наконец-то она узнает, что такое быть взрослой, станет сама себе хозяйкой! И теперь-то ей никто не сможет запретить встречаться с отцом, которого она так любила!

Между прочим, именно благодаря предстоящей свадьбе дочери великий князь Павел Александрович был вновь «допущен» в Россию вместе с женой. Наконец-то Мари смогла увидеться с этой редкостно красивой, обворожительной женщиной. Княгиня Ольга Палей уже оставила позади первую молодость (ее старшая дочь от прошлого брака ждала ребенка!), однако была страстно, по-девичьи и в то же время по-женски, влюблена в мужа. Как и он в нее, впрочем. Глядя на этих двух людей, Мари подумала, что брак — это, наверное, не так уж плохо...

Правда, накануне того дня, когда предстояло дать ответ принцу Вильгельму, Мари вдруг почувствовала себя за обедом так плохо, что вынуждена была встать из-за стола и едва добрела до своей комнаты, держась за стенки. Ночью ее мучили неописуемые кошмары, а потом она проснулась от боли в щеке — это был свищ, который следовало немедля прооперировать. Конечно, такие предрассудки, как вера в дурное предзнаменование, осуждались ее холодноватой и высоконравственной тетушкой, однако не худо было бы, если бы рядом с юной девушкой в то время оказался кто-то не столь высокоморальный, но более опытный житейски, кто сказал бы ей, что сердце человеческое — вещун и его надобно слушать. В ту ночь Мари могла бы угадать, что брак ее с Вильгельмом будет несчастным, неудачным, однако... однако не угадала — и вскоре дала ему согласие.

Мари до того хотелось любви, что какое-то время она искренне верила, что влюбилась в своего жениха. Ее даже огорчило, что брак был отложен на год, пока ей не исполнится восемнадцать. Ну что ж, она с пользой провела это время, изучая шведский язык и «замыкая слух», когда тетушка пыталась посвятить ее в некоторые неприятные тайны супружества. Бедная Елизавета Федоровна при таком муже, который был у нее, знала только «неприятные тайны». Да и вообще, она была слишком уж застенчива и горда, чтобы стать подходящей наставницей для юной девушки в таком сложном, деликатном деле, как отношения между мужчиной и женщиной. Именно поэтому Мари готовилась к замужеству, убежденная, что в супружеской постели муж и жена преимущественно целуются, а все остальное не слишком важно.

И все-таки накануне свадьбы она вдруг страшно испугалась и даже попыталась отказать жениху. Ничего из этого не вышло, конечно. О ее испуганном письме принц Вильгельм даже не сказал тетушке Элле, которая в это время была больна.

Брак этот был обречен стать несчастным — таким и стал. Однако Мари сумела взять свою судьбу в свои руки... об этом я расскажу несколько позднее.

Дмитрий тоже пытался в это время устраивать свою семейную жизнь, посватавшись к моей кузине Оленьке, Ольге Николаевне. Конечно, для великих княжон императорского дома выбирали мужей среди зарубежных принцев, чтобы соблюсти интересы государственной политики, однако Оля была влюблена в Дмитрия, и ее отец, помня, что его сестра Ксения вышла по любви за своего кузена Сандро (я говорю о моих отце и матери), не стал противиться взаимной склонности молодых людей.

Этот роман проходил у меня на глазах, но я вообще была равнодушна к тому, что случается с другими людьми, поэтому проглядела и начало его, и продолжение. И меня врасплох застало и даже потрясло известие о том, что вот-вот будет объявлена помолвка. Ольгу я любила больше других своих кузин, но отчетливо помню острое чувство зависти, которое меня охватило. Я была уже равнодушна к Дмитрию, я тайно грезила о другом, но известие это меня уязвило. То ли тем, что Ольга, которая была, конечно, прелестна, но которую все считали менее красивой, чем я, пленила Дмитрия больше, чем я, то ли тем, что она вообще первой выходит замуж...

Зависть — дурное чувство, я знаю, она способна не только подточить собственную душу того, кто завидует, но и испортить жизнь тому, кому завидуют... Так и получилось в этом случае. Уж не знаю, неужели императору прежде не было известно о двусмысленных склонностях Дмитрия?! Наверное, нет... так или иначе, перед самой помолвкой Дмитрий получил суровейший отказ — а также совет забыть навсегда о великой княжне Ольге Николаевне и искать счастья в другом месте.

Я внешне сочувствовала подруге и кузине. Однако честно признаюсь: в душе я испытывала некое подобие торжества... и совершенно напрасно, между прочим, потому что мне пришлось очень скоро наступить на те же самые грабли, как глупому латыньщику в «Вечерах на хуторе близ Диканьки».

Но причиной отказа было не только эпатажное поведение Дмитрия и его пристрастия. Он открыто, откровенно, громогласно ненавидел *Г.Р.*, осуждал привязанность к нему императорской семьи, а этого ma tantine Александра Федоровна никому не могла простить. Между прочим, ведь это сам *Г.Р.*, зная, как его ненавидит Дмитрий и как хочет ему повредить, опередил события и нанес упреждающий удар, поведав императору о порочных страстях будущего жениха его дочери... Всего гнуснее, что *Г.Р.* тоже в некоторых оргиях мужеложцев участвовал, это мне Феликс потом рассказал, исповедуясь перед мной накануне свадьбы... Он ничего от меня не скрывал, и я очень ему за это благодарна, ибо, утаи он хоть что-то о себе, свадьбе нашей не бывать бы!

Г.Р. уверял, будто Дмитрий болен дурной болезнью. Моя тетушка Александра Федоровна так переполошилась, что в туалетных комнатах моих кузин был поставлен особый отвар сибирских трав для мытья рук и умывания — чтобы обезопасить себя от рукопожатий Дмитрия.

Ужасно, постыдно!..

Итак, помолвка расстроилась. Елизавета Федоровна была оскорблена за своего воспитанника Дмитрия и немедленно принялась наущать его посвататься ко мне. Именно по этой причине она сделала вид, будто не понимает, зачем к ней пришла Зинаида Николаевна и чего та хочет для своего сына. Елизавета Федоровна полагала, что это были бы для нас обоих с Дмитрием вполне достойные партии — но я не смогла бы перенести это *второе место*, эту роль *запасного игрока*, как выразился бы такой спортсмен, как Дмитрий. Я не хотела быть второй даже после Ольги, хотя очень ее любила. И поэтому я сделалась к Дмитрию подчеркнуто равнодушна — до такой степени, что он растерялся и не мог решиться заговорить со мной о любви. К тому же нужно было все-таки соблюсти некоторые приличия, чтобы, получив отказ у одной невесты, затевать сватовство к другой. Однако именно в это время начал развиваться наш роман с Феликсом.

Я была уже влюблена в него... насколько я вообще могу быть в кого-то влюблена и если любовью называется желание одного человека постоянно видеть другого. Для меня странное, волшебное обаяние имел наш давний разговор о Сююмбике — словно некая тайна связывала нас. Эта таинственность, недоступная другим, не могла не волновать душу такого замкнутого существа, каким я была. А еще меня волновала изысканная красота Феликса. Все в нем было необыкновенно — от этих невыносимых, мерцающих, меняющих цвет глаз, зрачок которых иногда казался узким, вертикальным, тигриным, до бледно-матового оттенка кожи, от которой, казалось, исходило сияние. Кто-то из завистников злобно сказал о Феликсе, он-де похож на восставшего из могилы мертвеца. Я пришла в восторг от этого довольно жестокого сравнения. В моем воображении он походил на оживший призрак всех романтических героев, вместе взятых, настолько неземной казалась мне его красота. В самом деле — это была та красота in puro, в чистом виде, которой равно поклоняются и которой желают равно и мужчины, и женщины. Поэтому мне были вполне понятны впоследствии откровения Феликса о том, что существа одного с ним пола его домогаются. О *своих* вожделениях он тогда благоразумно умалчивал, выставляя себя как некую жертву *чужих* вожделений, которым он, по слабости натуры, не мог противиться и которым отвечал... почти помимо своей воли. Это меня трогало, это внушало жалость к нему, я верила, что он жаждет только моей любви для того, чтобы очиститься в ней и возродиться с ее помощью для нормальной жизни. Право же, юные девы бывают очень наивны относительно своих способностей к исправлению грешных наклонностей мужчин!

Любовь моя к Феликсу в то неопределенное время наших отношений выражалась в том, что я смотрела на него неотрывно. При встречах с ним я была истинный tournesol — так французы называют подсолнух, и это очень точное название: поворачивающийся за солнцем. Конечно, он понял, что я влюблена в него... Но у Зинаиды Николаевны уже создалось — после первого разговора с великой княгиней Елизаветой Федоровной — стойкое убеждение, что Феликс — фигура для императорской семьи неугодная, оттого она старалась охладить сына. В это время Зоя Стекль буквально перешла в наступление. Она и в самом деле была прелестна, очаровательна, полна пылкой жизни, рядом с ней я сама себе казалась скучной, унылой, слишком тощей, сухой, покрытой ледяной броней... Я не уставала находить для себя бранные эпитеты! Отчаяние овладело мною, и мысль о том, что Дмитрий только и ждет знака от меня, ничуть не утешала. Я не хотела Дмитрия — я хотела только Феликса. К чести своей могу утверждать, что в ту пору, когда я не была уверена в его благосклонности, никакие мысли о баснословном богатстве

Юсуповых не посещали меня. Я хотела обладать только этой красотой... И видения нагого Феликса в смешной и трогательной аркадской шляпе — как тогда, в Париже! — терзали меня в прерывистых, нервных сновидениях, когда я сама боялась понять, чего хочет мое тело.

Первой заметила мою любовь графиня Камаровская, дорогая моя Котя. Родители были настолько заняты своими ссорами друг с другом и примирениями со своими maotresses et amants, что вовсе перестали обращать на нас, подросших детей, внимание.

Как-то раз, после сцены особенно откровенного кокетства Зои Стекль с Феликсом на каком-то балу, я не смогла скрыть слез. Котя сделала вид, будто ничего не замечает, а на следующий день написала матери Феликса, Зинаиде Николаевне, с просьбой принять ее. Конечно, та ответила согласием.

Потом Зинаида Николаевна мне говорила, что эта встреча ее поразила и обрадовала.

— Разумеется, — сказала она Коте, выслушав откровения той обо мне, моем характере и моих переживаниях, — ни о какой мадемуазель Стекль и речи идти не может! Ни я, ни сын, дорогая графиня, никто из нас никогда не принимал ее всерьез. *Другая* всецело поглощает наши мысли и чувства. Вы можете быть на сей счет совершенно спокойны.

Подразумевалось — спокойна может быть ваша воспитанница, дорогая графиня, ибо именно она та самая *другая*, которая «всецело поглощает» эти самые чувства.

И, словно понимая недостаточность этого намека, Зинаида Николаевна уточнила:

— Мой сын любит Ирину. Она одна ему очень нравится. О Зое не может быть и речи. Не лишайте моего сына встреч с Ириной. Пусть лучше узнают друг друга. Я и вы будем охранять их, наблюдать за ними. Прошу обращаться ко мне всегда, когда найдете нужным, так же, как и я к вам. А пока горячо благодарю вас за откровенность... Как же вы любите Ирину!

Котя вернулась вполне довольная и сообщила мне, что я могу более не ревновать к Зое. Дальнейшим ее шагом был разговор с моим отцом.

Конечно, родись я в любой другой семье, не принадлежи к императорской фамилии, родители Феликса спрашивали бы у моих родителей согласия на наш брак, просили бы у них моей руки для своего сына. Однако в этом случае, поскольку речь шла о девушке из императорского дома, первое предложение должно было исходить от родителей невесты.

Мой отец был, мягко говоря, изумлен, когда Екатерина Леонидовна Камаровская явилась к нему с такой pensée inté ressante: сообщить князьям Юсуповым, что он, великий князь Александр Михайлович, желал был видеть свою дочь женой их сына. Конечно, он не мог не поговорить об этом с моей матерью, и я очень рада, что события, связанные с моим сватовством, на довольно долгое время примирили родителей и сблизили их.

Насколько я понимаю, maman всегда тайно хотела этого брака. Она была первой из великих княжон, кто нарушил традицию выходить за иностранных принцев. Она была совершенно убеждена, что юное сердце не должно быть принесено в жертву политике, что замуж нужно выходить по страстной любви. Пусть даже спустя некоторое время эта любовь обращается в столь же страстную ненависть. Maman говорила, что не смогла бы жить в атмосфере унылого, *приличного* равнодушия друг к другу, в котором жили многие великокняжеские семьи, соблюдавшие эти пресловутые приличия или ради политических интересов, или... ну просто потому, что так велели родители и предначертала церковь. О да, она бешено ревновала моего отца, о да, она пылко грешила против супружеской верности, однако даже в несчастье своем была счастлива, ибо это было проявление страсти, а не бесцветного равнодушия. Кроме того, она не сомневалась, что красивые дети рождаются не столько у красивых родителей, но и когда хотя бы один из них страстно влюблен. В пример она приводила меня и моих братьев, которые и впрямь все писаные красавцы.

И еще одна причина ее склонности к моему браку с Феликсом. Она была холодновата со мной не только потому, что была слишком занята собой, но и потому, что ее отталкивала врожденная холодность моей натуры. Признающая только черное, алое или белое, она не выносила серого или розового, а это не случайно мои любимые цвета... это цвета моей натуры! Мое равнодушие к жизни ее раздражало. И вдруг maman увидела, что я утратила бесцветность, стала живой, пылкой, страстной! Это восхитило ее, обрадовало — и не могло не преисполнить симпатии к человеку, сумевшему пробудить во мне столь яркие чувства, даже если бы она уже не испытывала этой симпатии к Феликсу в частности и ко всем Юсуповым вообще... А также к их неисчислимым богатствам.

Здесь надо сделать одну оговорку. Дело не только в том, что моя семья была постоянно стеснена в средствах, поскольку никто из нас органически не был приучен экономить — это обусловливалось самим фактом рождения в семье, которой принадлежала *вся страна*. Мы все не могли думать иначе, мы были приучены к этой мысли с детства. Стоит ли удивляться тому, что и maman, и все остальные были несколько (более или менее — это зависело от натуры) раздражены тем, что «какие-то князьишки и графьишки» (имелись в виду князья Юсуповы, в то же время носившие титул графов Сумароковых-Эльстон) могут жить, совершенно не считая этих несчастных денег! Поэтому maman полагала вполне справедливым, что теперь состояние Юсуповых будет принадлежать мне и моим детям. И это, конечно, во многом увеличивало ее благосклонность к нашему браку.

Отец в данном случае думал сходно с ней, а потому вскоре — с согласия, разумеется, императора — явился к Юсуповым предложить отдать своего сына его дочери. Мои будущие свекровь и свекор уже находились в предвкушении этого разговора, поэтому согласие было немедленно дано. Затем состоялась наша первая встреча с Феликсом — уже как соискателем моей руки.

Я ждала его в бабушкином, вдовствующей императрицы Марии Федоровны, Аничковом дворце, куда мы на время переехали, пока она была у своей родни в Дании. Состояние, в котором я находилась, было странным. Сказать, что я вся горела, как в огне, не будет преувеличением. Мне было страшно, тревожно, счастливо, я ощущала неистовое нетерпение, мне хотелось, чтобы это ожидание длилось вечно — и чтобы оно скорее закончилось...

Пришел Феликс. При первом взгляде на его ледяное лицо у меня упало сердце. При первом звуке его холодного голоса я почувствовала, что умираю. Он говорил обязательные слова предложения руки и сердца, однако я почти не слышала, погрузившись в трагическое изумление: «Он меня не любит! Он меня не любит! Он хочет жениться на мне только потому, что тщеславен, а я выхожу за него потому, что моим родителям нравятся деньги Юсуповых!»

Он произнес всего лишь несколько слов, а мне казалось, что эта пытка моей гордости длится много часов и даже, может быть, дней.

Вдруг я очнулась и обнаружила, что Феликс молчит и стоит потупившись.

— Да, — проговорил он, не поднимая глаз, — понимаю, что вы ожидали иного, Ирина...

Мое сердце дрогнуло, потому что он не сделал прибавки ни титула, ни отчества и потому что он понял мое состояние.

— Я тоже хотел бы говорить с вами совершенно иначе, — продолжал Феликс. — Я сейчас исполняю некий обряд, хотя из моего сердца так и рвутся слова страстной любви. Но я не могу, не смею их произнести до тех пор, пока вы не узнаете всей правды обо мне. Обо мне идут самые разные разговоры, наверное, ни один человек не возбуждает вокруг своего имени столько сплетен, сколько я... И вовсе не всегда это клевета.

Кровь шумела в моих ушах все время, пока он говорил. Мне казалось, что я вообще ничего не понимала... *«Из моего сердца так и рвутся слова страстной любви»* — я слышала лишь это! Потом, впрочем, выяснилось, что на самом-то деле я все услышала, все запомнила, потом это пришло на память... но сейчас, когда он спросил:

— Согласны ли вы отпустить мне эти мои грехи и грешки, отдать их моему прошлому — и принять меня в свое настоящее таким, какой я есть? — в этот миг я бы восторженно крикнула «Да!», даже если бы Феликс признался в убийстве.

— Да! Да! Я люблю вас! — выдохнула я.

— Ну, слава Богу, — пробормотал он, шагнул ко мне, как-то неловко и неудобно схватил и прижался губами к моим губам.

Это, само собой разумеется, был первый поцелуй в моей более чем невинной, оледенелой жизни, и сначала я ощущала только страх — оказаться так близко к мужчине и чувствовать чужой рот рядом со своим!

Потом появились другие ощущения. Ах, как я их помню, сколько бы лет ни миновало! Руки его стали нежными и обвились вокруг меня, словно лианы вокруг древесного ствола. Я словно бы растворилась в их тепле и нежности. Страх и неловкость растаяли вместе с моей вековечной ледяной броней... Я шевельнула губами, словно прошептала ему что-то, и его губы тоже шевельнулись, целуя меня то нежно, то со страстью. От них чуть уловимо долетел запах виргинских сигар — с тех пор этот аромат способен возбудить во мне самые прекрасные воспоминания нашей жизни. Я вообще чувствительна к запахам: некоторые мне страшно антипатичны, некоторые бросают в чувственную дрожь, однако Феликс вскоре узнал, что именно этот аромат способен растопить мою сдержанность, — и впоследствии пользовался этим очень ловко и умело. Он сам был воплощение чувственности, а потому прекрасно знал, что не бывает *не* чувственных людей — надо только знать, на какой струне и какую мелодию играть. Вот он и играл на моем теле так, как он один умел... впрочем, сравнивать мне не с чем, не с кем, он был и остался единственным мужчиной в моей жизни, который владел моим телом, хотя мысли мои иной раз и были смущены другими мужчинами.

Но это — мелочи, это ничего не значит... Или почти ничего.

Когда мы наконец вышли из моей комнаты, maman, отец и Котя, ожидавшие в соседней комнате, имели вид обескураженный и даже несколько перепуганный. Котя потом сказала, что они ждали более двух часов и уже не знали, что думать, а войти и помешать не решались. И хорошо сделали, иначе Феликс не успел бы исповедаться передо мной — и неизвестно, как сложилась бы в этом случае наша жизнь.

Иногда я задумываюсь о том, какой была бы моя судьба без Феликса. Например, я осталась бы незамужней до революции. Тогда, вернее всего, я коротала бы унылый век в Англии, рядом с maman, — если бы мы пережили нашествие большевиков в Крыму, если бы вообще уехали в Крым, а не были бы арестованы еще в Петрограде и нас не постигла бы страшная смертная участь, как многих других членов нашей семьи. А может быть, еще раньше я пала бы таки жертвой *Г.Р.*, и это жертвоприношение было бы радостно благословлено ma tantine Александрой Федоровной, которая совершенно лишилась разума из-за этого страшного человека. Так или иначе, я не вышла бы замуж за человека, который пытался расстроить наш еще не свершившийся брак с Феликсом, — за Дмитрия. Хотя с моей стороны, пожалуй, наивно думать, что он сообщил императору и моему отцу о самых интимных подробностях своих отношений с Феликсом только потому, что ревновал меня к нему. Точно с такой же силой он ревновал ко мне Феликса — мы были для него словно бы одним существом, он хотел иметь меня женой, а Феликса — любовником, он совершенно помешался при мысли, что я и Феликс будем принадлежать друг другу, и только это умственное исступление, порожденное страстной любовью, и способно его извинить.

Отец много лет спустя неохотно сообщил мне, что Дмитрий явился к императору, изобразил Феликса своим совратителем, поведал какие-то ужасные подробности. Как снял дом в Петербурге, где Феликс поселился вместе с ним, как был счастлив со своим любовником, а тот лишь притворялся любящим и всячески мучил его, проводя время с другими мужчинами, а также с женщинами, как Дмитрий однажды попытался покончить жизнь самоубийством, но его вовремя нашел Феликс... Он все это рассказал и заявил, что не понимает, почему жертва не может стать мужем девушки из императорского дома, а растлитель — может. Он намекал на отказ императора выдать за него Ольгу и на наш с Феликсом брак.

Mon oncle Никки был человек добрый и умный; кроме того, он много знал о тайных страстях, которые движут поступками людей. Он понимал и обаяние Феликса, его ума, его образа и даже его греховности, — и очень хорошо понимал особенное обаяние состояния Юсуповых. Я думаю, что он как-нибудь успокоил бы Дмитрия, а сам разговор оставил бы в тайне, однако Дмитрий сделал коварный ход и высказал свое возмущение при императрице. Ну, Александра Федоровна, знавшая отношение Юсуповых *к нашему другу*, как она называла врага всей России, *Г.Р.*, и ухватилась за малейшую возможность им навредить со всем пылом своей души. Она, не слушая робких возражений императора, вызвала моего отца и сообщила ему обо всем, что рассказал Дмитрий. И добавила, что никогда не отдала бы *свою дочь* за такого человека.

Отец, конечно, ненавидел любые отклонения чувственности, тем паче что вволю нагляделся на замашки своего дяди Сергея Александровича, своего брата Георгия Михайловича и многих других в императорской фамилии. Однако он и прежде был наслышан о Феликсе и его причудах, знал, что Феликс отличается от великого князя, который мог любить *только* мужчин, что в жизни Феликса мелькали и женщины, — и искренне верил, что нормальная семейная жизнь способна его исправить.

Однако императрица со всей настойчивостью, на какую она была только способна, а настойчивость эта порою принимала маниакальный характер, требовала расторжения помолвки. Мои дядя и отец были сражены ее натиском. Кроме того, Александра Федоровна немедленно телеграфировала вдовствующей императрице в Копенгаген, где расписала откровения Дмитрия самыми черными красками. Моя бабушка была яростным врагом малейших ненормальностей в отношениях между мужчинами и женщинами. Результатом настойчивости ma tantine стало то, что Феликса, который прибыл к нам в Париж (мы с maman отправились туда, чтобы заняться там моим приданым, а потом ехать в Копенгаген), встретил посланный моим отцом граф Мордвинов и известил о расторжении нашей помолвки. Одновременно о решении отца было сообщено и нам с maman.

Он писал:

«Моя милая Ксения!

Я все время очень расстроен слухами о репутации Феликса, я много наслышался и нахожу, что не обращать на это внимания нельзя. Мне придется с ним просто поговорить, и во всяком случае не надо торопиться со свадьбой, надо его выдержать на испыта-

ние, и если он окажется хорошим в своем поведении, то свадьба может состояться, но если что-либо опять будет слышно о нем, то, может быть, придется свадьбу расстроить. Я тебе все скажу, что я слышал, нужно вовсе его к Ирине сюда не пускать... Я прежде не верил в то, что говорили, теперь не хочется верить, но что-то есть, слишком стойкое о нем мнение. Это очень грустно».

Да, это было более чем грустно...

Нам с maman было легче: мы знали и видели, что отец идет на это против своей воли, из опасения испортить отношения с императрицей. Но Феликс, по его же собственным словам, был как громом поражен, поскольку сначала уверовал, что я его разлюбила и тоже хочу от него избавиться. Ему запретили даже искать со мной встречи. Граф Мордвинов ничего не объяснял, заявляя, что он на это не уполномочен.

Феликс был потрясен, но он не намеревался допустить, чтобы с ним обращались как с нашкодившим школьником. Даже преступников выслушивают, прежде чем судить! Вот и его должны выслушать. Он немедленно ринулся в наш отель, прямиком поднялся на этаж и буквально ворвался в номер.

Конечно, мои родители были возмущены, разговор был обоюдно неприятным. И все же Феликсу удалось их переубедить.

По словам maman, Феликс тогда сказал, что если бы четверть того, что про него распространяют, было правдой, то он не счел бы себя вправе жениться.

Роковая страсть Распутина

Получив согласие моих родителей, он бросился ко мне. Я снова и снова подтвердила, что не выйду ни за кого, кроме него. А когда я рассказала ему, что предательство исходило от Дмитрия, он страшно взволновался.

— Моя помолвка стала его несчастьем, — сказал Феликс. — Он пошел на подлость, чтобы расстроить ее. Я не могу в это поверить... Я внушил любовь, на которую не мог ответить. Я виноват в том, что он стал предателем! Я отплачу ему добром. Только этим я смогу загладить тот вред, который причинил ему.

Мне было необычайно радостно слышать это. Я и не подозревала в своем женихе такой душевной щедрости!

Теперь нам нужно было склонить на свою сторону мою бабушку, вдовствующую императрицу. А ведь ее очень сильно настроили против Феликса!

Сначала мы с матерью уехали в Копенгаген одни, но уже вскоре, через несколько дней, вызвали Феликса к себе телеграммой.

Я очень любила бабушку, а она любила меня. Она была истинно великой государыней, и ни по величию, ни по скромности никто не мог сравниться с ней. Историю своей жизни она не единожды мне рассказывала, и я не раз плакала, когда представляла страдания бедной Дагмар у смертного одра одного жениха и надежды на счастье с другим...[1]

---

[1] О любовной истории датской принцессы Дагмар, позднее — русской императрицы Марии Федоровны, можно прочитать в книге Елены Арсеньевой «Любовь и долг Александра III», издательство «ЭКСМО».

Мы с матерью рассказали императрице, что Феликса пытались оклеветать. Она смотрела на меня и видела по моему лицу, по моему волнению, по моим слезам, что я могу быть счастлива только с этим человеком. Она желала мне счастья, но все же хотела сначала посмотреть на Феликса, чтобы понять, какому человеку отдает меня.

Наша судьба была в ее руках.

Моя бабушка прежде видела Феликса еще ребенком, и вот только теперь моего жениха по всем правилам протокола представили вдовствующей императрице во дворце Амалиенборг.

Он был приглашен к обеду. Встретившись, мы не могли скрыть радости! Это растрогало бабушку, но пока она поглядывала на Феликса испытующе, за обедом поглядывала на него сдержанно. Потом она пожелала встретиться с Феликсом с глазу на глаз. Феликс вернулся веселый, потому что бабушка сказала ему: «Я с вами, ничего не бойтесь!»

Тогда же был назначен день свадьбы: 22 февраля 1914 года в Петербурге у вдовствующей императрицы в часовне Аничкова дворца.

Должна признаться, что Феликс кое о чем, касающемся разговора с бабушкой, умолчал... например, о том, что сдалась моя grand-mére совсем не так скоро! Она сначала была на стороне Дмитрия, считала его более подходящей партией для меня. Громкая скандальность репутации Феликса возмущала ее. Слухи о приключениях молодого князя Юсупова в Лондоне и в Париже были еще живы. А что он вытворял в России?! Сейчас самое время об этом рассказать, чтобы понять, отчего так возмущались им люди. Я было попыталась — своими словами, но вышло у меня так, что я как будто наговариваю на собственного мужа, настолько многие вещи невероятны. Поэтому обращусь снова к его собственным запискам — в конце концов, если он написал о себе именно так, значит, хотел, чтобы его воспринимали именно таким охальником и страстным любителем эпатажа. Черновики этих записок у меня всегда под рукой. Правда, в той рукописи, которую Феликс отправил издателю, он кое-что изменил, но потом жалел об этом:

«На каникулы мы с братом Николаем частенько уезжали в Париж. Однажды в «Гранд-опера» был объявлен бал-маскард. Мы пошли вместе. Николай надел домино, а я — женское платье. Мне это было не впервые. Матушка наряжала меня девочкой, еще когда я был ребенком: ведь она очень хотела дочку. Мне, впрочем, это страшно нравилось — наряжаться. Бывало, я останавливал людей на бульваре и восклицал: «Правда, я очень красивая?» Потом однажды мы с кузеном Володей Лазаревым устроили великую потеху. Отца и матушки не было дома, но мы залезли в ее шкаф, взяли платья, украшения, накрасились, нарумянились, напялили парики — и отправились прогуляться, закутавшись в бархатные манто, которые волочились за нами по земле, ибо были изрядно длинны.

На Невском нас приняли за гулящих и начали к нам цепляться, но мы говорили по-французски:

«Nous sommes occupés!», мы, мол, заняты — и шли себе дальше. Я слышал в разговорах взрослых про роскошный ресторан «Медведь». А вот и он! Мы вошли в своих манто, сели за столик и заказали ужин с шампанским. Было ужасно жарко, да еще на нас смотрели со всех сторон. Какие-то офицеры прислали записочку — приглашали в кабинет, отужинать приватно. Мы ужасно веселились, особенно после того, как выпили шампанского. Ох, как нам ударило в голову! Я принялся размахивать бусами, забрасывал их на головы соседей, словно аркан. Нитка лопнула, жемчуг раскатился по полу. На нас таращились с превеликим изумлением. Пора было давать деру. Но тут подали счет... А у нас ни гроша! Пришлось отправиться в кабинет директора и назваться. Он оказался человеком благородным, всего лишь похохотал над нами и велел позвать для нас извозчика, которому сам же и заплатил.

Когда мы вернулись, дом был заперт: родители уже легли спать, не ведая о нашей проделке. Я встал под окном и принялся звать своего слугу Ивана. Тот едва не помер от удивления и со смеху, увидав нас! Мы тихонько вошли, надеясь, что все останется шито-крыто, но наутро отец получил счет от директора «Медведя» — и остатки жемчуга. Отец, в отличие от прочих, отнюдь не веселился. Меня и Володю заперли на десять дней по комнатам, потом я несколько лет его не видел.

Но так было положено начало переодеваниям. Поэтому я был вполне готов к маскараду в «Опера». Но сначала мы с братом зашли в театр на бульваре

Капуцинок. Уж не помню, что там давали, только зал был полон парижского бомонда. Однако нам нашлись места в первом ряду партера. И вдруг я почувствовал чей-то взгляд. Покосился — какой-то немолодой субъект из литерной ложи не сводит с меня лорнет. Приглядевшись, я узнал... короля Эдуарда VII, который так и строил мне глазки... то есть не мне, а той красотке, которою я вырядился. Брат, который в антракте ходил курить, вернулся и со смехом рассказал, что какой-то «милорд» от имени короля осведомлялся, как зовут *очаровательную спутницу* Николая. Вот это была победа так победа! Какая женщина может похвалиться, что с одного взгляда покорила короля Англии?!

После наших парижских приключений мы воротились в Россию, но угомониться не могли. Я имел звучное сопрано, я всегда прекрасно пел, и не только мои любимые «Кирпичики», которые пою и сейчас, когда мне худо или когда мне просто хочется порадовать друзей и вспомнить молодость... Ах, как я люблю эту песню! Не ту мещанскую пошлятину, какую из нее сделали большевизаны, а тот задушевный городской романс, каким «Кирпичики» были в самом начале XX века:

> На окраине стольного города
> Я в убогой семье родился,
> Горе мыкая, лет пятнадцати
> На кирпичный завод нанялся.
>
> Было трудно мне время первое,
> Но зато, проработавши год,
> За веселый гул, за кирпичики
> Полюбил я кирпичный завод.

На заводе том кралю встретил я,
Лишь, бывало, заслышу гудок,
Руки вымою и лечу я к ней
В мастерскую, в условный куток.

Каждую ноченьку мы встречалися,
Где кирпич образует проход...
Вот за кралю ту, за кирпичики
Полюбил я кирпичный завод.

Когда мы вновь приехали в Россию, Николай решил, что мой талант зарывать в землю — большой грех, а потому мне следует выйти на сцену «Аквариума» — самого шикарного петербургского кабаре. Николай был знаком с директором и предложил ему прослушать приехавшую из Парижа шансонетку с модными куплетами.

Надо полагать, и без объяснений понятно, что этой шансонеткой был я.

На другой день я явился к директору в сером жакете с юбкой, чернобурке и огромной шляпе, спел ему свой репертуар — и был немедленно ангажирован на две недели. Директор пришел в восторг от моего пения!

Поленька, возлюбленная Николая, смастерила мне хитон из голубого тюля, затканного серебряными нитями. На голову я надел плерезы из синих и голубых страусовых перьев. Туалет дополняли матушкины бриллианты.

Три звездочки, разжигая интерес публики, значились на афише вместо имени «парижской этуали». И вот я на сцене. Прожектора ударили по глазам, но еще сильнее слепил меня ужас. Голос пропал, да и вообще я не мог шевельнуть ни рукой, ни ногой. А тем временем оркестр начал играть «Райские грезы», но мне чудилось, что музыка доносилась издалека. Из зала послышались несколько жалких хлопков. Похоже, кто-то хотел меня подбодрить. Кое-как раскрыв рот, я пропел романс. Встречен он был весьма прохладно. Но я запел снова, снова, я осмелел, разошелся... хлопали все громче, и наконец грянула овация. Я трижды выходил на бис!

На меня сыпались цветы и поздравления. Сбежав в мою уборную, мы с Николаем и Поленькой помирали со смеху, в то время как за дверью бесновались поклонники с букетами и конфетами. Среди этих кавалеров были офицеры, которых прекрасно знал Феликс Юсупов... но сейчас я был французской шансонеткой. Ужасно хотелось проверить, удастся ли заморочить им головы, однако брат запретил, а взамен повез к цыганам, где я пел под гитару то в образе певички, то в своем.

Шесть вечеров в «Аквариуме» пел я вполне благополучно. А на седьмой все кончилось. В ложе появились друзья наших родителей. Они сначала обратили внимание на матушкины бриллианты, а потом узнали меня.

Грянул скандал. Домашняя сцена разыгралась ужасная. Николай уверял, что это он меня искусил. Он пытался меня защитить, но досталось обоим. Друзья родителей были люди благородные и поклялись молчать. Вот так и погибла карьера француженки-шансонетки, не успев начаться!

Однако игр с переодеванием я не бросил. Больно весело было.

Вдобавок ко всему в Петербурге, в Париже, как прежде в Лондоне, модны стали маскарады. В нашей семье всегда любили рядиться, костюмов у меня велось множество! Помню, какой фурор произвел я на маскараде в парижской Опере, когда явился в одеянии кардинала де Ришелье, в точности повторив портрет кардинала кисти Филиппа де Шампеня, от мантии до изображенных вместе с кардиналом увешанных золотом негритят.

На одном из маскарадов изображал я Ночь. На мне было черное платье в блестках и диадема с бриллиантовой звездой. Надо сказать, что Николай всегда меня сопровождал, зная мою взбалмошность. В крайнем случае он посылал со мной двоих доверенных друзей, посвященных в нашу тайну.

Так вышло, что поехали мы с ним в тот вечер вдвоем, да Николай принялся любезничать с какой-то маской — и забыл обо мне. А в то время некий гвардеец, прославившийся своим волокитством, принялся за мной ухаживать и позвал ужинать в «Медведь». С ним были еще приятели. Со смехом припомнив детские шалости в этом ресторане, я согласился, не думая об опасности. Впрочем, меня всегда пьянила опасность!

В ресторане четверо моих кавалеров мигом потребовали кабинет, позвали цыган, хлынуло потоком шампанское... Через некоторое время господа ринулись ко мне, возжаждав провести ночь с Ночью. Я начал драться, изо всех сил стараясь не выходить из образа дамы. И тут кто-то из них сдернул с меня маску! Не дав им опомниться и узнать меня, я схватил шампанскую бутылку и швырнул в зеркало. Раздался звон разбитого стекла, и, воспользовавшись мгновенным замешательством офицеров, я ринулся к двери — и только меня и видели! К счастью, у подъезда всегда стояли извозчики. Я вскочил в одну повозку и крикнул адрес Поленьки. И только теперь почувствовал холод. Глянул — батюшки, да ведь я позабыл в кабинете соболью шубу!

Что было делать? Не возвращаться же!

— Гони! — крикнул я. Извозчик пустил лошадку рысью, косясь на полуодетую красотку, которая то зубами стучала, то хохотала взахлеб... вспоминая, что она, то есть он, то есть я — мужчина и сын уважаемых родителей. От осознания, что нарушаю я все мыслимые запреты, было мне и весело, и жарко.

Зеркало в «Медведе» я расколотил напрасно — меня успели узнать. Болтать во всеуслышание господа офицеры не стали, опасаясь, как бы их не заподозрили в неприличных пристрастиях к мужчинам, однако слушок о моих переодеваниях все же пополз. И дополз до отца, которому мое поведение и так поперек горла стояло. И вот однажды поговорил он со мной «по-отечески», назвал меня позором семьи, будущим каторжником — и это еще самый мягкий из отпущенных мне «комплиментов». Когда он выгнал меня вон, то вслед за мной так хлопнул дверью, что картина упала со стены!»

Читаю обо всем этом и диву даюсь, что меня это от Феликса никак не отвращало. Вот уж воистину выходило — не *за что* полюбила я его, а *вопреки*!

Разве удивительно, что мои родители засомневались в последнюю минуту, надо ли меня ему отдавать? Разве удивительно, что колебалась бабушка? Отнюдь не красота, деньги или еще какие-то достоинства Феликса заставили ее уступить. Во-первых, Дмитрий спохватился и взял назад почти все свои обвинения. Да, у него хватило благородства сделать это, благодаря его поступку он остался нашим другом на всю жизнь. Но все же неприятный осадок от его наговоров не мог не сохраниться. И тем не менее моя бабушка согласилась на наш с Феликсом союз. Слишком с большим скандалом были бы связаны отказ и расторжение помолвки накануне всеми ожидаемой свадьбы. А поскольку это произошло бы в императорской семье, скандал был бы во много раз больше, чем случись такое в семье обыкновенной. Это не могло не отразиться на моей репутации. Кроме того, бабушка знала мой характер и понимала, что я не скоро приду в себя после такого афронта. Я еще больше замкнусь в себе, найти мне жениха будет весьма трудно. Она считала, что мне, с моими нервностями, с неровностями натуры, нужно поскорей выйти замуж, отдалиться от матери и отца, беспорядочная жизнь которых не могла не оказывать на меня влияния. Что и говорить, мне, да и всем нам, вряд ли шло на пользу то, что maman имела привычку разбрасывать свои дневники и письма в самых неожиданных местах, так что все, кому не лень, могли сунуть туда нос. Помню, у моего брата Федора (а он был тремя годами младше меня, и я была с ним более дружна, чем с другими моими братьями) началась ужасная истерика, когда он однажды наткнулся на дневник maman и прочитал:

«*15 июня 1908 года, Биарриц.*

Ездили с F. в Фонтенбло. Вернулись по другой дороге и остановились выпить чаю в каком-то маленьком кабачке в лесу — я даже названия не помню — очень там было чистенько, приятно и просто. Очень много и очень хорошо говорили мы по душам — как это все было трогательно, и разговор, и он. Кошмар, как мне жаль его — ведь он так меня любит, и ему в самом деле невыносимо тяжко расставаться со мной... И мне больно, больно, что все это произошло, и неловко за него, и досадно, и жаль его... Он постоянно твердил: «You are the love of my life!»[1], и я знала, чувствовала, что так оно и есть...

16 июня 1908 года, Гатчина.

Мы так много хотели сказать друг другу, но никак не могли — и грустно было, грустно! Наш поезд отправлялся в 1.50, и мы приехали буквально за пять минут. Я ехала вместе с F., Сандро был с ней — мы с ними так и простились в автомоторе, ни F., ни она не вышли нас провожать, все согласились, что так лучше, — ужас, кошмар, до чего было печально, никакими словами не выразить, мы еле-еле сдерживали слезы.

Однако в вагоне we gave went to our feekings[2] и оба плакали! Мы с мужем во всем признались друг другу — мне он все простил, мой милый друг жизни, но и сам признался в чувствах к ней...»

А между тем все это случилось в Биаррице, я уже писала, все разворачивалось на наших глазах,

---

[1] Вы любовь моей жизни! *(англ.)*
[2] Дали волю своим чувствам *(англ.).*

но мы были слишком малы и глупы, чтобы осознавать происходящее. А потом вот так прочитать... Это производило очень сильное впечатление! Или еще вот это, уже запись сделана в Ай-Тодоре, и снова все происходило у нас на глазах:

«13 ноября 1911 года, Ай-Тодор.

Тоска невыносимая, и я очень annoed[1]. F. говорит, что ему пора ехать, he hates it here[2] — все окружающее и вообще все его раздражает невыносимо. Я понимаю, но уговариваю подождать, ведь мы все едем через неделю, и я уговариваю его ехать с нами. О нас с ним уже начали сплетничать — F. это чувствует, хотя я ему не жаловалась. Как грустно, что он приехал в такое время, когда все тут собрались! Конечно, это неосторожно с нашей стороны, но все же разве это справедливо, что мы не можем иметь кого хотим?»

Понятно, кого maman называла *F.* — мистера Фэна...

Мы не могли жалеть родителей в невозможности исполнения их желания *«иметь кого они хотят»* — мы жалели себя, мы озлоблялись против них, а главное, заражались их нигилизмом по отношению к семейной жизни! И от этого мои братья — особенно Андрей и Федор — были ну прямо дикие, озлобленные, с ними сладу не было... только ко Федору Андреевичу Виноградову, за которого потом вышла моя Котя, Екатерина Леонидовна, с великим трудом удалось с ними поладить.

Причины их дикости, озлобленности, причины моей угрюмости моя дорогая бабушка понимала и

---

[1] Огорчена *(англ.).*
[2] Все ему здесь ненавистно *(англ.).*

очень опасалась, что я больше не захочу выходить замуж, если это сватовство разладится!

Итак, ее заступничество за Феликса сыграло свою роль, и мой отец больше не спорил — он даже припомнил, что, когда увидел маленького Феликса, пожалел, что тот не его сын, настолько мальчик был пригож. Ну вот теперь он стал-таки его сыном! Припомнилась, конечно, отцу и юношеская его любовь к Зинаиде Николаевне. Так или иначе, недоразумение было улажено, настал день нашей свадьбы.

А сейчас я приведу еще одну цитату, но уже не из записок Феликса. Мой муж, я уже говорила, был великим забавником и любил пошутить. Однажды он выкрал у камер-фурьера Аничкова дворца его журнал, где, в свойственной документам такого рода лапидарности, был изображен прием по случаю нашей свадьбы, и списал для меня эту страницу, после чего вернул журнал камер-фурьеру, прекрасно понимая, что того может ожидать наказание за утерю сего документа. Как-то так вышло, что, даже после наших многочисленных переездов и потерь, когда терялись очень важные вещи и документы, сия незначительная страничка сохранилась среди личных бумаг Феликса, и я наткнулась на нее, когда разбирала их после его смерти.

Сейчас эти сухие строки кажутся мне прекрасней самых красочных описаний нашего венчания:

«Февраль 1914 года, Аничков дворец, Петербург.

Дамы были приглашены в длинных, с полувырезом платьях, без шляп; кавалеры: военные в парадной, гражданские в праздничной форме. На эту церемо-

нию по разосланным от обер-гофмаршала пригласительным билетам согласно спискам, представленным конторою Двора Великого князя Александра Михайловича и князем Юсуповым графом Сумароковым-Эльстоном Старшим, гости приезжали к 14.30 в Аничков дворец (количеством до 600 персон). Особы императорской фамилии приезжали к 14 часам 50 минутам к собственному подъезду и проходили в Красную гостиную. В 14.30 дня в Аничков дворец из Царского Села приехали Государь император и Государыня-императрица Александра Феодоровна с Великими княжнами: Ольгою, Татьяною, Марией и Анастасией.

В 14.45 дня в парадной карете, запряженной цугом четверкою лошадей с форейтором, приехала в Аничков дворец невеста, княжна Ирина Александровна, с родителями — Великим князем Александром Михайловичем и Великой княгиней Ксенией Александровной и братом, князем Василием Александровичем. С собственного подъезда княжна Ирина Александровна с родителями проследовала в Красную гостиную, где Государь император и вдовствующая Императрица Мария Феодоровна благословили невесту к венцу. Жених, князь Феликс Феликсович Юсупов, прибыл на собственный подъезд Дворца, откуда проведен был в церковь. В церкви собрались по особому списку (особы, приглашенные на бракосочетание и не указанные в этом списке, во время венчания оставались в залах Дворца). В 15 часов гости шествовали из Желтой гостиной, через танцевальный зал и приемные комнаты в церковь Дворца. Венчание совершили настоятели церквей Аничкова дворца отец Вениаминов и Николо-Морского собора — отец Беляев».

Осталась всего одна порванная страничка, что-то там было о бале и об ужине, да затерялись эти записи.

Что помню о своей свадьбе я? О, многое... Но сейчас охота мне рассказать вот что. Моя мать дала мне фату самой Марии-Антуанетты. Это было великолепное, изысканно пожелтевшее от времени кружево. В ней венчалась сама maman. Сейчас, оглядываясь на происшедшее, вижу в этом подарке очень печальный смысл... Впрочем, уже и тогда он поразил меня самым неприятным образом, ибо участь несчастной королевы всем известна. Кроме того, необходимость венчаться в этой фате уязвила мое самолюбие и лишний раз напомнила о том, что я — всего лишь княжна императорской крови, а не великая княжна. Они-то венчались все в фате и драгоценностях русской императорской короны, а я — точно бедная родственница — в обносках чужестранной казненной королевы!

В то время я даже не думала, что, раз моя мать в этой фате венчалась, она ей обносками не казалась. Но ведь она венчалась как великая княжна!

Феликс и мой свекор, князь Юсупов-старший, отлично все поняли и решили меня утешить. Свадебным подарком от жениха стала тиара из платины, горного хрусталя и алмазов. Это было изделие ювелирного дома Cartier — красоты необыкновенной! Чудилось, тиара сделана изо льда, она чудесно мерцала благодаря сочетанию подвесок из горного хрусталя и линии бриллиантов, к которым подвески крепились, а венчал тиару алмаз более чем в три с половиной карата величиной.

Изысканность изделия поразила меня. Феликс рассказал, что мотивом рисунка при огранке послужило оформление печатных книг эпохи Возрождения.

К несчастью, при бегстве из России спасти эту тиару, как и множество, множество других украшений, нам не удалось, сколько ни старался Феликс, который даже ездил ради этого из Крыма в Петроград в 18-м. В 1925 году большевики нашли в доме князей Юсуповых на Мойке тайник с этими сокровищами и присвоили их.

Но вернусь к моему венчанию. Конечно, вид этой тиары был способен утешить самое тщеславное сердце, а мое вовсе не было таковым. К тому же в это время в Россию вернулась Машуня, Мари, Мария Павловна, бывшая принцесса Шведская, которая уже развелась со своим нелюбимым мужем. Она присутствовала при моем одевании и утешила меня, необычайно смешно рассказав о том, как венчалась сама. С удовольствием запишу здесь эту историю, которая излечила меня от мелочной зависти к обряду венчаний великих княжон.

Мари говорила, что для великой княжны день ее вступления в брак — это прежде всего церемония, а уж потом — торжество. И это была самая нудная на свете церемония, которую пришлось выдержать в своей жизни Мари! День свадьбы начался завтраком с императором и императрицей — ведь Николай Александрович был кузеном Мари, правда, гораздо старше ее, так что она росла вместе с его детьми, своими племянницами. Потом невеста отправилась одеваться. Серебряная парча ее подвенечного платья была такой толстой, что казалась негнущейся. После того как отец и тетушка благословили Мари, она отправилась в Большой дворец: именно там, согласно этикету, следовало завершить церемониальный туалет.

Если идти по полу в своем парадном платье невеста еще как-то могла, то по лестнице ей помогли подняться слуги — парча не давала согнуть колени! Мари ввели в одну из парадных гостиных. В центре находился туалетный столик, украшенный кружевами и лентами. И этот столик, и золотые безделушки на нем некогда принадлежали императрице Елизавете Петровне. На столике лежали драгоценности императорской казны, которые великие княжны надевали в день свадьбы. Была здесь и диадема самой великой Екатерины с баснословным розовым бриллиантом посередине. Была маленькая темно-красная бархатная корона, усыпанная бриллиантами. Все это предстояло надеть Мари, а еще — бриллиантовое ожерелье, браслеты и серьги. Украшения были массивные, тяжелые — особенно серьги в виде вишен, которые тотчас же начали немилосердно оттягивать уши Мари. И еще предстояло надеть фату, и прикрепить шлейф, и накинуть на плечи горностаевую мантию! Когда Мари прежде случалось видеть бракосочетание которой-нибудь из великих княжон, ее смешило, что невесту ведут под руки фрейлины, словно она была не юная девушка, а немощная старушка. Только теперь она поняла, что любая немощная старушка уже давно рухнула бы под тяжестью навьюченных на нее нарядов и ценностей! Юная девушка еще была в силах удержать их на себе, не согнувшись вдвое, но сделать хоть шаг самостоятельно — о, это было нелегко! Даже при том, что мантию и шлейф несли гофмейстер и два пажа. Когда император вел Марию к алтарю, она втихомолку радовалась, что он такой сильный, хоть и невысок ростом. Потом ее опускали на колени и снова поднимали на ноги пажи и шаферы. Она так побледнела во время венчания, что ей дали нюхательную соль. В это мгновение она не думала ни о прошлом, ни о будущем, да и слова священника пролетали мимо ушей... Прежде всего потому, что Мари чудилось: мочки ее ушей оттянуты этими кошмарными серьгами чуть ли не до плеч, и все это видят!

Наконец церковная церемония была окончена. Миновала и полуторачасовая обязательная мука — прием поздравлений. И наконец-то можно было снять тяжелую мантию!

Все уселись за праздничный стол. Мари настолько устала, что, не обращая внимания на императора, который сидел слева от нее, вынула из ушей эти пыточные устройства — серьги — и повесила их на край бокала с водой. Император тихонько хихикнул, но Мари было уже не до этикета. Сразу стало так легко! Правда, салфетка беспрестанно соскальзывала с ее парчового платья на пол, так что пажу приходилось то и дело нырять за ней под стол. Император забавлялся от души!

А затем начался церемониальный полонез, который не менялся с екатерининских времен. Эта традиция соблюдалась настолько тщательно, что в углу бального зала стоял карточный столик с зажженными свечами: ведь Екатерина Великая во время скучноватых церемоний любила перекинуться в картишки с самыми именитыми гостями.

Мари танцевала сначала с императором, потом с эрцгерцогом Гессенским, отцом императрицы, затем с наследным принцем Румынии. Каждая пара делала три тура по залу и при каждом новом круге менялась партнерами, причем кавалеры кланялись, а дамы приседали. Реверанс перед императором следовало делать особенно глубоко. Вот это было испытание... Мари казалось, что ее качает из стороны в сторону под тяжестью парчи, и она втихомолку надеялась, что зрители примут эти невольные движения за какие-нибудь новые па полонеза. И серьги снова оттягивали уши до плеч!

Когда официальная часть свадьбы закончилась и Мари с помощью камеристки переодевалась в новый жемчужно-серый костюм и маленькую шапочку, у нее отчаянно болела голова, а на плечах остались две глубокие красные вмятины от швов парадного платья...

Вот что рассказала мне Мари. Ну а свадьбу моей матери я уже описывала со слов отца. Невеста тогда тоже изнемогала под тяжестью традиционных украшений: диадемы с большим розовым алмазом, короны из крупных бриллиантов и мантии. Как уверял мой дядя, великий князь Константин Константинович, в церемониальном наряде она казалась еще меньше ростом, хотя и так была маленькая!

К добру или к худу, моя одежда была гораздо проще одеяний великих княжон: платье из satin blanc с серебряной вышивкой и длинным шлейфом. Я, конечно, хотела надеть шифон, который как раз тогда сделался моден, но мой любимый летящий силуэт, который я предложила в качестве фасона, сочли недостаточно торжественным, а Надежда Ломанова, шившая мой туалет (она не признавала выкроек и делала свои прелестные платья, обернув даму лоскутом ткани, прямо на ней, точно подгоняя по фигуре), безапелляционно заявила, что эти «обвисшие, бесформенные» силуэты никогда не смогут entrer en vogue. Много лет спустя мне удалось доказать, что это не так: именно этот силуэт произвел истинный фурор на премьерном показе нашего дома моды «Ирфе» в Париже и стал истинной ligne a la mode, то есть модным силуэтом!

...Грустно было мне в 25-м году побывать на показе мод в Париже, на котором были представлены изделия советской кутюрье Ломановой... Не могу сказать, отчего осталась она в России, отчего не уехала, — наверное, надеялась на лучшее. «Лучшее» состояло в том, что она не единожды бывала арестована большевиками, а когда ее коллекцию привезли в Париж, саму Надежду Ломанову сопровождать модели не пустили. Большевики опасались, видимо, что она сбежит. Я бы, например, на ее месте так и поступила бы, тем паче что Ломанова еще до революции была хорошо знакома со знаменитым французским кутюрье Полем Пуаре и на его поддержку могла бы рассчитывать. Да и мы с Феликсом помогли бы ей, хотя, сказать правду, оба не могли сдержать сардонических улыбок, видя на выставке безумную коллекцию ее украшений из хлебного мякиша и газетной бумаги да платьев из мешковины. К слову сказать, силуэтов настолько бесформенных, что дальше некуда. Французы, при всей своей консервативности и буржуазности, теряют головы от малейших признаков оригинальности, поэтому большевики получили первый приз! Оскорбительный нонсенс, хотя, возможно, это был дар Пуаре (он входил в состав жюри) его бывшей подруге. С другой стороны, возможно, жюри этак тонко подчеркнуло, что лучшего, чем носить дерюгу, советские люди недостойны? Соглашусь с ними... Тех, кто допустил революцию, тех, кто принял эту власть и сжился с нею, мне невозможно понять и простить!

Не к месту, конечно... Но вдруг вспомнилось, как еще в 1905 году отец вдруг явился страшно взволнованный и сообщил, что для него Россия умерла. Это было во время первой русской революции, когда его же собственные моряки с крейсера «Алмаз», которым он командовал, пожелали взять его в заложники, иначе грозили открыть огонь по Петербургу. Император не мог, конечно, члена фамилии выдать безумной черни, но и противиться открыто опасался. Он предложил отцу выйти в отставку, однако тот этого не вынес бы и дипломатично уехал с нами, с семьей, за границу, в Биарриц, благо мы с Андреем были тогда ужасно больны скарлатиной. Эта поездка стала почти роковой для отношений моих родителей, между прочим. Там отец встретился с Марией Ивановной и maman со своим Фэном!

Впрочем, вернусь к торжественному дню моего венчания.

Феликс купил мне в Париже бриллиантовую цепочку с розовой жемчужиной — чудо красоты! Бабушка подарила чудную брошь с жемчугом и бриллиантами. Родители — сапфировое колье и мамин собственный изумрудный кулон, потом еще брошку с рубинами и бриллиантами и тремя жемчужными кисточками и небольшое бриллиантовое колье. Мой дядя Никки и тетушка, которой пришлось сменить гнев на милость, склонившись перед мнением вдовствующей императрицы, подарили два ряда чудесного жемчуга, который мне всегда очень нравился. Я была в восторге, тем паче что мои родственники, ссориться с которыми я бы ни за что не хотела и которые были мне очень дороги, ничего плохого не говорили, а наоборот, вспомнили, как меня в детстве называли Бэби Рина и как они меня всегда любили. А дядя Никки рассказал, что всегда сравнивал меня и Олю и радовался, что «наша толще». Вообще все в тот день, когда мы ездили к ним в Царское за благословением, очень расчувствовались.

Феликс, разумеется, не мог не начудить. Император спрашивал его, что подарить на свадьбу. Государь хотел предложить ему должность при дворе. Но Феликс ответил, что для него лучшим свадебным подарком будет привилегия сидеть в театре в императорской ложе. Когда передали дяде Никки этот ответ, он рассмеялся и согласился.

Церемония в Аничковом дворце очень отличалась от общепринятой — прежде всего той свободой, которую ощущали все приглашенные благодаря изысканному гостеприимству моей дорогой бабушки. Когда старенький лифт, в котором Феликс, одетый в черный редингот с шитыми золотом воротником и отворотами, отдельно поднимался в часовню, застрял на полпути, вызволять его отправились не только служители, но и императорская семья, и чуть не половина гостей. Говорят, все очень веселились (кроме Александры Федоровны, которая держалась в стороне). Мне, к сожалению, пойти туда не было дозволено — более того, меня не известили о случившемся, и я никак не могла понять, отчего Феликс опаздывает. Думаю, все невесты, которым приходится пережить опоздание женихов на свадьбы, испытывают схожие чувства... Гоголь оказал им дурную услугу, потому что тайный призрак Подколесина, выпрыгнувшего в окошко накануне венчания, тревожит их непрестанно! Котя (конечно, она была на моей свадьбе, несмотря на то, что уже не служила у нас, а жила на положении замужней дамы) изо всех сил меня успокаивала, а когда Феликс появился, сказала: «Ну совсем как у Толстого!» Но я ее тогда не поняла.

К стыду своему, я прочла «Анну Каренину» довольно поздно, лет в тридцать пять, и, когда читала о том, как парадная рубашка Левина оказалась уложена в багаж, как долго ее оттуда доставали, и как «ни жива ни мертва» была Кити, пока жених не прибыл, наконец, в церковь, и как сказала Левину, мол, думала, что он сбежал, я очень вессли-

155

лась и умилялась, вспоминая свою свадьбу и слова моей Коти.

Я так переволновалась из-за опоздания Феликса, что ноги у меня заплетались, когда mon oncle император Николай Александрович повел меня к алтарю, и, хоть я очень хотела первой ступить на тот розовый шелковый ковер, который расстелил священник, чтобы, по обычаю, по нему прошли жених с невестой (считается, что в доме будет главенствовать тот, кто первым ступит на этот ковер), но запуталась в шлейфе, и Феликс оказался проворней. Впрочем, думаю, в нашей жизни ничего не изменилось бы, ступи на ковер первой я, ибо мне все равно не удалось бы опережать моего мужа ни в поступках, ни в фантазиях, ни в грехах, ни в добродетелях.

В тот день я очень устала — прежде всего, конечно, от волнения. Отчего-то я непрестанно думала о предстоящей ночи... Страшилась ее до дрожи зубовной! Но вот церемония закончилась, мы переоделись и отправились на вокзал. Брачная ночь должна была пройти в поезде, который повезет нас в Париж и дальше, по маршруту нашего свадебного путешествия.

На вокзале была огромная толпа родных и друзей, но когда поезд тронулся и миновал перрон, мы с Феликсом, все еще смотревшие в окно, увидели одинокую фигуру, стоявшую вдали от всех, на самом краю перрона. Поезд промчался, фигура исчезла. Мы все еще смотрели в окно, боясь взглянуть друг на друга, потому что сразу узнали Дмитрия.

Наконец Феликс обнял меня и прошептал:

— А все же я достался вам, Ирина.

В это самое мгновение я подумала:

«А все же я досталась вам, Феликс!»

Впрочем, неважно. Оба — он и я — мы не достались Дмитрию, это главное.

Потом дружба моего мужа и Дмитрия Павловича возобновилась, они были связаны одним ужасным историческим обвинением. В ту пору меня это мало волновало, куда больше меня волновало бы, если бы они вновь оказались связаны любовными отношениями, но ничего не знаю на сей счет наверное, хотя слухи ходили всякие...

А о нашей первой брачной ночи могу сказать, что она была бы очень волнующей, если бы любимый пес Феликса, мопс Панч, который ехал с нами и о котором мы совершенно забыли, потому что он уснул под горой букетов, не вылез наружу в самый нежный момент и не насмешил нас до того, что мы только под утро смогли вновь обрести подобающее для такой ночи настроение.

Я уже говорила, что мне не с кем сравнивать Феликса как любовника. Но эту ночь я не забуду никогда, потому что она сделала нас равными: я поняла, что он так же зависит от меня, как я от него, что он так же боится меня, как я его, — и полюбила его за это еще больше. Мы были идеальной парой, я всегда знала это. Мы оба были льдом, который иногда таял, но вскоре вновь принимал привычную холодность. Я благодарна моему мужу за то, каким он был, за то, что он был именно таким, а не иным! Возможно, другой мужчина дал бы мне другие ощущения и другое счастье, но я никогда не жалела о том, что получила от жизни!

Наше свадебное путешествие началось в Париже, где мы жили в одном из отелей на Вандомской площади. Там Феликс всегда останавливался прежде и держал за собой номер. Теперь этого отеля уже давно нет... В первое же утро нас разбудила ma tantine великая княгиня Анастасия Михайловна, любимая сестра моего отца (собственно, единственная его сестра), герцогиня Мекленбург-Шверинская, явившаяся в сопровождении грумов, которые несли какие-то свертки. Свадебным подарком тетушки были двенадцать корзинок для хранения бумаг — разных форм и видов плетения.

Великая княгиня вообще была оригиналка и даже чудачка — как это называют французы, drôle de petite bonne femme. Она предпочитала жить не в своем герцогстве, а во Франции. Когда Феликс был в Париже в прошлый раз, она целиком завладела им. Ни свет ни заря приезжала к нему в номер и читала газету, пока он умывался и одевался. Если застать его не удавалось, рассылала за ним слуг по всему Парижу или сама пускалась на автомобиле на поиски.

Анастасия Михайловна любила ходить в театр, но сопровождать ее туда была сущая мука. На спектакле она засыпала в первом же акте, но, вдруг проснувшись, заявляла, что пьеса ее утомила, уморила и что надо пойти на другую. Мы с мужем, конечно, тащились следом, порой умудряясь побывать в двух-трех театрах за вечер. А еще великая княгиня страстно любила танцы. Отоспавшись в театрах, она могла танцевать ночь напролет!

Собственно, это именно она приохотила нас танцевать tango. Это был танец, недавно вошедший в моду и привезенный в Европу аргентинцами, разбогатевшими не то на серебре, не то на изумрудах, точно не скажу. Хотя изумруды, кажется, в Бразилии... А впрочем, о танго! Оно уже и в России стало невероятно популярно, по нему с ума сходили известные танцоры — Тамара Карсавина, например, да и Нижинский, но всех известней была актриса Эльза Крюгер, ее даже называли — королева танго. Ее партнерами и любовниками были прославленные Альберти, Мак, Вали, и эта скандальность добавляла интереса к самому танцу, который кто танцевал равнодушно, официально, а кто с откровенной страстью, как сама Крюгер. Мне танго сначала нравилось, но мгновенно разонравилось, как только я узнала, что эта Крюгер учила танцевать Феликса и у них был мимолетный роман. Но здесь, в Париже, никакой Крюгер и в помине не было, Феликс принадлежал мне, а поэтому я снова полюбила танго и вскоре танцевала его прекрасно, во всяком случае не хуже других в тех салонах, куда нас таскала тетушка.

Самое смешное, что, как мне сообщила Анастасия Михайловна, любившая знать досконально все о том, чем она увлечена, у себя на родине этот танец считается почти неприличным из-за того, что мужчина и женщина стоят очень близко, гораздо ближе, чем в вальсе, и более крепко обнимаются.

Вообще сначала его танцевали только мужчины, ибо в Аргентине женщин гораздо меньше, чем мужчин; потом тамошние сеньоры стали искать себе партнерш среди femmes de moeurs légères, которым, само собой, чем крепче обниматься с мужчинами, тем лучше, и только некоторые из *приличных женщин* отваживались танцевать танго, да и то — в домашних салонах, под неусыпными взорами мамаш и дуэний. Ну а в Париже, в котором все новое подхватывается на лету, танго мгновенно стало модно благодаря вполне светским дамам, которые свели знакомство с этими богатыми аргентинцами. Вскоре весь Париж уже танцевал только танго, и Жозефина Бейкер, которая привезла в Европу из Америки чарльстон, безуспешно пыталась своими концертами соперничать с салонами, в которых неотвязно звучала музыка танго. Эта музыка в те годы сопровождала в Париже повсюду; в любом танцевальном зале, в любом ресторане играли какие-то аргентинские оркестры, имевшие вид весьма нищий. Среди них лучшим был оркестр некоего Франциско Канаро. Помню его фрак с заплаткой на локте... Очень забавно, но когда в нашем доме в Париже, спустя более чем полвека, появился аргентинец Виктор Контрерас, то он рассказал, что танго по-прежнему любимо на его родине, хотя танец переживает то подъем популярности, то спад... Однако оркестр Канаро по-прежнему играет повсюду. Сам маэстро стал очень знаменит и чрезвычайно богат, однако фрак с заплаткой иногда надевает на концерты, потому что считает его своим талисманом.

Роковая страсть Распутина

В Париже тогда самым модным цветом был оранжевый — его называли couleur du tango, цвет танго. Почему? О, эта история меня весьма повеселила! Когда все стали танцевать танго и это слово не сходило с уст, какой-то торговец, у которого на складах залежалось огромное количество оранжевого шелка, взял да и выставил его в продажу под названием «Le Tango». В считаные дни шелк, на который раньше никто и смотреть не хотел, был распродан, торговец сорвал барыши и сделал мануфактурщику новый заказ, ну а Париж и вся Европа, в том числе и Россия, без устали танцевали танго в оранжевых шелках... Под музыку оркестра Канаро...

Во время нашего свадебного пребывания в Париже мы тратили довольно много сил, чтобы сбежать от герцогини Мекленбург-Шверинской. Однажды выскочили из отеля через ход для прислуги и, схватив первое попавшееся такси, велели везти себя на Монмартр, который тетушка терпеть не могла, потому что там как раз достраивался — на улице имени несчастного шевалье де ла Барра, история которого меня всегда заставляла плакать, — великолепный храм Sacre-Coeur, Святого Сердца, который парижане отчего-то презирали как неудачный новодел. Ну и тетушка, обожавшая парижан и подражавшая им в чем могла, тоже презирала. А нам с Феликсом это здание, в котором было что-то восточное, очень нравилось, мы часто вспоминали его потом, путешествуя по Египту и Ближнему Востоку.

Итак, мы бывали на Монмартре. В то время он вовсе не был Меккой для туристов, еще не вошел в моду и не был обозначен во всех путеводителях — туда приезжали люди, которых интересовало входившее в моду очень странное искусство. Кругом царила такая грязь, такая убогая нищета! Отчетливо пахло эфиром — он свободно продавался в аптеках, и многие здешние обитатели использовали его вместо кокаина и гашиша. Неудивительно, что их искусство было таким болезненным, искаженным! Мне это собрание вывернутых ног и лиловых лиц с красными глазами не нравилось. Например, картины Пикассо меня всю жизнь заставляли презрительно поднимать брови, нимало не восторгая...

В то время этот испанец из Барселоны уже начал добиваться успеха и вовсю ухаживал за прелестной актрисой дягилевского балета Ольгой Хохловой. А на Монмартре еще жива была память о нем, он стал местной достопримечательностью и чуть ли не каждый второй обитатель Монмартра считал нужным упомянуть, что был на дружеской ноге с Пабло или Полем, как его называли на французский лад, рассказать, что еще лет пять назад он был нищим, описать, каким он был невысоким, смуглым и довольно невзрачным, не сказать — уродливым. Однако он обожал роскошных блондинок. С тогдашней своей подружкой и натурщицей, Фернандой Оливье, они так бедствовали, что не имели 90 сантимов заплатить за похлебку с говядиной. А Бизу-Бизу, кот-ворюга Фернанды, в такие дни приносил ей и ее любовнику кровяную колбасу, которую таскал у соседа! Иногда Фернанда и

Пабло рано утром совершали набеги на дома зажиточных буржуа на улочках Монмартра, надеясь стащить молоко и круассаны, оставленные разносчиками у дверей. Совсем изголодавшись, любовники заказывали обед у кондитера-трактирщика с улицы Абесс. А когда посыльный приносил заказ на дом, Фернанда, не открывая, кричала, что еще не одета, поэтому корзину можно оставить у двери, она придет и заплатит потом.

Слов нет, Фернанда и впрямь исправно платила, когда Пикассо продавал очередную картину и разживался деньгами. Сначала они получали только су и франки, потом дошло дело до луидоров, которых прежде и не видели. Когда скупщица картин Берта Вейл заплатила Пикассо в первый раз луидорами, он, не веря глазам, стал стучать монетой о мостовую, проверяя ее подлинность по звуку!

Таких рассказов мы вволю наслушались во время наших прогулок по Горе Мучеников[1], хотя это и не подогрело моего внимания и симпатий к Пикассо. А когда я узнала впоследствии, до чего мерзко он обращался с Ольгой Хохловой, я и вовсе прониклась к нему отвращением, больше даже упоминать это имя не желаю[2].

Еще Феликс любил Монпарнас, в то время — совершенно полусельский район около вокзала, уже ставший, однако, местом обитания истинной

<hr>

[1] Буквальный перевод с французского языка слова Montmartre, Монмартр.

[2] Об истории любви Ольги Хохловой и Пикассо можно прочесть в новелле Елены Арсеньевой «Обитатели разных планет», издательство «ЭКСМО».

богемы, потихоньку мигрировавшей туда с Монмартра. И одна из встреч с тамошними обитателями, этими полупьяными босяками, имена которых теперь вошли в энциклопедии, имела для нас потом, когда мы открыли дом моды, продолжение, поэтому я о ней здесь расскажу.

Я еще раньше поняла, что с Феликсом мне не придется вести такое же отстраненно-рафинированное существование, какое я вела прежде, будучи словно закупорена в драгоценном флаконе для духов. То есть существование наше осталось рафинированным, иначе и быть не могло при нашем общественном положении, состоянии и утонченных привычках Феликса, однако живая жизнь все чаще проникала в мой «флакон» — просто потому, что утонченность уживалась в Феликсе с жаждой некоей тьмы. Он это называл любопытством — ну, пусть так и называется, если погружение в грязь можно совершать из любопытства и не без удовольствия.

Во время нашего свадебного путешествия я находилась под очень сильным влиянием своего молодого супруга, а оттого изо всех сил пыталась убедить себя, что тоже испытываю удовольствие.

Раза два или три мы обедали на Монпарнасе — то в ресторане «Бати», это напротив кафе «Дом», как раз на углу бульвара Распай, где собирались местные старики поиграть в домино и послушать косматого скрипача, который играл для них Бетховена. Зашли мы и в «Лё-Вигурей», на углу Кампань-Премьер, и в молочную столовую мадам Ледюк. У меня сначала было такое ощущение, что я погружаюсь в какую-то клоаку. Из таксомотора выходить казалось опасным, однако plat du jour, блюдо дня, у Бати оказалось довольно вкусным... Жаль, позабыла, что мы ели, скорее всего, телятину и тушеные каштаны с изюмом, а впрочем, может быть, и нет. Так или иначе, мы в первый же день очутились среди толпы каких-то более или менее оборванных молодых людей, которые сгрудились вокруг большого стола, уставленного невообразимым количеством блюд подряд — от закусок до пирожных. Кажется, здесь было наставлено все, что имелось в меню, да еще в тройном размере — по числу сидевших за столом едоков.

Они торопливо поглощали пищу, причем было видно, что один ест через силу, другого сейчас стошнит и только третий, довольно привлекательный, хотя и чрезмерно полный, рыхлый мужчина, откровенно наслаждался едой.

— Которая перемена? — вдруг спросил, пробираясь мимо нас, высокий и очень красивый молодой человек. Атлетическое сложение и поразительное лицо, итальянский тип, но не чистый, сладкий, а нервный, чуточку злобный... Такое лицо могло, наверное, быть у Люцифера, вздумай он заглянуть в мир людей, чтобы притвориться среди них своим.

— Вторая, — ответил кто-то. — Кажется, Вламинк уже сдается.

И в то же время один из едоков, тот, на лице которого уже было написано отвращение, хлопнул об стол потертый бумажник и воскликнул:

— Ладно, господа, я выхожу из игры! Мое брюхо того и гляди лопнет!

— Только вторая перемена, Вламинк! — обиженно воскликнул красавец. Я только тут разглядела, что поношенный бархатный пиджак был надет у него на голое тело, а калабрийская мягкая шляпа прикрывала черные, спутанные, давно не мытые волосы. И брюки, и пиджак были испачканы красками, пахло от красавца скипидаром и вином, и легко было догадаться, что это художник. — Только вторая перемена, а ты уже сдался!

— Ну что ж, Моди, садись за меня, — пригласил Вламинк. — Хоть поешь как следует. Как, Дерен, Аполлинер, вы не против?

Полный мужчина сделал приглашающий жест, не переставая жевать, но его сосед, давясь едой, воскликнул:

— Нет, я не хочу! Это против правил! Плати за еду, Вламинк, и покончим с этим!

Подошел человечек в большом белом переднике, усмехаясь, показал грифельную доску с написанными на ней цифрами. Вламинк явственно перекосился, но все же заплатил, тщательно отсчитав чаевые, а потом разразился хохотом:

— Еще порция — и я лопнул бы и все равно сдался, но денег для уплаты проигрыша у меня бы уже не хватило!

— Ах ты отвратительный хитрец, — сказал Моди, — лишил меня удовольствия посмотреть, как ты лопнешь!

Кругом засмеялись.

Я покосилась на Феликса. Он то с любопытством рассматривал того, кого Вламинк назвал Аполлинером, то переводил взгляд на Моди. Во мне на миг вспыхнула было ревность... Но тут Феликс повернулся ко мне и быстро сказал по-русски:

— Этот красавчик, похожий на падшего ангела, — Модильяни. А толстяк — Аполлинер.

Имя Модильяни (как и Вламинка, и Дерена, а ведь все это были художники, впоследствии прославленные, их картины нынче выставлены в музее д'Орсе) мне ничего в ту пору не сказало, да и теперь я считаю, что слава этого художника раздута его похождениями, обстоятельствами его трагической и романтической жизни, а не его искусством, — но про Аполлинера слышала даже я. Мы в лавке недавно наткнулись на сборник его стихов под названием Alcools. В России символисты тоже любили играть, составляя из слов стихотворения геометрические фигуры, но каллиграммы Аполлинера оказались очень затейливы. Однако восторга от чтения стихов я не испытала. И все же смотрела на него с интересом.

Словно ощутив мой взгляд, Аполлинер встал и внимательно посмотрел на меня. Отер рот салфеткой и сказал:

Проходит она
И сердца по пути собирает

Отдайте сердце
Любое сердце
Доброе злое
Несчастное сердце

О сколько сердец
Но увы никогда
Губ ее
Не коснетесь вы

Она
Кладет вас в корзинку

Увы
Там тоже недолго
Там тоже немного
До мая быть может
Останетесь вы

Все зааплодировали, с любопытством таращась на меня. Я почувствовала, что мое манто из шиншиллы, которое казалось мне слишком скромным, здесь выглядит вызывающе.

— Ого, — пробормотал Феликс, — недурные стихи. Хотел бы я знать, импровизация это или нет?

— Вы русские? — удивился Аполлинер, услышав его слова. — Хаим, Хаим Сутин! Смотри, вот твои земляки! Поговори с ними!

Из толпы вынырнул худенький толстогубый еврей с маленькими, близко посаженными глазами, и застенчиво пробормотал, кошмарно грассируя, что не говорит по-русски, потому что в его местечке говорили только на идише, а потом он сразу выучился французскому.

Аполлинер настаивал с непонятным упорством, и этот Хаим Сутин наконец рассердился.

— Ну и поговори с ними сам, — огрызнулся он наконец, — в конце концов поляки ближе к русским, чем евреи.

Ох, как разозлился Аполлинер!

— Я не поляк! — вскричал он. — Моя мать француженка, и значит, я — француз.

— Тебя зовут на самом деле Вильгельм Костровицкий, — ехидно сказал Сутин. — И ты такой же француз, как я. Поэтому говори, говори с ними по-русски!

Аполлинер был разъярен. Он так смотрел на Сутина, словно готов был сожрать его, перемолоть своими крепкими челюстями — и выплюнуть.

Вдруг откуда ни возьмись появилась, волоча за собой по полу шаль, молодая женщина лет двадцати, не больше — с чистым славянским лицом, одетая в нелепую, из цветных лоскутов сшитую юбку и рубаху сурового полотна, стянутую шнурком у шеи. Талия ее была перевязана причудливым поясом из кусков кожи. Еще на ней был странный меховой жилет, вернее, какая-то заношенная душегрейка, на ногах — сапоги для верховой езды. Вся эта нелепость, которая должна была вызывать смех, смотрелась на ней удивительно органично. В женщине было что-то дикое — и в ее внешности, в самой ее красоте, и потому обычное платье казалось бы для нее слишком пресным. В нем она выглядела бы скучной субреткой, а в этом странном наряде чудилась актрисой, которая идет на сцену, чтобы сыграть в некоей столь же странной пьесе.

— Тише, Гийом, — сказала она сердито. — Я сама поговорю с ними по-русски. А ты, Сутин, иди. К тебе приехал маршан, он хочет купить что-нибудь вроде твоей туши.

Вокруг зашлись смехом, мне совершенно непонятным. Вламинк так и повалился боком на стол, едва не раздавив блюдо с пирожными. Модильяни ловко выхватил одно из-под его руки, отправил в свой красивый, четко вырезанный рот и проглотил, почти не жуя. Он взглянул на меня с уверенностью красавца и любимца женщин, привыкшего к поклонению с первого взгляда, — взглянул и отвернулся, посматривая теперь то на Феликса — явно озадаченно, видимо, не понимая, кто он: просто турист-бездельник или, возможно, коллекционер, — то на Хаима Сутина, причем с откровенной завистью.

Потом я узнала, что у Хаима есть картина «Бычья туша», которая сделала ему имя, то есть маршан, бродячий перекупщик картин, хотел купить не его собственную тушу, как могло показаться по словам девушки, а некое подобие той картины. Она, картина, скажу прямо, ужасная, ужасна... однако не зря Сутина сравнивали с Ван Гогом, он создал некоторые воистину прелестные полотна, и посмертная слава его вполне заслужена!

Суть происходящего нам быстро пояснила девушка. Оказалось, что она — подруга Аполлинера, ее зовут Маревна, она русская, Мария Стебельская, из каких-то, что ли, Чебоксар родом, отсюда эта дикость в ее чертах. Она училась живописи и в Санкт-Петербурге, и в Париже, и на Капри была, у знаменитого писателя Максима Горького, который и придумал ей прозвище из сказки.

Рассказывая, она вдруг озябла и, небрежно встряхнув свою шаль, накинула ее на плечи. Феликс так и ахнул; я тоже восхитилась. Это оказался так называемый batik, очень модная в то время техника ручной росписи ткани. Нарисованы были, сколь помню, les coquelicots, алые дикие маки, из которых сыпались черные зернышки, вся шаль была ими усеяна — этими зернышками! Сколько труда в такую роспись вложено было, это я даже тогда понимала, а шаль — грязная, по полу волочится, затоптана, порвана...

Потом, спустя много лет, Феликс взял Маревну в наш модный дом на работу, она очень бедствовала, с ребенком от художника Диего Реверы, которому ее отдал, умирая, Аполлинер, перебивалась с хлеба на воду... Нашу первую встречу на Монпарнасе Маревна забыла, рисунок той шали тоже не помнила. Жизнь ее была — круговерть любовников, картин, попоек, страданий, минут счастья...

Между прочим, это именно от Маревны я узнала, что у Модияльни, оказывается, был пылкий роман с поэтессой Анной Ахматовой, происходило это в Париже у всех на глазах, она приходила к нему в студию на Монмартр, он к ней — в отель... Остались какие-то ее не то портреты, не то ню, выполненные его рукой... Впрочем, с кем только романов у него не было, у этого Моди, как они его называли, и в конце концов он умер от туберкулеза, а его жена, оставившая все ради него — семью, буржуазную, обеспеченную жизнь — и бывшая тогда беременной, покончила с собой.

Да, у этого художника было множество женщин, это мне тоже Маревна рассказала... Его чары всегда обеспечивали ему легкий успех. Среди натурщиц и шлюх у него было прозвище «тосканский принц», а еще — «тосканский Христос». Еще на Монмартре, откуда Амедео перебрался на Монпарнас, прожив там три года, он менял девочек как перчатки. Страстную блондинку Мадо он, по слухам, увел у самого Пикассо. Мимолетные победы

Модильяни непременно заканчивались стычками с обитателями Горы Мучеников, которые были в ярости от успехов этого чужого, залетного «охотника». Однако Модильяни умел драться, так что всегда выходил победителем.

Вообще говорили, что он способен увести любую женщину, какую только захочет. Франциск Асизский свистом приманивал птиц, ну а Модильяни — женщин. Каждому свое!

Бывают такие мужчины, особенно среди темноглазых утонченных красавцев, что и говорить, бывают — и высвистывают они погибель бедным доверчивым птицам, а себе — минутное веселье...

Я после прочла, не помню где, а может, все от той же Маревны узнала, что во время встречи с Модильяни Анна Ахматова была в свадебном путешествии со своим первым мужем Николаем Гумилевым. Удивительное совпадение, я ведь тоже была в свадебном путешествии, когда увидела его впервые...

Но тем у них дело и кончилось. Несколько тайных встреч — и все.

А у меня вообще ничем не кончилось. И даже не началось...

Вышел много лет спустя прекрасный французский фильм о Модильяни — «Les amants de Montparnasse», «Влюбленные с Монпарнаса», или его еще просто называли коротко — «Монпарнас, 19», он появился году в 1958-м, если я ничего не путаю, мы успели его вместе с Феликсом посмотреть. Главную роль играл там Жерар Филипп — редкостный красавец, даже красивее подлинного Модильяни. Я частенько почему-то вспоминала его лицо...

Так, ни с того ни с сего вспоминала, как он стоял в ресторане с таким выражением, словно удивлялся, почему весь мир не лежит у его ног... А мир этот был — как чужое пирожное на чужой тарелке, которое он взял да съел. Очень странно, но Жерару Филиппу было 35, когда он играл тридцатипятилетнего Модильяни, а спустя полтора года после фильма он умер...

Между прочим, после встречи с Модильяни и рассказа Маревны о том, что Ахматова была в него влюблена, я достала ее стихи и прочитала. И мне в каждой строке чудилось его темноглазое лицо... Видимо, меня всю жизнь тянуло к пороку: Феликс, мой муж, потом Модильяни, ставший после одной-единственной встречи кошмаром моих снов...

Стихи Ахматовой я только раз прочла и забросила, было необычайно горько на душе, возможно, я ревновала... А потом, когда я узнала, что она осталась в России, не эмигрировала, хотя ее мужа, этого чудесного, чудеснейшего поэта Гумилева расстреляли большевики, я вообще даже ее имени слышать не могла!

Хотя эти ее стихи... Я плохо запоминаю стихи, но эти забыть не могла, вспоминала их... Может быть, потому, что они не о встрече с «тосканским принцем», а о разлуке с ним, о том, что он и ее бросил, и от нее отвернулся... Как отвернулся и от меня, взглянув только раз.

> Так беспомощно грудь холодела,
> Но шаги мои были легки.
> Я на правую руку надела
> Перчатку с левой руки...

А впрочем, о чем это я?

Ах да, я хотела лишь сказать, что наше тогдашнее с Феликсом пребывание в Париже очень странно для нас потом отозвалось. Да, оно имело продолжение. Маревна стала у нас служить, сделанные ею шали и пояса были прекрасны, но она весь заработок пропивала, бедняжка. А потом, когда раз, другой, третий подвела нас с коллекциями, мы с ней, конечно, расстались.

К слову сказать, единственная картина Маревны, которую я бы хотела иметь, это портрет Модильяни, тоже красивее настоящего и тоже невероятно на него похожий, как и Жерар Филипп. Но портрет уже безнадежно канул к какому-то маршану, наверное, такому же, как тот, который в фильме «Монпарнас, 19» покупает у Жанны, которая еще не знает о смерти Моди, его картины по дешевке...

Но довольно о художниках и Монпарнасе!

Я и прежде бывала в Париже и знала некоторые модные дома, где можно заказать красивые платья. Мне хотелось обновить свой гардероб перед поездкой в Египет. Раньше, когда мы ездили за платьями с maman, нам в отель присылали образцы тканей и приезжали les mannequins mondains, так называемые светские манекены, которых посылают к избранным клиентам. Они красивы и некоторые даже хорошего происхождения. Им доверяют дорогие туалеты для показа на балах, в путешествиях, на приемах. Они совершенно не тушевались в присутствии особ иностранной императорской фамилии, и maman, сколь мне помнится, один раз сказала, что из меня с моей фигурой вышел бы отличный mannequin, кабы я не держалась так застенчиво, дескать, мне бы надо поучиться у этих девушек себя держать. Кто мог тогда знать, что ее слова окажутся пророческими!

Так вот — поскольку мы с Феликсом жили теперь в Париже «как большие», я уже не была под присмотром maman и Коти, мне стало интересно побывать в каком-нибудь доме моды инкогнито, как обычной даме, не вызывать приказчиков и манекенов в отель. Феликс, который всегда горазд был на любые притворства и авантюры, согласился, что это забавно. Мы поехали в Énigme на Вандомскую площадь. Это был дорогой, фешенебельный дом, но, пока мы ехали, наш таксомотор застрял в типичной парижской уличной сутолоке тех лет, когда авто еще соседствовали на улицах с фиакрами и даже телегами. Было очень забавно наблюдать, как две повозки сцепились оглоблями. Возчики бранились, лошади сердито ржали, как будто тоже переругивались. Это было уморительно смешно, я никогда ничего подобного в жизни не видела, а Феликс, который деревенскую жизнь знал отлично, покатывался со смеху, глядя на мой восторг. Наконец мы поняли, что ждать придется слишком долго, и решили дойти до Énigme пешком, велев шоферу подъехать за нами позже. Мы сделали несколько шагов и увидели скромную вывеску... к стыду своему, не помню точно названия, оно было какое-то тривиальное, вроде Bon goût, «Хороший вкус», не помню и названия улочки, по которой мы шли. Потом, когда мы уже поселились в Париже, я пыталась этот дом отыскать, просто из любопытства, однако, судя по всему, он не пережил тягот Первой мировой войны и закрылся, подобно очень многим небольшим предприятиям.

Мы вошли. Звонок возвестил о нашем прибытии. Появился приказчик с внешностью столь рафинированной, что мне стало смешно: он выглядел совершенно как кинематографический герой, соблазнитель и злодей, и Феликс немедля начал снова помирать со смеху, шепнув мне по-русски:

— Думаю, очень многие дамы предпочитают ходить сюда, оставив мужей за дверью. Может быть, мне уйти?

Я шикнула на него, но потом оказалось, что я — даже как богатая клиентка! — нимало приказчика не интересую, он обращался исключительно к Феликсу и до такой степени от него ошалел, что я в конце концов шепнула сердито:

— Может быть, *мне* уйти?!

Феликс расхохотался в голос, схватил меня за руку — и мы сбежали, оставив, конечно, приказчика и манекенов в полном недоумении. Но еще до этой сцены мы успели посмотреть несколько туалетов, которые нам показали несколько mannequins de la cabines, работавших в этом доме постоянно и показывавших туалеты клиенткам.

— Да это коровы, а не манекены! — проворчал Феликс, глядя на них с презрением. — Платье очень красивое, но оно же узко для этой толстухи! Ее нужно посадить на морковку!

Надо сказать, что моя свекровь, которая строго блюла свою великолепную фигуру, являлась поборницей вегетарианских диет, а морковная в то время была в особенной моде, поэтому Феликс знал, о чем говорил.

— Впрочем, что с нее взять, с бедняжки, — вдруг смягчился Феликс. — Ее, видимо, никто не обучал ходить, двигать руками, смотреть и поворачиваться. Мне кажется, в дефиле должно быть что-то от балета... Думаю, руководить этим должен истинный маэстро, тогда и она станет истинная étoile...

Его необыкновенные глаза загорелись, и я поняла, что он уже вообразил себя этаким маэстро, который обучает неуклюжих манекенов превращаться в прекрасные звезды. Вот кабы кто сказал нам тогда, что так оно и будет!

Между прочим, в Énigme, куда мы в конце концов дошли, обнаружив у подъезда нашего встревоженного шофера, который не мог понять, куда мы пропали и кто ему заплатит, манекены тоже оказались на вкус моего мужа простоваты. Из полутора десятков платьев, которые мне показали, я выбрала два или три — лишь потому, что манекены, на взгляд Феликса, были более или менее приличны.

Наше пребывание в Париже закончилось, когда завершили переделку некоторых моих украшений, которые я хотела иметь при себе, и мы уехали в Египет и Иерусалим, оставив кое-что ювелиру — доделывать. В обоих местах поразила меня страшная жара и окружающая бедность, хотя русские консулы, которые нас там принимали, делали все, чтобы мы ничего неприглядного не заметили. Но там неприглядность на каждом шагу, ее не заметить просто невозможно.

Муж мой остался доволен поездкой, несмотря на то, что в Луксоре переболел желтухой; мне же хотелось скорее вернуться в Европу. Меня томило ожидание какой-то большой беды.

К нам пристал в Иерусалиме какой-то негр, упросивший Феликса взять его на службу. Звали его Тесфе. Я его терпеть не могла за назойливость, но мужу не перечила. Феликс смеху ради велел ему прислуживать мне, когда во время автомобильной прогулки по Италии прочие слуги остались в Риме. Я, конечно, предпочитала совершать свой туалет сама. Тесфе с выражением великой важности приносил воду, а потом со зверским видом стоял под дверью, охраняя меня. В записках своих Феликс отметил, что он был отличной горничной. А я была счастлива, когда наш чернокожий потерялся где-то в пути. Или, возможно, просто сбежал.

Свадебное наше путешествие заканчивалось весьма драматично. И даже трагично, ведь была объявлена война с Германией, и это известие застало нас в Германии...

В то время газеты были переполнены самыми грязными статьями в адрес русских вообще и русской монархии в частности. Особенно много было измышлений, касаемых отношений моей тетушки государыни и *Г. Р.* Феликс сходил с ума от ярости, когда читал это.

— Убить бы, как собаку! — бормотал он.

Я молчала, думая: если его это так раздражает, эти пасквили, зачем читает их? И не грех ли желать смерти человеку, которого он никогда в глаза не видел? Ведь по наивности своей я думала, что

Феликс бормочет проклятия в адрес очередного журналиста! А в этих словах выражалась смертельная его ненависть к *Г.Р.*

В конце концов читать он бросил, но с тех пор в его глазах то и дело появлялось затаенное — особенное! — темное выражение, которого я в то время еще не могла понять.

В Берлине мы натерпелись страху, такая там царила русофобия. Феликса сначала арестовали, потом выпустили. Но из Берлина нас, такое впечатление, выпускать не собирались... Я уж не говорю о выезде в Россию — мы мечтали добраться до дому хотя бы через Данию! Но нас грозили интернировать по личному приказу кайзера Вильгельма. Я звонила своей кузине кронпринцессе Цецилии. Это была младшая дочь той самой великой княгини Анастасии Михайловны, сестры отца, которая приохотила нас танцевать танго в Париже, и Фридриха Франца III, великого герцога Мекленбург-Шверинского. Цецилия была женой кронпринца Пруссии Вильгельма, сына кайзера Вильгельма. Но и она не могла воздействовать на этого человека, который словно бы обезумел в непременном желании разрушить весь мир, а прежде всего — Россию. Кайзер считал нас всех военнопленными! Моя свекровь — а мы встретились в Берлине с Зинаидой Николаевной и Феликсом Феликсовичем — была очень больна. Тревога о ее состоянии усугубляла наше тяжелое положение, Феликс был вне себя.

Тем временем через Берлин проезжали моя бабушка, вдовствующая императрица, и maman. Они следовали в Копенгаген и хотели забрать нас с собой, но не рискнули пробраться к нам в «Континенталь». Это могло быть опасно для их жизней.

В то время я уже была беременна и все случившееся воспринимала как бы сквозь некую завесу почти беспрестанной тошноты и готовности в любую минуту лишиться чувств. Пожалуй, это оказало мне добрую услугу, потому что сквозь эту завесу почти не проникало беспокойство за нашу участь. У меня просто не было сил волноваться о чем бы то ни было!

Наконец, бросив в отеле вещи, как если бы мы вовсе и не уезжали, а просто отправились на прогулку, мы умчались на вокзал, к датскому поезду. С нами были семьи наших дипломатов. Толпа на улицах неистовствовала, в нас швыряли камни...

Когда императору Вильгельму доложили о нашем исчезновении, он приказал арестовать нас на границе. На наше счастье, приказ опоздал.

В Копенгаген мы прибыли натурально в чем были, даже без зубных щеток. Встретились с maman и бабушкой, переночевали в «Англетере», перевели дух — и на другой день покинули Данию. Никто из нас, в том числе моя бабушка, родившаяся в Дании, не мог чувствовать себя спокойно, пока не доберемся до России.

Через Финляндию мы проехали на императорском поезде. Финны радостно приветствовали нас на каждой остановке. Спокойствие постепенно возвращалось к нам, и даже Зинаиде Николаевне стало лучше. Мне тоже. Воздух родины... Оказывается, он целебен для любого недуга.

Правильнее сказать, был целебен! Был — когда жива была наша Россия. Теперь он тлетворен!

Сама не знаю, что я ждала увидеть, вернувшись домой. Но в Петербурге словно бы ничего не изменилось. Побольше стало военной формы на улицах, только и всего. И гораздо меньше моих родственников Романовых приходилось мне теперь видеть. Ведь они были на фронте. Большинство великих князей находились или при штабах, или в действующей армии: Дмитрий Павлович, Николай Николаевич, Сергей Михайлович, Андрей Владимирович, Кирилл Владимирович и другие. Особенно много было Константиновичей: детей Константина Константиновича, того самого, который писал стихи под псевдонимом К.Р. Служили в лейб-гвардии Гусарском полку Иоанн, Олег, Гавриил, Игорь Константиновичи, а князь Багратион-Мухранский, муж великой княгини Татьяны Константиновны, — в Кавалергардском.

Татьяну я очень любила, хотя мы виделись нечасто. Она была очень сильно влюблена в корнета Константина Багратион-Мухранского. Константин к ней посватался. Однако родители стали категорически против, так как полагали Константина не равного происхождения с Татьяной. А между прочим, он считался потомком царицы Тамары, великой правительницы Грузии. Но родители все же были против. Константина удалили из Петербурга, а Татьяна заболела и чуть не умерла от горя. Приходилось выбрать: или ее смерть, или брак с Константином. Состоялся совет всех великих князей!

К счастью, выбрали жизнь Татьяны! Существовал указ императора Николая II, по которому князья и княжны императорской крови могли вступать в нединастические браки, однако потомство от них все равно права престолонаследия лишалось. В этом следовало при бракосочетании давать подписку. Я тоже, перед тем как венчаться с Феликсом, такое письмо написала. По-моему, жизнь с тем, кого любишь, куда важнее, чем какой-то престол!

К несчастью, Константин погиб вскоре после начала войны. У Татьяны было уже двое детей. Забегая вперед, скажу, что после революции она с трудом спаслась из России, всем была обязана адъютанту своего дяди Дмитрия Константиновича, полковнику Корочинскому, и в Женеве вышла за него замуж. Но он через несколько месяцев умер от дифтерита. Когда дети, Теймураз и Наталья, выросли, Танечка постриглась в монашество с именем Тамара (в память о царице Тамаре!) и переехала в Иерусалим, став настоятельницей Елеонского монастыря. Мы у нее бывали, вспоминали прошлое... печальные то были воспоминания, потому что Таня всю жизнь горевала о Константине. Часто говорила о нем и своем брате Олеге, который также погиб во время Первой мировой войны — еще раньше Константина, в сентябре 1914 года.

Про Олега, четвертого сына моего двоюродного деда Константина Константиновича, я не могу не написать хоть несколько слов. Еще в мои ранние юные годы, когда мы с семьей ездили в Царское Село, мы часто играли и гуляли вместе с Олегом, который жил там по соседству в Павловске. Это был совершенно необыкновенный, редкостный человек! Я его просто обожала, хотя и не была в него влюблена. Любила его, как брата... Нет, даже больше братьев, потому что он всегда был так ласков со мной! Он очень много читал, он обожал Пушкина, мечтал издать его факсимильные рукописи — полное собрание их издать! Был славянофил в самом лучшем смысле этого слова. Я на всю жизнь запомнила его стихи, которые он написал после посещения Константинополя. Может быть, потому запомнила, что он сказал: «Я эти стихи тебе первой читаю, Ирина».

Остатки грозной Византии,
Постройки древних христиан,
Где пали гордые витии,
Где мудрый жил Юстиниан —
Вы здесь, свидетели былого,
Стоите в грозной тишине
И точно хмуритесь сурово
На дряхлой греческой стене...
Воспряньте, греки и славяне!
Святыню вырвем у врагов,
И пусть царьградские христиане,
Разбив языческих богов,
Поднимут Крест Святой Софии,
И слава древней Византии
Да устрашит еретиков.

Даже удивляюсь, отчего я в Олега не влюбилась. Наверное, потому, что в пору моей ранней юности он мне казался довольно странен: был просто одержим Россией, ее народом, желанием узнать его нужды. Часто он инкогнито, под видом охотника, с одним лишь камердинером Владимиром Шевелевым, которого выдавал за своего това-

183

рища, ездил по деревням, вникал в нужды простых людей, помогал деньгами и протекцией. И всегда докладывал моему дяде Николаю Александровичу о том, что видел. Его многие считали чудаком, я, пожалуй, тоже. Я ведь не любила народ, боялась, а он любил. Он как-то сказал, я запомнила: «Мы, Романовы, должны помогать царю знать свой народ, его быт, его нужды...» В этой страсти знать народ мне его Феликс отчасти напоминал, только у Феликса это было некое чудачество, досужее любопытство, а у Олега — потребность, он в этом видел свой долг. Он был прекрасный, удивительный идеалист. Во всех проявлениях жизни видел именно исполнение долга. Сам говорил: «Жизнь не удовольствие, не развлечение, а крест». Так он и погиб — из чувства долга... Это было где-то под Вильно, Олег в атаке первым доскакал до неприятеля и врубился в его строй, но уже в конце боя лежащий на земле раненый немецкий кавалерист выстрелил в Олега и ранил его очень тяжело. А Олег сказал потом, в госпитале: «Я так счастлив, так счастлив. Это нужно было. Это поднимет дух. В войсках произведет хорошее впечатление, когда узнают, что пролита кровь царского дома». Рана оказалась мучительна, смертельна. Он скончался через два дня, бедный Олег. Он был помолвлен с Надей, дочерью великого князя Петра Николаевича и великой княгини Милицы Николаевны. Через три года Надя вышла за князя Николая Владимировича Орлова. Они были с нами в Крыму, а потом мы все уехали на дредноуте «Мальборо». Их старшая дочь Ирина в Крыму и родилась, а младшая, Ксения, — уже потом, во Франции. Надя говорила, что если будет сын, назовет его Олегом, но сына им Бог не дал. Между прочим, я перед родами тоже думала, что назвала бы сына Олегом, но у меня родилась моя Бэби Ирина.

Вернувшись в Россию после нашего свадебного путешествия, которое окончилось из-за начала Первой мировой войны, мы поселились уже не во дворце, где прошли мои детство и юность, а на Литейном, в доме Феликса, где еще не закончились ремонтные работы, начатые перед нашей свадьбой, но в нескольких комнатах уже был открыт госпиталь для тяжелораненых, мгновенно организованный Феликсом. Моя тетя Ольга Александровна пошла милосердной сестрой в воинский эшелон, уходящий на фронт; в полевом госпитале работала и Маша, Мари, бывшая герцогиня Сёдерманландская, бывшая принцесса Шведская. Моя бабушка была потрясена их решениями. Она полагала, что в данном случае права императрица, которая вместе с дочерьми занимается организацией госпиталей в столице, а не отправляется фактически на передовую.

Но ни Ольгу Александровну, ни Мари было невозможно удержать! Потом, вернувшись в столицу, Мари рассказывала об этой тяжелой и опасной работе с таким чудесным юмором! Я слушала ее рассказы — и словно бы переживала все вместе с ней. Чудилось, что это происходило не с ней, а со мной, так это было страшно, притягательно, отталкивающе... Мне снились сны, в которых неумолчно звучали рассказы Мари о том, как она была старшей медицинской сестрой. В ее подчинении находились двадцать пять женщин, и она должна была следить, чтобы они хорошо выполняли свою работу. А ей никогда в жизни раньше не доводилось отдавать приказы — ну разве что слугам. Но это же совершенно другое дело!

Старшей сестре не следовало работать в палатах, но Мари хотелось занять себя, она стала помогать в операционной и перевязочной и вначале очень этим увлеклась. Вскоре врачи уже доверяли ей сделать сложные перевязки, и ни одна операция не проходила без ее участия. Она всегда была готова подняться с теплой постели и в накинутом поверх ночной сорочки халате бежать в операционную. Вскоре пациентов стало так много, что врачам было не справиться с работой, и Мари выполняла несложные операции — к примеру, извлекала пулю или ампутировала палец. Иногда ей приходилось давать анестезию, а после нескольких подобных операций она выходила из операционной на нетвердых ногах, одурманенная парами хлороформа.

Раненые прибывали с фронта в ужасном состоянии — их еле удавалось отмыть, приходилось сжигать одежду, а повязки так затвердевали, пропитанные запекшейся кровью и гноем, что их можно было только резать.

Мари отморозила ноги, они отекали, когда целыми днями некогда было присесть, руки стали красными и шершавыми от воды и дезинфекции, но она трудилась, не зная усталости.

Однажды великий князь Дмитрий оказался проездом в городе по пути на фронт и зашел к сестре в госпиталь, не предупредив заранее. Мари была в операционной, вымыла руки, но не посмотрела в зеркало и выбежала к брату. Дмитрий смотрел с ужасом и благоговением.

— Что ты делала? — спросил он. — Убила кого-нибудь?

Мари не обратила внимания, что ее лицо и платье забрызганы кровью. Впрочем, она никогда не заботилась о том, как выглядит. С начала войны она ни разу не сняла серую униформу или белую косынку, даже когда уезжала из госпиталя. Вдобавок Мари коротко подстриглась; ее отец пришел в ужас, когда увидел ее. Но она была полностью довольна своей жизнью!

Потом, когда в Дюльвере, одном из имений Юсуповых, в Крыму открылся госпиталь для выздоравливающих офицеров, и я там бывала. Это выглядело совершенно иначе... Все чисто, тихо. Спокойно. Розы на ночном столике, сладостный шум деревьев за окном... И никому даже в голову не приходило, что я — я, княгиня Ирина Юсупова-Романова! — должна утирать чьи-то слезы и перевязывать чьи-то раны.

Прежде всего это не приходило в голову мне.

Итак, Мари была довольна своей жизнью. А я?

Пожалуй, не очень. Слишком уж дурно я себя чувствовала из-за своего положения. В редкие часы улучшения во мне пробуждался жадный, прежде незнакомый интерес к жизни, мне хотелось бывать среди людей, узнавать что-то новое. Я в то время очень ненадолго переменилась, меня влекло общество. В одну из таких минут я приняла приглашение графини Камаровской, вернее, теперь уже, по мужу, госпожи Виноградовой, с которой мы иногда встречались и оставались большими друзьями, побывать в некоем близком ей доме. Котя сказала, что там бывают очень интересные люди. Я подумала, может, актеры? Поэты? Художники? Модильяни, небрежно жующий пирожное, вдруг вспомнился мне... И я отправилась туда с большой охотой. Но хозяйка, чуть мы вошли, с порога представила нам... Муню Головину, которую мы обе довольно-таки знали. И Муня радостно сообщила, что нынче ожидается прибытие *Г.Р.*

Мы с Екатериной Леонидовной переглянулись встревоженно. Она чувствовала себя очень невловко, зная отношение к нему в нашей семье, а мне... мне было любопытно.

Не то чтобы я его не видела... Раз или два, мельком. Когда оказывалась в гостях у своих кузин, великих княжон Ольги и Татьяны, а он вдруг приходил.

Мои родители его не терпели, *maman*, как мне кажется, еще и боялась, и я словно бы унаследовала от нее этот страх. Иногда, в разгар веселой беседы с кузинами, которых я очень любила, я чувствовала неодолимое желание уйти. И уходила, почти убегала... А потом узнавала, что буквально через минуту у них появлялся «наш друг».

Дома у нас постоянно велись разговоры о нем. Приходил Дмитрий — он теперь стал нашим частым гостем, держался со мной и с Феликсом деловито и в то же время по-родственному, взгляды его были дружелюбны, не более того. Похоже было, он вылечился от своей любви и ревности; приходили другие знакомые Феликса, в их числе были господин Пуришкевич, думский деятель, приходили несколько англичан, в их числе прежний знакомый по Англии Феликса мистер Освальд Рейнер... Они запирались в кабинете, голоса доносились до меня, имя *Г.Р.* звучало то громче, то тише, но с одинаковой ненавистью. Говорили о его губительном влиянии на моего дядю Никки через императрицу, о разложении в стране, все более преисполнявшейся ненависти к монархии.

Мой отец в своих воспоминаниях спустя годы очень точно опишет состояние дел в то время:

«Восторги первых месяцев войны русской интеллигенции сменились обычной ненавистью к монархическому строю. Это произошло одновременно с нашим поражением 1915 года. Общественные деятели регулярно посещали фронт якобы для его объезда и выяснения нужд армии. На самом же деле это происходило с целью войти в связь с командующими армиями. Члены Думы, обещавшие в начале войны поддерживать правительство, теперь трудились не покладая рук над разложением армии. Они уверяли, что настроены оппозиционно из-за «германских симпатий» молодой императрицы, и их речи в Думе, не пропущенные военной цензурой для напечатания в газетах, раздавались солдатам и офицерам в окопах в размноженном на ротаторе виде.

Из всех обвинений, которые высказывались по адресу императрицы, ее обвинения в германофильстве вызывали во мне наиболее сильный протест. Я знал все ее ошибки и заблуждения и ненавидел Распутина. Я очень бы хотел, чтобы государыня не брала за чистую монету того образа русского мужика, который ей был нарисован ее приближенными, но я утверждаю самым категорическим образом, что она в смысле пламенной любви к России стояла неизмеримо выше всех ее современников.

Воспитанная своим отцом, герцогом Гессен-Дармштадтским, в ненависти к Вильгельму II, Александра Федоровна, после России, более всего восхищалась Англией. Для меня, для моих родных и для тех, кто часто встречался с императрицей, один намек на ее немецкие симпатии казался смешным и чудовищным. Наши попытки найти источники этих нелепых обвинений приводили нас к Государственной Думе. Когда же думских распространителей этих клевет пробовали пристыдить, они валили все на Распутина: «Если императрица такая убежденная патриотка, как может она терпеть присутствие этого пьяного мужика, которого можно открыто видеть в обществе немецких шпионов и германофилов?»

Этот аргумент был неотразим, и мы ломали себе голову над тем, как убедить царя отдать распоряжение о высылке Распутина из столицы.

— Вы же шурин и лучший друг государя, — говорили мне очень многие, посещая меня на фронте, — отчего вы не переговорите об этом с его величеством?

Роковая страсть Распутина

Отчего я не говорил с государем? Я боролся с Никки из-за Распутина еще задолго до войны. Я знал, что, если бы я снова попробовал говорить с государем на эту тему, он внимательно выслушает меня и скажет:

— Спасибо, Сандро, я очень ценю твои советы.

Затем государь меня обнимет, и ровно ничего не произойдет. Пока государыня была уверена, что присутствие Распутина исцеляло наследника от его болезни, я не мог иметь на государя ни малейшего влияния. Я был абсолютно бессилен чем-нибудь помочь и с отчаянием это сознавал. Я должен был забыть решительно все, что не входило в круг моих обязанностей главнокомандующего русскими военно-воздушными силами».

И вот теперь мне не миновать встретиться с этим человеком лицом к лицу!

— Может быть, уйдем? — пробормотала Екатерина Леонидовна, но теперь это выглядело бы очень демонстративно, нелюбезно, я подумала, что мы немножко посидим в том вот полутемном уголке — а потом тихонько исчезнем.

Среди гостей — а это были сплошь женщины — оказались две или три дамы из числа приближенных императрицы. Они завозились, поудобнее ставя стулья вокруг овального стола, сервированного для чая, делая мне приглашающие жесты, но я резко качнула головой и приняла самый нелюдимый вид. Мне меньше всего хотелось, чтобы состоялось мое личное знакомство с *Г.Р.*

Посмотреть на него — это одно. Но знакомиться — нет!

И тут по комнате пронесся как бы общий вздох. В дверях возникла могучая мужская фигура в белой косоворотке с вышитым воротом, перехваченной крученым поясом с кистями, черных брюках навыпуск и русских сапогах. Был он похож на цыгана — с этими его черными густыми волосами, черной бородой, смуглым, хищным лицом. Рот его показался мне каким-то кривым — потом я поняла, что он был искривлен привычной сардонической ухмылкой. Очень светлые, но не холодные, а раскаленные глаза... они пронизывали насквозь, и его взгляд чувствовался, как грубое прикосновение. Меня так и передернуло. Я вспомнила разговоры о том, что *Г.Р.* обладал гипнотической силой. И поглубже задвинула свой стул в угол.

Мне кажется, он действительно обладал гипнотической силой, подчиняющей себе, когда он этого хотел. Во всяком случае женщины вели себя, как... Трудно было представить, что это девушки или замужние жены, или матери! У них словно разум мутился в присутствии *Г.Р.*! Он всех звал по имени и на «ты», оглаживал, будто кошек, будто лошадей, лапал, сажал к себе на колени. И надо было видеть, какой гордостью — глупой, овечьей гордостью! — загорались лица этих женщин!

— Господи, Господи, — пробормотала Екатерина Леонидовна, и в шепоте ее звучало такое же отвращение, какое испытывала я.

— Какая рубашка у вас красивая, Григорий Ефимович, — заискивающе пролепетала какая-то из женщин.

— Красивая, — самодовольно сказал _Г.Р._ — А знаешь, кто вышивал? Сашка!

Я так и ахнула. Да ведь он говорит о ma tantine, об Александре Федоровне, об императрице! Какие же у них отношения, если он называет ее Сашкой... При каких-то случайных женщинах?! Мне захотелось сказать, что он негодяй, я никогда не говорила ничего подобного людям, но сейчас отчаянно желала выплюнуть оскорбление в лицо этому мерзкому человеку.

Екатерина Леонидовна схватила меня за руку. В глазах ее был страх. Я осталась на месте, и в это время _Г.Р._ снова заговорил:

— Машенька, хочешь вареньица? Поди ко мне.

Муня Головина вскочила и бросилась к нему. Тем временем _Г.Р._ закинул ногу за ногу, зачерпнул ложкой варенье и налил на носок сапога.

— Лижи! — приказал он. Я не поверила глазам, когда мадемуазель Головина упала на колени и с готовностью слизнула варенье.

У меня помутилось в глазах, к горлу подступила тошнота. Я поняла, что сейчас меня вырвет.

Вскочила, кинулась куда глаза глядят, в дверь, на улицу...

Свежий воздух слегка приободрил меня.

— Ирина! — послышался голос Екатерины Леонидовны позади. — Ваша шляпа!

Я остановилась, чувствуя, что мне становится лучше. И не заметила, как потеряла шляпу...

Надела ее, постепенно приходя в себя.

— Ну что, Котя, пойдемте, мой авто вон там, — сказала я, но она смотрела куда-то в сторону с выражением неприкрытого испуга.

Я повернулась туда — и покачнулась: к нам приближался *Г.Р.*

Мне стало так страшно, опять замутило, но я собрала все силы, чтобы не убежать и встретить его с тем высокомерным достоинством, с которым княжна императорской крови должна встречать какого-то наглого мужика.

У него было странное выражение, какое-то окаменелое, ничего общего с тем ёрничаньем и шутовством, какое я только что видела в гостях. И в глазах не было ничего гипнотического, только растерянность. И эти его слишком светлые глаза, почти белые... Обычно гипнотизеров изображают черноглазыми, а он был омерзительно светлоглазым.

— Ах, царевна моя, — пробормотал он, — ручку поцеловать пожалуй!

Я спрятала руку за спину.

— Не хочешь, не хочешь, — все так же тихо сказал он, — а почему? А зря... Узнай у сестричек — они скажут, сколько я о тебе спрашивал! И тетушку твою спрашивал. Неужто тебе не сказывали? Знаю, знаю... Твой муж мне враг, а ведь я ему помочь могу, чтоб не шлялся по мужикам.

Я не без усилия понимала, что, о чем, о ком он говорит. Сестрички — это мои кузины, Оля, Таня и все другие дочери дяди Никки, тетушка — это Александра Федоровна, а муж, который шляется по мужикам?! Это Феликс?!

Меня так и передернуло. Не понимаю, почему я не бежала — не могла отчего-то.

— Не дергайся, не рвись, куда ты от меня сбежишь? — шептал он. — Мы же с тобой друг другу предназначены, разве не знаешь? А ты буквы в наших именах посчитай — и поймешь! Думаешь, это спроста? Да нет, неспроста! Я всегда знаю, какая моя, для меня, а ты моя... Еще раньше, чем он тобой завладел, ты моя была. Да разве он может то, что я могу? Брови бритые, рожа пудреная! А ты... Красота моя несравненная! Царевна! Ты, лицо твое... Вековечная красота на нем... Так сделаю, что годы тебя не тронут, старухой сделаешься, а тебе девки молодые завидовать станут: ты будешь, как цветок дурманный... Только меня полюби, мне в руки дайся!

Меня так шатнуло, что Котя еле успела меня подхватить. Увидев это, мой шофер Виктор торопливо подал авто прямо к нам и помог усадить меня.

Г.Р. смотрел на нас вприщур.

— Ну ладно, — сказал он вдруг с постной улыбкой на своем лице сатира. — Сейчас к тебе нельзя — брюхатая. Опростаешься — поговорим потом. А буковки посчитай, посчитай...

И ушел к дому, возле парадного которого металась встревоженная «Машенька».

Екатерина Леонидовна поехала со мной и все не знала, как извиниться за то, в какую историю меня вовлекла. Но я кое-как отделалась от ее извинений и велела Виктору отвезти ее домой. А сама пошла к себе в кабинет. Немедленно, еще в манто и шляпе, села к бюро, открыла бювар, взяла вечное перо, подаренное мне отцом, чтоб не забывала ему на письма отвечать, — и написала: *Григорий Ефимовичъ Распутинъ*.

Посчитала буквы. Вышло 26.

Написала: *Ирина Александровна Юсупова*. 25!

25, а не 26! Я расхохоталась от восторга, почувствовав такое освобождение! Но вдруг вспомнила его слова: *«Еще раньше, чем он тобой завладел, ты моя была!»* И вспомнила, как тогда, давно, в Кокозе, мы с Феликсом считали буквы наших имен, и выходило, что у него — 25, а у меня — 26.

Ну да! Тогда меня звали *Ирина Александровна Романова*.

26 букв... Уныние овладело мною. А стоило вспомнить, что 26 — роковое число Юсуповых, как от страха дурнота подкатила к горлу! Я пыталась уверить себя, что это просто совпадение, что это ерунда, что не могут люди быть предназначены друг другу только потому, что у них число букв в именах совпадает, — но не могла. Мне стало плохо, плохо... Потом меня нашли лежащей на полу в обмороке... Мог случиться выкидыш, но Бог милостив, я провела оставшийся срок своей беременности в постели, но все же родила здоровую, чудесную дочку, которую назвали так же, как и меня, Ириной. Восприемниками ее от купели были мой дядя Никки и Александра Федоровна. Все проходило чинно и умилительно, но мне никак не удавалось забыть это хамское: «А знаешь, кто вышивал? Сашка!» — и я не могла с прежней любовью смотреть на эту женщину, которая позволила такое к себе отношение со стороны мужика, а ведь он бес-

честил не только ее, но и сам престиж царской фамилии.

Вот странно. Ее любовь к графу Орлову меня не покоробила, не оскорбила, но отношения с этим мужиком... *С мужиком!*

Та встреча с *Г.Р.* испортила и наши отношения с Феликсом. Говорят, когда я была в беспамятстве, беспрестанно твердила, как попугай: «Брови бритые, рожа пудреная! По мужикам шляется!»

Те, кто это слышал, не верили своим ушам! Никак не могли понять, каким образом я могу произносить такие слова!

Екатерина Леонидовна Виноградова, навещавшая меня, рассказала Феликсу о той встрече с Распутиным, и он сразу все понял. Он был оскорблен до глубины души... И теперь думал только о том, чтобы расквитаться с этим чудовищем, которое осмелилось морочить голову его жене и клеветать на него. Феликс после нашей женитьбы оставил прежние непристойные привычки, а поэтому чувствовал себя особенно оскорбленным словами *Г.Р.* Немало личного примешалось к тому роковому решению, которое он примет вскоре...

А у Дмитрия, великого князя Дмитрия Павловича, тем временем развивался роман с Верой Каралли.

Они познакомились еще перед войной, примерно накануне нашей с Феликсом свадьбы. Феликс тоже присутствовал на том приеме у Матильды Кшесинской, на который были приглашены и Дмитрий, и эта дива русского синематографа. В нашем домашнем зале я видела две фильмы с ее участием: «Хризантемы» и «После смерти», и в обеих Вера играла женщин, принявших яд. Одна из них еще донимала потом, в образе привидения, своего возлюбленного. Я не терплю такие истории. Рассказ Тургенева «Клара Милич», на основе которого был поставлен фильм «После смерти», вообще ненавижу. Вообще не люблю ничего, что усугубляет в людях какой бы то ни было страх. Может быть, поэтому меня так всегда раздражало упоминание о «роковом числе» Юсуповых. Словом, к Вере Каралли как к синематографической актрисе я относилась пренебрежительно, в ней мне казалось нечто зловещее, роковое. Вера Холодная, например, мне нравилась куда больше, хотя и она была самой настоящей женщиной-вамп. Честно говоря, в то время женщины-вамп были в большой моде! Между прочим, насколько я знала, император запрещал артисткам императорского балета сниматься в кино, однако, если верить слухам, для Веры Каралли было сделано исключение — по просьбе Дмитрия. Хоть император и не отдал за него Оленьку, а все же не мог не любить своего кузена — тем более что Дмитрий был вполне вероятным наследником престола. Бедный Алешенька обладал таким слабым здоровьем, а мой дядя Мишель, младший брат государя, поставил себя вне права наследования морганатическим браком с госпожой Вульферт, позже получившей титул графини Брасовой. Надо полагать, Вера Каралли, которой многие сулили великое будущее — и в синематографе, и на сцене (ее

«Умирающего лебедя» сравнивали с «Умирающим лебедем» Анны Павловой, причем отнюдь не в пользу последнего!), была весьма горда тем, какой у нее покровитель.

Феликсу, однако, Вера не понравилась с первого взгляда. Я думала, может быть, он ревнует Дмитрия к ней, и задавалась вопросом, а не ревнует ли Вера Дмитрия к моему мужу? Все же не так легко было выбросить из головы слова *Г.Р.*!

Постепенно Дмитрий добился для Веры позволения танцевать поочередно на сценах Большого театра и Мариинки, так что она зачастила в Петербург. На одном приеме я ее видела, ее мне представил Дмитрий. Я неважно себя чувствовала, начался небольшой жар. Я ведь, открою тайну, пыталась сама кормить свою дочь, хотя без кормилицы было все же не обойтись: молока у меня оказалось не столь много, сколько было нужно Бэби Юсуповой, этой маленькой любительнице хорошо покушать. А потом и вовсе пришлось оставить кормление, которое доставляло мне такое удовольствие и даже счастье. Оставить пришлось потому, что у меня началась молочница. К счастью, она быстро минула, все обошлось без осложнений, однако в тот вечер я почувствовала ее первые признаки, мне было довольно дурно, поэтому все, что происходило в тот вечер, оставило неприятные воспоминания: и Вера Каралли, которая была как-то зловеще красива в смертельно-белом платье и в белоснежной эгретке, и томный, подчеркнуто томный Дмитрий рядом с ней, поднимающий свои изящно подбритые брови и переглядывающийся с моим мужем, у которого были точно так же подбриты брови... И точно так же напудрено лицо... И даже Шаляпин, который спел несколько романсов, а в конце — «Блоху»:

> Жил-был король когда-то,
> При нем блоха жила,
> Милей родного брата
> Она ему была!

Он пел и оглаживал свой подбородок, словно на нем росла окладистая борода, и косил одним глазом, и принимал хамское, лукавое выражение. И все прекрасно понимали, кто эта *блоха* и кто этот *король*, и все чувствовали особое, фрондерское удовольствие от того, что в их присутствии так тонко унижают императора и его *друга*.

Аплодировали взахлеб, рук не жалели, это была настоящая овация, Феликс все ладони отшиб, хохотал как безумный, Дмитрий тоже, а я ни смеяться, ни хлопать не могла — почувствовала такую боль в груди, что прижала к ней руки, да так и стояла... И вдруг аплодисменты начал стихать, словно ледяным ветром повеяло по залу... Все головы постепенно отворачивались от певца, а у него сделался такой странный вид, не то вызывающий, не то смущенный... И я увидела, что в залу вошел *Г.Р.*, в этих своих смазных сапогах, косоворотке и с сальными прядями, — невероятно чуждый всей нашей утонченной, прекрасно одетой компании.

Он молча оглядывал сникших людей, кое-кому кивал, и кто-то кивал ему в ответ, а кто-то униженно кланялся, и я была потрясена, увидав, какой страх мелькнул в глазах Феликса, когда *Г.Р.* повернулся к нему.

Роковая страсть Распутина

— А, болящий мой... — ласково сказал *Г.Р.* — Смотри, завтра жду! Исподнего своего шелкового не надевай, для ран не полезно.

И, бросив на меня цепкий взгляд, он вышел так же стремительно, как появился.

Все стояли, словно онемели. Мне показалось, что у меня был приступ бреда. Лицо Феликса окаменело и напоминало маску — воплощение ненависти.

— Мы едем домой, Ирина, — сказал он холодно и вывел меня из зала. Мы не простились с хозяевами, да и все те, кто хлынул вслед за нами, не простились тоже. Всем было не по себе, не сказать — жутко...

Мне стало так плохо, жар усиливался так резко, что в тот вечер я ни о чем не могла спрашивать Феликса. И лишь спустя неделю я узнала, что значат эти странные слова *Г.Р.*

Навестить меня пришли все мои кузины и императрица Александра Федоровна. Я была тронута — понимала, как они заняты в госпиталях, которым отдавали все свободное время, понимала, что визит их — знак особого расположения ко мне, особого сочувствия и внимания. Я ценила это, я была счастлива их увидеть!

Смотрели нашу Бэби, и тетушка так ласково напомнила, что меня когда-то называли Бэби Риной, а теперь появилась еще одна Бэби Рина... Кузины наперебой брали малышку на руки, она куксилась, ее настораживал еле уловимый аромат дезинфекции, исходящий от их платьев, передников и косынок — они все явились в госпитальной форме... Пока кузины возились с моей дочерью, ma tantine подошла ко мне и, глядя прямо в глаза своими голубыми глазами, сказала сочувственно:

— Наш друг рассказывал, что Феликс опять принялся за старое, так что ему пришлось взяться за лечение твоего мужа. Феликс его умолял, он просил прощения за все те гадкие слова, которые говорил о святом старце. И тот согласился помочь, ведь он бесконечно добр и у него такое большое, всепрощающее сердце! Методы он, конечно, применяет самые варварские: кладет Феликса через порог и сечет розгами до крови. Но ручается за действенность лечения.

И, увидев мои изумленные глаза, удивилась:

— Как, ты не знала?!

И удивление, и сочувствие ее были такими фальшивыми! Ma tantine была очень искренней в любви и ненависти, она плохо умела лгать, и я поняла, что все это было сказано нарочно, что я утратила ее любовь — просто потому, что была женой человека, который некогда унижал *Г.Р.* своими злыми насмешками, а теперь сам был унижен им. И она мне с охотой причинила боль.

Сильнее всего на свете мне хотелось заплакать, но я знала, что этим доставила бы удовольствие Александре Федоровне. Я сказала:

— Что и говорить, методы и впрямь варварские и применять их может только варвар.

Ma tantine бросила на меня лишь один взгляд — и сказала дочерям, что пора уходить. Я понимала, что мы отныне враги. О, я могла бы рассказать о том случае, когда ее *святой старец* лапал женщин и хвалился рубашкой, которую ему вышила *Сашка!* Но мне стало жаль ее. Да, я пожалела ее, хотя она не пожалела ни меня, ни моего мужа.

А впрочем, она бы мне не поверила, она была совершенно ослеплена *Г.Р.!*

Они ушли, а я вспоминала тот вечер, когда пел Шаляпин, появление *Г.Р.*, его слова о крови, о шелковом белье...

Я вообразила Феликса, который лежит голый на каком-то пороге, а *Г.Р.* сечет его... Пот капает с него на обнаженную спину Феликса... Стоило мне вообразить это, как у меня началась рвота. Физическое отвращение всегда проявлялось у меня таким образом!

Феликс последнее время возвращался за полночь, и, видимо, ему сообщили, что со мной нехорошо, потому что он пришел ко мне, хотя в последнее время спал в своих комнатах. Как я понимаю, чтобы я не видела его исхлестанной спины.

Я лежала в постели, но даже не пыталась делать вид, что сплю.

Феликс присел на край кровати, посмотрел мне в глаза. Взял мою руку и поцеловал.

— Все, что бы вам ни наговорили обо мне, неправда, — сказал он спокойно. — Правда лишь то, что я раз в неделю терплю порку от этого распутного невежи, преисполняя его уверенности в том, что я его первейший друг и поклонник, что он властен надо мной так же, как над всеми прочими своими адептами, и может доверять мне всецело. Может меня не опасаться!

— Но порка!.. — заикнулась я.

Феликс отмахнулся:

— Этот презренный хам, он не знает, что я довольно хорошо знаком с нашими деревенскими обычаями. У нас в Архангельском был некий знахарь по имени Павушка, который пользовал всю округу. Он был славен тем, что порол утин.

— Кого? — изумленно возопила я, приподнимаясь в постели.

— Не кого, а что, — давясь смехом, поправил Феликс. — Утин — это прострел, боль в пояснице, радикулит. Я же всегда был чертовски любопытен и однажды ухитрился увидать, что это такое и как делается. Павушка укладывал страдальца животом на порог отворенной двери, лицом вон из избы, клал ему на спину голик, обращая его прутьями в сени, и трижды слегка ударял по нем топором. Больной в это время должен был спрашивать лекаря:

«Что сечешь?»

Павушка отвечал:

«Утин секу».

Больной снова спрашивал:

«Секи горазже, чтобы век не было».

Так повторялось трижды, затем лекарь бросал топор и голик в сени, трижды плевал туда — и дело считалось конченным. Примерно то же делает со мной и святой старец, будь он проклят. Все это гораздо больнее, — Феликс сморщил нос, — и отвечает он мне, что не утин сечет, а порок... Порет порок на пороге, вот смешно, верно?! — но в остальном все так же тривиально, как было у Павушки. Этот негодяй — всего лишь пошлый деревенский знахарь, который хочет казаться кудесником! Но он достаточно доверяет мне, чтобы я мог...

— Что вы задумали? — перебила я.

Феликс испытующе посмотрел мне в глаза и медленно сказал:

— Мы убьем эту тварь, которая душит разум императора и покрывает его имя позором. Которая губит страну!

Этой сцены нет в воспоминаниях Феликса. Ни слова он не написал и о том, как *Г.Р.* «порол порок на пороге». Он пишет о каких-то сеансах гипноза... Возможно, они и впрямь имели место быть. Не это важно. Важно то, что Феликс точно передает замыслы «святого старца» и его прямую опасность для страны. Поэтому сейчас я снова обращусь к тем сценам из его черновых записок, которые считаю точными и правдивыми, которым имею основания доверять.

«...При прощании Распутин заставил меня дать ему слово, что вскоре я появлюсь вновь. Я стал бывать у него частенько. По-прежнему поддавался «лечению», и он доверял мне все больше, видя во мне его горячего поклонника.

Как-то бросил поощрительно:

— А ты умен, милок! Умен и сметлив. Ты только скажи — я ведь и министром могу тебя сделать.

Я не на шутку встревожился. Знал, что Распутин и в самом деле почти всемогущ в дворцовых интригах. Но быть протеже такой одиозной фигуры — слуга покорный! Меня на смех подымут, презирать станут. Свел все к шутке.

Распутин нахмурился:

— Чего лыбишься? Не веришь, что я все могу? Я все могу, вся страна у меня вот где, — он показал сжатый кулак. — Помяни мое слово, сделаю тебя министром.

Меня впечатлила и напугала уверенность, с которой он говорил. Вот фурор будет, когда станет известно о таком одиозном назначении! Кто протеже и кто протежер?! Смеху подобно.

Однако надо же было его как-то остановить!

— Бросьте вы эту затею, Григорий Ефимович, — отмахнулся я. — Какой из меня министр, сами посудите? Да и вряд ли стоит выставлять напоказ наши отношения. Лучше нам дружить втайне от всех.

Он прищурился и глянул на меня:

— Ладно, пусть так и будет. Может, и верно... так лучше. — Усмехнулся: — А ты скромен, однако! Кто бы мог подумать? Ничего не просишь у меня. А другие знаешь какие? Знай скулят: то устрой да это, в том помоги да в этом. Все от меня чего-то ждут, что-то выпрашивают.

— И вы помогаете им?

— А то как же! Надо людям помогать, за то они полезны мне могут быть. Даю им записочки к тому или другому министру, ну, там, какому-то начальнику. Некоторых — повыше чином — отправляю сразу в Царское. Так вот и верчу державой.

Меня как ножом ткнули. Он вертит державой! Несчастная наша страна. Она должна быть избавлена от этого хитрого мужика.

Роковая страсть Распутина

Но Распутин не должен был заметить гневное выражение моего лица, и я продолжал болтать:

— Неужели все министры вас слушаются?

— Да попробовали бы не слушаться! — вскричал Распутин. — Я ж их сам министрами сделал! Все у меня вот здесь! — он снова показал кулак. — Я только топну — они враз по струночке стоят. А махну рукой — врассыпную бегут. Все они рады бы мне сапоги языками вылизывать!

В эту минуту вспомнилось мне из «Ревизора»: «Я только на две минуты захожу в департамент, с тем только, чтобы сказать: «Это вот так, это вот так!» А там уж чиновник для письма, этакая крыса, пером только — тр, тр... пошел писать. Хотели было даже меня коллежским асессором сделать, да, думаю, зачем. И сторож летит еще на лестнице за мною со щеткою: позвольте, Иван Александрович, я вам, говорит, сапоги почищу!»

Только у Хлестакова это смешно было, это чистое хвастовство, а у «старца» — страшная правда...

Между тем собеседник мой все больше пил. Другой на его месте уже валялся бы под столом, а у него только язык развязывался. Ах, как ему хотелось похвастать своим всемогуществом!

— Вы, знать, зазнались! Вас смирять надо. Гордыню вашу смирять. Все Божьи угодники себя смиряли — через то и прославлены. А вы этого понять не хотите, вы на небеса норовите при жизни влезть, да чтоб вам снизу кадили. Бабы ваши тоже гордячки, однако они поумнее, понимают, что к чему и как себя смирять! Кого из них я только не водил в баньку! Разденься, говорю, да вымой мужика, да спинку потри, да везде... Какая глаза вытаращит, да для каждой у меня есть острастка. Как отведают моего, — он хмыкнул, — так в ногах валяться готовы. И выходит она из баньки уже от всей своей гордыни отмытая...

Потом он начал описывать достоинства и недостатки тех женщин, которые «мыли мужика». Я слушал, не веря ушам. Все эти мерзкие подробности невозможно повторить, да и не нужно. Я только диву давался, как у него язык не отсыхает болтать такое о женщинах, о женах, о матерях. И как же они, эти женщины, жены и матери, как они могли опуститься до такой твари, до такой низости?

А Распутин все не унимался, все наливался вином и мне наливал:

— Чего не пьешь, чего сиднем сидишь, от пития рожу воротишь? А ты не просто пей, а лучись. Винишко — лучшее лекарство. Ни аптек, ни докторов не надо, коли винишко есть. Это и Бадмаев говорит. Слыхал про него? Первейший лекарь... А всякие Боткины да Деревеньки — и даром умному человеку не нужны. Сами дураки, пускай дураков и лечат своими фармациями. Бадмаев травами лечит. В травах сила Господня, они — его порождение, он их произрастил во чистых полях, в высоких горах, в темных лесах, он и человека обучил, кому и когда их давать. Главное дело, чтоб с чистым умыслом!

При этих словах он так хитренько ухмыльнулся, что я насторожился. Ходили всякие разговоры насчет Бадмаева и его огромном влиянии на царскую семью... Сейчас Распутин в таком состоянии, что все может рассказать. Надо воспользоваться случаем!

— Григорий Ефимович, — начал я вкрадчиво, — правда ли, что Бадмаев готовит особые настои для государя и царевича?

— Конечно, правда! — кивнул Распутин. — Сашка самолично следит, чтобы они в свой срок все пили. И Аннушка следит. Главное, чтобы Боткин не прознал про эти напиточки. Я сразу сказал: смотрите, берегитесь докторов — коли проведают про наше лечение, больным враз хуже станет.

— А какие вы с Бадмаевым им травки даете?

— Да разные, разные! — махнул рукой Распутин. — Нешто ты знаток? Трав-то не перечесть, к ним лишь с умом нужно подойти. Государю даем благодатный чай. Сердце его сразу утихомиривается, сам он добреет да веселеет. Таким он и должен быть, таким рожден. Он же не царь-государь, а дитя, божье дитя. И ему, и всем хорошо будет, когда по-нашему выйдет.

— Как это — по-вашему выйдет? — спросил я невинным голосом, но Распутин, видимо, спохватился, что наговорил лишнего.

— Ну, чего уши развесил, — проворчал он. — Не скажу больше ничего. Время придет — сам узнаешь, да все узнают.

Да, он был слишком откровенен... Спьяну, конечно. По пословице: что у трезвого на уме, то у пьяного на языке. Но жаль было упустить возможность узнать все о его кознях. Я предложил выпить еще. Крепчайшую мадеру он хлебал, как воду; я осторожно пригубливал, стараясь, чтобы он не видел, что я не пью. Бутылка кончилась. Нетвердо ступая, Распутин принес из буфета еще одну. Я немедленно наполнил его стакан и снова подступил с осторожными расспросами:

— А вот вы, Григорий Ефимович, недавно обмолвились, что хотели бы от меня помощи. Я готов вам помогать, только хотелось бы знать, в каких делах. Что за перемены вы пророчите? Когда они грядут? Вы наверняка знаете, что они случатся, или просто надеетесь на них?

Он поглядел хитро, потом прищурился и помолчал, как бы размышляя, говорить мне все или не стоит. Наконец решился и высказался:

— Наверняка про все один Господь Бог знает, а я лишь пособляю ему. Ты сам посуди: ну разве не довольно кровь лить? Разве не пора остановить войну, бойню эту страшную? Немцы — они тоже люди! И нам как братья. Не зря ж государи себе жен с тех земель всегда брали. А теперь вдруг начали друг друга насмерть бить... Теперь они нам враги... А Господь чему учит? Возлюби врага яко брата... Так и возлюбим же их! Покончим же с войной! Замиримся! Какая важность, кто победит, они или мы? Лишь бы в мире жить. А наши-то, царь с царицею — нет и нет! Кто-то им в уши дурное поет. Ну да ничего — придется нас послушаться. Пока рано, пока у нас не все готово. А потом грянет... И сразу Алексея — на трон, и объявим Александру Федоровну регентшей! А сам пускай на покой отправляется, да вот хоть в Ливадию. Там хорошо. Он устал, он отдохнет среди цветочков, на пригорочках чистых, где к Боженьке ближе. Да и покаяться ему есть в чем. Нагрешил... Волею-неволею, а нагрешил! Что-то замолится, но война эта ему ввек не простится. А царица у нас — большая умница, ну чем тебе не Катерина Великая? Уж и теперь не он, а она всем правит. А постепенно еще больше поумнеет, когда вышвырнет из Думы всех этих болтунов. Она только этого и ждет. Туда им и дорога! Ишь, затеяли — лишить Россию царя, помазанника Божьего. Сами власти захотели, дурачье. Куда им?! Всех выкинем! Давно уж пора! А хуже всего тем придется, кто против меня злоумышляет!

Я видел, что он окончательно утратил осторожность. Пьянел редко, но сильно. Теперь его было уже не остановить, теперь его не надо было и расспрашивать — он сам с наслаждением открывал мне душу.

— Я как зверь затравленный, — говорил плаксиво. — Все эти господа — и министры, и думские сидельцы — смерти моей алчут. Встал я им поперек пути-дороги. А вот народу по нраву, что мужик в сапогах да кафтане государей поучает. Да ведь на то воля Божья, вся сила моя им дана, и то, что в сердцах самое потаенное читаю, и то, что на путь истинный направить могу. Ты, милый друг, головаст, сметлив, храбер. Поможешь мне — деньги на тебя посыплются. Может, тебе и не надо, а другим надо. Бедным раздашь! Тебя благословят. Царя не благословляют, а тебя благословят.

Вдруг от двери донесся громкий звонок.

Распутин вскочил. Похоже, он ждал чьего-то прихода, но заговорился и совершенно позабыл об этом. Бросил на меня вороватый взгляд. Кажется, перепугался, что нас увидят вместе.

Он поспешно провел меня в свой кабинет, но сам тотчас вышел вон. Я слышал его неровные, заплетающиеся шаги: вот что-то уронил, вот ударился о стену, не удержав равновесия, вот вышел в переднюю. Выругался так, что я даже головой покачал: ноги-то у него заплетались, но язык — вовсе нет!

Вскоре до меня долетели голоса из столовой. Я насторожился, но зря, ничего толком не было слышно. Приоткрыл дверь и осторожно вышел в коридорчик, отделяющий кабинет от столовой. Дверь была закрыта неплотно; я, конечно, подкрался и припал к щели. Тотчас увидел Распутина, а рядом с ним топтались какие-то странные личности. Четверо — явно евреи, ну, около него вечно толклись эти типы из окружения его секретаря Самановича. Трое — белобрысые, высокие, какие-то все на одно лицо. Вся компания переговаривалась, причем гости вдруг начинали подозрительно осматриваться и как бы даже принюхиваться, словно создавали заговор и страшно боялись, что кто-то их заметит или подслушает.

Заговор... Шпионы... Бог ты мой, да не шпионы ли это? Белобрысые рожи страшно похожи на немцев. Немецкие шпионы у «старца»!

Мерзко мне стало. Больше всего на свете хотелось вырваться отсюда. Но как? Другой двери не было. Меня бы сразу заметили. Рискованно!

Я вернулся в кабинет и сел как ни в чем не бывало. Еле дождался хозяина. Прошла, как мне показалось, вечность. Наконец Распутин вернулся. Он был довольнехонек. Видимо, обо всем договорился с гостями!

Он был весел и доволен собой. Чувствуя, что не в силах преодолеть отвращение к нему, я поспешно простился и выбежал вон.

Я все больше убеждался в том, что в этом «старце», подчинившем своему почти колдовскому влиянию семью государя, основная причина всех бед несчастной России.

Так неужели надо его щадить?! Его проклинает вся страна, каждый человек, родился он в деревне или в городе, в семье бедняка или богача.

Вопрос — делать или не делать — передо мной не стоял. Я думал лишь о том, как это сделать, кто это сделает. У меня были люди, готовые на это... Сначала хотели прикончить этого мерзавца у него дома, потом поразмыслили. Открытое уничтожение этой твари теперь, когда все так накалено в стране, когда люди на пределе терпения, может быть воспринято как демарш против престола, против царской фамилии. Нужно прикончить его так, что бы все осталось шито-крыто, ничто не вышло наружу. Он просто должен исчезнуть».

Что я могу добавить к словам Феликса? Само пребывание мужика с широко известной скандальной репутацией в императорской семье давало простор сплетням, а зачастую и злобной клевете. Болтали о любовной связи Распутина с Александрой

Федоровной и ее дочерьми, и эти сплетни были охотно подхвачены «обличительной» литературой послереволюционного времени.

По рукам ходили сальные стишки. Вот только один из них — далеко не самый мерзкий:

...Между тем почтенный Гриша
Забирался выше, выше,
Был он малый крепких правил,
Уважать себя заставил,
От девиц не знал отбою
И доволен был собою.
С Гришкой спорят иерархи,
Рассуждают о монархе,
И вещает Джиоконда
Из столичного бомонда:
«Vous savez,
простой мужик,
А такой приятный лик!»
Так его открыла Анна,
Дама фрейлинского сана,
А открыв, к царице скок:
«Объявляется пророк —
В нем одном такая сила,
Что на многих нас хватила,
Эта поступь, этот взгляд,
С ним не страшен целый ад».
Словом, лезет Гриша выше,
Красны дни пришли для Гриши,
И в столицу Петроград
Прибыл он, как на парад.
Едет он в почете, в славе,
Приближается к заставе,
Бьет поклон и наконец
Попадает во дворец.
По палатам Гриша ходит,
Всех собой в восторг приводит,
Гриша старец хоть куда —
И взошла его звезда.

Роковая страсть Распутина

Изрекает он словечки,
Дамы ходят, как овечки,
А потом, наедине,
Изнывают, как в огне...
Велика у Гриши сила,
До того вещает мило,
Что кругом бросает в жар:
«Вот так старец — а не стар».
А достойная Алиса,
Без любого компромисса,
С ним сидит и день, и ночь,
День да ночь и сутки прочь.
Завелась деньга у Гриши,
Дом в селе с узорной крышей,
Перевез детей и женку,
Пьет в салоне ром и жженку;
У самой графини И...
У него всегда свои.
Свет потушит, порадеет,
Тихой лаской обогреет,
А когда Григорий зол,
Изорвет в клочки подол.

Ну и так далее. Это, повторяю, была мелочь, безделица по сравнению с откровенной гадостью. Грязная клевета на императорскую семью, но она имела успех и в аристократических салонах Петербурга, и в среде провинциальной интеллигенции. Утратила, утратила свое обаяние древняя традиция российской монархии, ниже низшего предела в глазах всех слоев населения упал престиж правящей династии. Даже среди крестьянства, даже в армии, всегда отличавшихся верностью царскому престолу, исчезало уважение к самодержавной власти, которая публично покрывала себя позором.

Г.Р. направо и налево твердил о своей любви к России, к царю. Да люби он страну и монарха —

он ужаснулся бы того, какой позор на них навлек, удалился бы из столицы в безвестность, в пустыню, в тайгу и оттуда (если он действительно такой чудотворец!) молился об исцелении цесаревича и о спасении России. Но в том-то и дело, что для него важнее всего была собственная власть, собственный грех тщеславия.

Государь, мой дядя Никки, называл его своим другом, но ведь и Спаситель называл своим другом Иуду Искариота, предавшего его!

...Когда все было позади и разразилась гроза, когда Феликса и Дмитрия обвиняли в том, что убийство *Г.Р.* повлекло за собой революцию, мой муж всегда говорил, что жалеет, что не совершил этого убийства раньше. Да, возможно, если бы он воплотил свой замысел на год раньше, революция была бы остановлена. Но никто другой, только я виновата в том, что случилось убийство тогда, когда оно случилось... В тот последний миг, когда страна уже повисла на краю пропасти и падение уже невозможно было предотвратить.

Моя вина заключалась в том, что я пыталась отговорить своего мужа, умоляла его не обагрять руки кровью. У меня оказались такие слабые нервы... А между тем без моего согласия — безоговорочного согласия помочь ему заманить *Г.Р.* туда, где Феликс планировал с ним расправиться, — ничего не получилось бы. При всей своей доверительности к Феликсу *Г.Р.* оставался настороже. Феликса не выносил секретарь «старца», Симанович, «лучший из явреев», как называл его *Г.Р.*, и очень остерегал *Г.Р.* против «маленького», как они между собой звали князя Юсупова. Поэтому *Г.Р.* никак и не ловился в сети, раскидываемые моим мужем. Вера Каралли, наущаемая Дмитрием, попыталась очаровать *Г.Р.*, но он удостоил ее лишь сальной усмешки. Он хотел заполучить меня, только меня... И не скрывал этого от Феликса, искренне недоумевая, отчего я не могу проникнуться честью, которая мне может быть оказана.

Вера Каралли была глубоко оскорблена. Потом, как я уже говорила, она попыталась привлечь к себе угасающее внимание публики, сочинив массу нелепостей о том, что в ночь убийства присутствовала в нашем доме, куда сама заманила *Г.Р.* Ну так это ложь, она в это время оставалась в своем номере в гостинице, под неусыпной слежкой филеров!

У нас с Феликсом начались ссоры. Он был настолько одержим своей идеей спасения России и убийства *Г.Р.*, что уже не мог больше терпеть отсрочки своего замысла. Он говорил мне, что от меня нужно только мое мимолетное присутствие в нашем доме. Я все не соглашалась... Время тянулось, тянулось... Болела наша дочь... Феликс терял терпение. А я смертельно боялась за него, я опасалась, что его могут расстрелять за это, его и Дмитрия, я боялась, что мое имя будет покрыто кровавым позором, что я причиню страшное горе людям, которых любила: я ведь понимала, что мои дядя и тетя будут сражены вестью о смерти *Г.Р.*, и участь Алешеньки, чье здоровье зависело от *Г.Р.*, мучительно тревожила меня... Потом настал тяжелый, унылый декабрь 1916 года, когда к нам в Кокоз, где я была с дочерью, свекром и свекровью, приехал мой отец, вернувшийся в это время с театра военных действий. И я обнаружила, что и мой отец, и родители Феликса — они все были заодно с Феликсом.

Более того! Оказывается, Зинаида Николаевна некоторое время назад пыталась склонить бывшего московского губернатора Хвостова, ставленника *Г.Р.*, затем оскорбленного им, найти убийцу, предлагала большие деньги тому, кто решится уничтожить *Г.Р.* Тем же самым был занят и отец. Конечно, все это делалось в огромном секрете, даже я ничего не подозревала.

Отец, который очень хорошо знал, какое разложение царит на фронте, говорил, что настала решительная минута.

Он был очень печален. Он с тоской смотрел в будущее, предвидя день, когда ему придется лгать, чтобы замаскировать мое участие в заговоре и свое истинное отношение к нему. Но именно отец смог убедить меня вернуться в Петроград.

Ах, как обрадовался Феликс, получив известие о моем приезде! Он мне тогда писал:

«Какое счастье твое длинное письмо... Ты прямо не знаешь, как ты мне недостаешь именно теперь, когда вся моя голова разрывается на части от всяких мыслей и планов и т. д. Так хочу тебе все рассказать... Твое присутствие в середине декабря необходимо. План, про который я тебе пишу, разработан детально, уже три четверти сделано, остался финальный аккорд. И для этого ждут твоего приезда... Это единственный способ спасти положение, кото-

рое почти безвыходно... Ты же будешь служить приманкой... Конечно, ни слова никому...

Маланья тоже участвует!»

Ну, кто такая была для нас *Маланья*, я уже упоминала.

Но накануне выезда в Петроград со мной случилось что-то невероятное. Я поняла, что ехать не могу, я впала в совершенную истерику и отказалась ехать. Еще и дочка разболелась, да так странно себя вела, мне казалось, не то она с ума сходит, не то я. Как-то ночью, во время всех этих моих метаний, она не очень хорошо спала и все время повторяла: «Война, няня, война!» На другой день я ее спрашиваю: «Война или мир?» И Бэби отвечает: «Война!» Я умоляю: «Скажи — мир». А она прямо на меня смотрит и отвечает: «Война!»

Истинное сумасшествие...

Нервы мои окончательно развинтились. Я написала Феликсу:

«Я знаю, что если приеду, непременно заболею... Ты не знаешь, что со мной. Все время хочется плакать... Настроение ужасное, никогда не было такого... Я не хотела всего этого писать, чтобы тебя не беспокоить. Но я больше не могу! Сама не знаю, что со мной делается. Не тащи меня в Петроград... Приезжай сюда сам... Я больше не могу, не знаю, что со мной. Кажется, неврастения... Не сердись на меня, пожалуйста, не сердись... Я ужасно как тебя люблю... Храни тебя Господь...»

Феликс меня понял и больше не укорял. Теперь наш план переменился. Теперь главную роль должна была играть Маланья — ее силуэт будет мелькать за окнами нашего дома, когда туда подъедет *Г.Р.,* она будет смеяться, петь, музицировать, изображая, что у нее — то есть у меня! — гости... *Г.Р.* ее не увидит. Она будет играть *меня.*

Но он об этом, конечно, никогда не узнает.

Теперь Феликсу нужно было от меня только письмо, одно только письмо, которое он покажет *Г.Р.* — и тотчас заберет, чтобы никто и никогда не догадался о моем участии в этом деле

Мы написали письмо... Я говорю — мы, потому что писала его я, но сочиняли его все вместе, с моим отцом и родителями Феликса.

Вот оно. Я помню его наизусть всю жизнь:

«Вы говорили, что мы предназначены друг другу. Я гнала от себя эту мысль, но не смогла от нее избавиться. Однако не могу понять, о каком предназначении Вы говорите. Я замужем. Мой муж — Ваш друг. Если бы мы могли бы вместе втроем... быть верными и нежными друзьями все трое — какое это было бы счастье, какой камень был бы снят с моей души и совести! Я верю, что Вы, при Вашем уме и невероятной силе, могли бы помочь разрешить все противоречия, которые терзают мою душу. Приходите... Мой муж передаст Вам это письмо, но он не знает его содержания. Я вернулась ради Вас из Крыма. Приходите... 26 букв... Я думаю об этом... Привезите с собой мое письмо — вы должны позаботиться, чтобы ни одна душа живая не знала, что я зову вас... Я вам доверяю!»

Мы запечатали письмо сургучом, в который я вдавила мой платиновый перстень-печатку. Когда, уже в эмиграции, мы начали продавать драгоценности, этот перстень был первым, который мы снесли к ювелиру. Мне не терпелось от него избавиться! Феликс сказал, усмехнувшись, что, если бы ювелиры знали его историю, заплатили бы в десять раз больше. Наверное, это так, но Феликс дал мне слово, что об этом письме не узнает ни одна живая душа. Впрочем, общеизвестно, что *Г.Р.* шел в наш дом с надеждой увидеть меня. Точно так же общеизвестно, что я находилась в это время в Крыму. Считается, что *Г.Р.* заманил туда Феликс возможностью встречи со мной. Но это я заманила его туда...

Мой свекор и свекровь, мой отец — они все поклялись в том, что о моем участии в этом событии не узнает никто и никогда. И они сдержали свою клятву, даже при том, что им приходилось лгать публично. Отец уехал в Киев, где в это время находилась моя бабушка, вдовствующая императрица. Мы с доченькой, с Зинаидой Николаевной и Феликсом Феликсовичем отправились в Крым, причем я прибыла к поезду в последнюю минуту, одетая иначе, чем одеваюсь всегда, и под густой вуалью, без всякого багажа. Даже слуги были уверены, что я уехала в театр, а не на вокзал, а дочь отправила в Крым с няней и родителями мужа.

Всеми этими мерами и прежде всего моим письмом нам удалось обмануть *Г.Р.* и заманить его к нам. Ну а Маланья виртуозно изобразила мое присутствие в доме! *Г.Р.* был уверен, что его вот-вот ко мне проводят... Но так и не дождался этого!

Я не собираюсь описывать его смерть. Я не видела, как его убили. Это сделал Феликс, это сделали другие, об этом много написано... Какие только версии не были накручены вокруг этого события! Мне печально было слышать, что у моего мужа и его сотоварищей отнимают права на убийство из патриотических побуждений, что твердят, будто здесь замешаны англичане, которые требовали от России продолжать войну с немцами до победного конца, а войну эту император якобы собирался прекратить под влиянием *Г.Р.* И даже самый роковой выстрел якобы произвел давний, еще по Оксфорду, приятель моего мужа Освальд Рейнер, английский агент и шпион. Все это ложь. Нет, я знаю, что Рейнер там был, но потом, уже после свершившегося: он тоже, как Вера Каралли, приписал себе Герострату славу. То, что замышляли сделать Феликс, Пуришкевич, Дмитрий и Сухотин, они совершили собственными руками.

Мне хочется привести еще один фрагмент из записок моего отца. О том, каких трудов стоило удержать государя от расправы над людьми, которые так любили свою родину, что пытались спасти ее, запачкав руки кровью.

«17 декабря рано утром мой адъютант вошел в столовую с широкой улыбкой на лице:

— Ваше императорское высочество, — сказал он торжествующе, — Распутин убит прошлой ночью в доме вашего зятя, князя Феликса Юсупова.

— В доме Феликса? Вы уверены?

Роковая страсть Распутина

— Так точно! Полагаю, что вы должны испытывать большое удовлетворение по этому поводу, так как князь Юсупов убил Распутина собственноручно, и его соучастником был великий князь Дмитрий Павлович.

Невольно мысли мои обратились к моей любимой дочери Ирине, которая проживала в Крыму с родителями мужа. Мой адъютант удивился моей сдержанности. Он рассказывал, что жители Киева поздравляют друг друга с радостным событием на улице и восторгаются мужеством Феликса. Я этого ожидал, так как сам радовался тому, что Распутина уже более нет в живых, но в этом деле возникало два опасения. Как отнесется к убийству Распутина императрица и в какой мере будет ответственна царская фамилия за преступление, совершенное при участии двух ее сочленов?

Я нашел вдовствующую императрицу еще в спальне и первый сообщил ей об убийстве Распутина.

— Нет? Нет? — вскочила она.

Когда она слыхала что-нибудь тревожное, она всегда выражала свой страх и опасения этим полувопросительным, полувосклицательным: «Нет?»

На событие она реагировала точно так же, как и я:

— Славу Богу, Распутин убран с дороги. Но нас ожидают теперь еще большие несчастья.

Мысль о том, что муж ее внучки и ее племянник обагрили руки кровью, причиняла ей большие страдания. Как императрица она сочувствовала, но как христианка она не могла не быть против пролития крови, как бы ни были доблестны побуждения виновников. Мы решили просить Никки разрешить нам приехать в Петербург. Вскоре пришел из Царского Села утвердительный ответ. Никки покинул Ставку рано утром, я поспешил к своей жене.

Прибыв в Петроград, я был совершенно подавлен царившей в нем сгущенной атмосферой обычных слухов и мерзких сплетен, к которым теперь присоединилось злорадное ликование по поводу убийства Распутина и стремление прославлять Феликса и Дмитрия Павловича. Оба «национальных героя» признались мне, что принимали участие в убийстве, но отказались, однако, мне открыть имя главного убийцы. Позднее я понял, что они этим хотели прикрыть Пуришкевича, сделавшего последний смертельный выстрел.

Члены императорской семьи просили меня заступиться за Дмитрия и Феликса пред государем. Я это собирался сделать и так, хотя меня и мутило от всех их разговоров и жестокости. Они бегали взад и вперед, совещались, сплетничали и написали Никки преглупое письмо. Все это имело такой вид, как будто они ожидали, что император всероссийский наградит своих родных за содеянное ими тяжкое преступление!

— Ты какой-то странный, Сандро! Ты не сознаешь, что Феликс и Дмитрий спасли Россию!

Они называли меня «странным», потому что я не мог забыть о том, что Никки как верховный судья над своими подданными был обязан наказать убийц и в особенности если они были членами его семьи.

Я молил Бога, чтобы Никки встретил меня сурово.

Роковая страсть Распутина

Меня ожидало разочарование. Он обнял меня и стал со мною разговаривать с преувеличенной добротой. Он меня знал слишком хорошо, чтобы понимать, что все мои симпатии были на его стороне, и только мой долг отца по отношению к Ирине заставил меня приехать в Царское Село.

Я произнес защитительную, полную убеждения речь. Я просил государя не смотреть на Феликса и Дмитрия Павловича как на обыкновенных убийц, а как на патриотов, пошедших по ложному пути и вдохновленных желанием спасти родину.

— Ты очень хорошо говоришь, — сказал государь, помолчав, — но ведь ты согласишься с тем, что никто — будь он великий князь или же простой мужик — не имеет права убивать.

Он попал в точку. Никки, конечно, не обладал таким блестящим даром слова, как некоторые из его родственников, но в основах правосудия разбирался твердо.

Когда мы прощались, он дал мне обещание быть милостивым в выборе наказаний для двух виновных. Произошло, однако, так, что их совершенно не наказали. Дмитрия Павловича сослали на Персидский фронт в распоряжение генерала Баратова, Феликсу же было предписано выехать в его уютное имение Ракитное в Курской губернии. На следующий день я выехал в Киев с Феликсом и Ириной, которая, узнав о происшедшем, приехала в Петербург из Крыма. Находясь в их вагоне, я узнал во всех подробностях кошмарные обстоятельства убийства. Я хотел тогда, как желаю этого и теперь, чтобы Феликс раскаялся бы в своем поступке и понял, что никакие громкие слова, никакое одобрение толпы не могут оправдать в глазах истого христианина этого преступления».

Мысль изреченная есть ложь... Ну как не вспомнить здесь этих слов?! Мы все старались, как могли. Мы лгали публично и друг другу, мы обагрили руки в крови... Но все было впустую. Мы не смогли спасти Россию, как ни старались!

Более того, мы только ускорили ее гибель. Может быть, *Г.Р.* и в самом деле был единственным человеком, который мог бы удержать монархию от гибели. Но мы лишили его возможности сделать это... И наша страна перестала существовать.

Хочу привести здесь письмо Феликса, отправленное им из Ракитного, где он был в ссылке после событий 16 декабря. Он писал моей матери — письмо сохранилось каким-то чудом, и оно совершенно точно характеризует его состояние и умонастроение в то время:

«Меня ужасно мучает мысль, что императрица Мария Федоровна и вы будете считать того человека, который это сделал, убийцей и преступником и это чувство у вас возьмет верх над всеми другими. Как бы вы ни сознавали правоту этого поступка и причины, побудившие совершить его, у вас в глубине души будет чувство — а все-таки он убийца! Зная хорошо все то, что этот человек чувствовал до, во время и после, и то, что он продолжает чувствовать, я могу совершенно определенно сказать, что он не убийца, а был только орудием провидения, которое дало ему ту непонятную, нечеловеческую силу и

спокойствие духа, которые помогли ему исполнить свой долг перед родиной и царем, уничтожить ту злую дьявольскую силу, бывшую позором для России и всего мира, перед которой до сих пор все были бессильны».

Ну, если Феликс был орудием Провидения, значит, и я была его орудием. Значит, Провидению было угодно, чтобы Россия, наша Россия погибла.

Эта мысль помогала мне жить и помогает до сих пор.

Я изо всех сил старалась забыть происшедшее. Успокоить свою больную совесть. Уверить себя в том, что о моем истинном участии в этом событии, о моей роковой роли в нем никто доподлинно не знает, а те, кто знает, будут молчать даже под страхом смерти. И мне почти удалось сделать это... Однако я напрасно старалась! Жизнь... Жизнь — это карточная игра, в которой козыри, которые были при раздаче у тебя, потом неумолимо переходят к твоим противникам.

Собственно, об этом мой дальнейший рассказ. О том, как призрак прошлого преследовал меня много лет.

У меня нет никакого желания описывать наше пребывание в России после Октябрьского переворота, потому что это была не жизнь, а ежедневное ожидание смерти. Когда мы находились под домашним арестом, под охраной революционной матросни, в Крыму: мы с Феликсом, дочкой и старшими Юсуповыми в Дюльвере, мои родители, братья и бабушка — в Ай-Тодоре, другие члены нашей семьи — в других имениях, мы могли быть убиты каждый день и остались живы только чудом. Нас спасла, по сути, сестра моей бабушки, Александра Датская, вдовствующая королева Англии, мать короля Георга — друга юности моего дяди Никки, с которым они вместе путешествовали когда-то вокруг света.

Наше перемещение из одного мира в другой было драматичным, конечно, но вполне комфортабельным — на дредноуте «Мальборо», со всем имуществом, какое мы только могли вывезти. Потом, в Париже, когда я встретилась со своим кузеном Гавриилом, князем Гавриилом Константиновичем, и он поведал мне потрясающую историю своего спасения, мне стало стыдно, что мы могли так переживать и так бояться. Я была просто потрясена тем ужасом, который испытал Гавриил, и той самоотверженностью, которую проявила его жена Нина (собственно, она была Антонина, но терпеть не могла, когда ее называли Антониной или Тоней), бывшая балерина, отнюдь не такая знаменитая, как Кшесинская, а просто маленькая артистка кордебалета. Я не могу не рассказать эту историю здесь, я должна как-то отдать должное тем своим родственникам, на долю которых пришлись такие страдания, какие нам и не снились. Я вспоминаю о страшной кончине дяди Никки и всех остальных... бедный Гавриил хотя бы остался жив, и он достоин того, чтобы я рассказала о нем!

Вот эта история.

Роковая страсть Распутина

Гавриил участвовал в первом наступлении русской армии на германскую территорию и в последующем затем отступлении. Он был в бою, где его подразделение попало в окружение и спаслось только чудовищным броском через канавы и болота, но многие его друзья (не говоря уже о лошадях) утонули в воде и иле. В конце октября 1914 года Гавриил был отозван домой в Петроград, потому что здоровье его, и без того слабое, совсем пошатнулось от перенесенных лишений и волнений. Волнений добавляло также и то, что император не позволял ему жениться на Нине Нестеровской, говоря, что это создаст нежелательный прецедент. Как будто таких прецедентов и без того не было достаточно создано — в том числе и самим императором Александром II!

Гавриила пользовал доктор Варавка, который часто посещал Царское Село, потому что среди его пациенток была Анна Вырубова, ближайшая фрейлина и подруга императрицы. Варавка очень любил Гавриила и отважился поговорить с самой императрицей Александрой Федоровной о той глубокой страсти, которую он питает к Антонине Нестеровской. Он так убедительно расписал нерушимую любовь и верность молодых людей, что чувствительная императрица пожалела бедных влюбленных, которые разлучены только предрассудками. Что и говорить, времена менялись не по дням, а по часам! Императрица пообещала убедить мужа дать разрешение Гавриилу и Нине венчаться. Может быть, для виду их сначала накажут, может быть, им придется на время покинуть Россию, но это ненадолго!

Гавриил и Нина уже начали готовиться к свадьбе, но... Но в это время был убит Распутин. Как и почти все (кроме царя и царицы!) Романовы, Гавриил был на стороне великого князя Дмитрия Павловича и Феликса Юсупова. Разумеется, императрица этого не могла простить.

Настроил Гавриил против себя и императора, потому что присутствовал на собрании 29 декабря 1916 года у великой княгини Марии Павловны, когда было написано письмо государю с просьбой простить Дмитрия и, принимая во внимание его слабое здоровье, не ссылать его на Персидский фронт. Под письмом стояло шестнадцать подписей: почти всех Романовых, находившихся в Петрограде. Первой подписалась Ольга, королева Греции, — королевское звание обязывало ее возглавить список; дальше подписи располагались в порядке престолонаследия: Мария Павловна-старшая, Кирилл Владимирович, его жена Виктория и братья Борис и Андрей, отец Дмитрия Павел Александрович и сестра Мария Павловна-младшая, мать Гавриила Елизавета Маврикиевна и его брат и невестка, Иоанн и Елена, также сам Гавриил и его братья Константин и Игорь, великие князья Николай Михайлович и Сергей Михайлович.

Через два дня от государя пришел короткий ответ:

«Никто не имеет право на убийство, я знаю, что у многих из вас нечиста совесть, поскольку в деле замешан не только Дмитрий Павлович. Удивлен, что вы обращаетесь ко мне. Николай».

Роковая страсть Распутина

И письмо родни, и ответ Николая стали немедленно известны всему Петрограду. Это еще больше восстановило всех против умирающего режима...

Днем 26 февраля 1917 года Гавриил был, как всегда, в академии. Перед самым концом занятий ему позвонила Нина и попросила немедленно вернуться домой, только обязательно снять императорский вензель на автомобиле, потому что в городе происходит что-то неладное. Снять вензель попросил и шофер, сказав, что начались уличные беспорядки. Гавриил не согласился — и благополучно добрался до дому, ничем не оскорбив свою гордость.

Однако вскоре о гордости императорской фамилии пришлось забыть, потому что сама эта фамилия перестала существовать. Свершилась Февральская революция, и посреди разрушения всего прошлого мира единственным радостным событием была для Гавриила возможность немедленно жениться на Нине. Правда, это все же должен был быть тайный брак... Скажем, относительно тайный, потому что о нем знали все братья Гавриила и даже матушка нашла в себе силы благословить и обнять его. Хотя с Ниной она не встречалась, конечно. Ну что ж, их примирение было теперь только вопросом времени.

Беда только в том, что этого времени — времени счастливой жизни — Гавриилу и Нине оказалось отпущено мало, очень мало!

Произошла Октябрьская революция. Жизнь мгновенно сделалась так невероятно тяжела, что Гавриил вынужден был ездить в Финляндию за продуктами, да и те почти все бывали отняты таможенниками.

Всеми владело гнетущее, кошмарное состояние. От каждого дня ждали новых бед — и они не замедлили прийти. Романовых начали арестовывать одного за другим, поговаривали об их высылке. Император и императрица с детьми уже были в Тобольске... Однажды Гавриил ушел на регистрацию в ЧК на Гороховую улицу — и не вернулся. Нина бросилась хлопотать.

В ЧК сыскался знакомый, который представил ее Глебу Бокию. Он был заместителем Урицкого, возглавлявшего ЧК, и это, по мнению Нины, было единственное человеческое лицо, которое она видела. Зато Урицкий показался ей ужасен: небольшого роста, с противным лицом и гнусавым сдавленным голосом. Нина говорила о том, что у мужа инфлюэнца, его туберкулез может дать осложнение...

— Сколько лет вашему мужу? — спросил Урицкий.

— Тридцать.

— В таком случае его туберкулез не опасен! — ответил Урицкий с издевкой.

Впрочем, он пообещал показать Гавриила врачу и пока не настаивать на его высылке. Зато его братья Константин, Игорь и Иоанн уехали в Алапаевск — к месту своей гибели. В Петрограде из всех Романовых остались только великий князь Павел Александрович, тоже больной, и Гавриил.

В ожидании врачебного освидетельствования Гавриилу разрешили вернуться домой. Теперь каждый день превратился в ожидание этого врача.

И вот он появился — доктор следственной комиссии...

Услышав его разговор в прихожей с горничной, Нина едва успела втолкнуть Гавриила в спальню и помочь ему раздеться. Очень удачно, что этот доктор — ужасно грязный, в смазных сапогах, явившийся без всяких инструментов, — застал его в постели. Это произвело впечатление. Доктор нашел, что у Гавриила, вдобавок ко всему, плохо работает сердце. Нина была в восторге!

Однако радоваться ей осталось недолго. Вскоре опять прокатилась волна арестов. Из Царского Села бы увезен великий князь Павел Александрович. А потом пришли за Гавриилом. Сначала какая-то солдатня провела обыск. Потом они ушли, и только Нина перевела дух, как явилась другая группа. Возглавлял ее человек в форме офицера. Нина едва сдержала возмущение, увидев, как он развалился в кресле с папироской во рту, под образами с горящей лампадою! Однако и этот ограничился обыском, но взял с Гавриила подписку, что он обязуется по выздоровлении явиться на Гороховую улицу.

Едва дождавшись утра, Нина ринулась к Бокию.

— Ничего не могу сделать, — сухо сказал тот. — Я и себя не могу защитить от подобных обысков!

Спустя несколько суток за Гавриилом снова пришли. Нина умоляла комиссара, звонила на Гороховую, клялась, что у Гавриила температура...

— Какая?

— Тридцать семь и пять.

Это была обычная температура легочных больных — самая для них опасная. Но Нине ответили:

— Мы бы не тронули вашего мужа только в том случае, если бы у него было не менее сорока!

Ну что ж, его увезли-таки. Вся прислуга провожала его, оплакивая, словно покойника.

Нине стало жутко. Она тоже бросилась на Гороховую и ворвалась в кабинет Урицкого, умоляя позволить Гавриилу лечь в частную больницу. Оттуда он никуда не денется!

При этом она показывала многочисленные докторские свидетельства.

— Мне не нужны свидетельства, — остановил ее Урицкий. — Я по лицу вашего мужа вижу, что он болен.

— Какой ужас! — воскликнула Нина. — Вы видите, что он болен, и, несмотря на это, сажаете его в тюрьму? За что? Ответьте мне!

— За то, что он Романов! — патетически воскликнул Урицкий. — За то, что Романовы в течение трехсот лет грабили, убивали и насиловали народ, за то, что я ненавижу всех Романовых, ненавижу всю буржуазию и вычеркиваю их одним росчерком моего пера... Я презираю эту белую кость, как только возможно! Теперь наступил наш час, и мы мстим вам, мстим жестоко! Ваш муж арестован и должен отправиться в тюрьму.

Нина рыдала перед ним, но все было напрасно. Единственное, что удалось выпросить, это отправку в Дом предварительного заключения, где уже находились свои, родственники Гавриила. Сначала Урицкий позволил Нине приходить к мужу хоть каждый день, потом передумал — свидания были разрешены только дважды в неделю.

— Романов! Идите! — крикнул Урицкий.

Нину насилу оторвали от Гавриила. Она бросилась следом в слезах, потом бежала за автомобилем, в котором его увозили, кричала, рыдала... Вдруг автомобиль остановился, и Нина с Гавриилом обнялись еще раз.

Потом она пыталась понять: сам ли автомобиль остановился или у шофера прорезались какие-то человеческие чувства? Кто знает! Главное, что они могли еще раз поцеловать друг друга.

Нина не помнила, как добралась домой. Чудилось, она перестала жить. У нее отняли самое дорогое, самое близкое, отняли то, чем она жила...

Со слезами вспоминала она теперь людей, которые когда-то шептались за ее спиной: какая, мол, любовь? Нина просто нашла себе выгодного покровителя, богатого, знатного муженька, вот и держится за него!

Если следовать логике этих людей, ей нужно было бы сейчас радоваться, что она избавилась от опасного брака. А ей чудилось, что она вот-вот умрет от горя... Но этого позволить она себе не могла, потому что от нее зависела жизнь Гавриила. Почти без памяти Нина поехала к его матери. Теперь уж было не до счетов и обид, не до того, кто кого выше или ниже по рождению или положению. Имела значение только любовь, а этим богатством Нина Нестеровская обладала в избытке!

Гавриила раньше лечил доктор Манухин. Он был врачом политического Красного Креста, поэтому и теперь наблюдал за арестованными Петропавловской крепости, куда вскоре были переведены все князья императорской фамилии. 19 августа 1918 года он обратился с письмом к управляющему делами Совнаркома В. Д. Бонч-Бруевичу.

«Тяжелый тюремный режим, в котором сейчас находится такой серьезный больной, — писал он, — является для него, безусловно, роковым; я обращаюсь к вам и совету народных комиссаров с просьбой изменить условия его заключения, а именно перевести арестованного в частную лечебницу под поручительство старшего ее врача (а если этого недостаточно, то и под мое личное поручительство) в то, что он никуда не уйдет и явится по первому вашему требованию. Я прошу хотя бы об этом».

Бонч-Бруевич-то не возражал. Однако против выпуска из тюрьмы больного князя был Ленин.

Манухин был знаком с Максимом Горьким, ну а тот считался всемогущим: большевики его на руках носили, его жена, Мария Андреева, была в чести у них за свои прежние заслуги...[1] При содействии Манухина Нине удалось получить письмо Горького к Ленину, которое кто-то должен был доставить в Москву. Горничная Нины немедленно отправилась туда.

Письмо было такого содержания:

«Дорогой Владимир Ильич! Сделайте маленькое и умное дело — распорядитесь, чтобы выпустили из

_____

[1] Новеллу о М. Ф. Андреевой «Мальвина с красным бантом» можно прочесть в книге Елены Арсеньевой «Дамы плаща и кинжала», издательство «ЭКСМО».

*тюрьмы бывшего великого князя Гавриила Констан-
тиновича Романова. Это — очень хороший человек,
во-первых, и опасно больной, во-вторых.*

*Зачем фабриковать мучеников? Это вреднейший
род занятий вообще, а для людей, желающих постро-
ить свободное государство, — в особенности...»*

Специальное обращение на имя Совнаркома
было направлено и членами Академии наук, в нем
содержалась настоятельная просьба освободить из
тюрьмы шестидесятилетнего великого князя Николая Михайловича, являвшегося, как говорилось в
обращении, на протяжении многих лет председате-
лем Императорского исторического общества. Просил и за этого князя опять-таки и М. Горький.

Резолюция большевистских лидеров была: *«Революции не нужны историки»*...

Нина с нетерпением ждала ответа из Москвы.
Как-то раз доктор Манухин предложил сходить к
Горькому.

Пришли. Нина и забыла, что бывают такие большие, богатые квартиры. Нину попросили подождать в прихожей — и, такое впечатление, забыли о
ней. Наконец появилась Мария Федоровна —
очень красивая женщина. Нина стала умолять ее
помочь освободить мужа. Та ответила, что не имеет
ничего общего с такими делами, но ей как раз
предлагают занять пост комиссара театров, и если
она согласится, то, может быть, по ее просьбе и
станут освобождать заключенных.

Тут пришел Горький. Нине показалось, что глаза у него добрые... Впрочем, он поздоровался кив-
ком и тут же вышел.

Нина не помнила, как жила в те дни. Не спала, не ела, думала каждое утро: а жив ли еще Гавриил? И вдруг Горький сообщил Манухину, что Ленин дал согласие освободить Гавриила Романова, бумагу везет сам Луначарский.

И надо же так было случиться, что именно в эти дни был убит Урицкий! На его место назначили Глеба Бокия, а он благоговел перед Горьким и неплохо относился к Нине Нестеровской. Однако он был прежде всего человеком партии. Бокий издал приказ, что объявляет всех арестованных заложниками, и если в Петрограде будет убит хоть один большевик, то за него будут расстреливать по нескольку заложников. Все великие князья значились в первой группе обреченных...

Нина прочла этот список, когда была у Горького, и упала в обморок.

Однако хлопоты Горького, распоряжение Ленина, а главное, настойчивость Нины возымели-таки действие. Почти тайно Гавриил был освобожден и увезен в частную клинику Герзони. Когда его оформляли в клинику, фельдшерица спросила, как его фамилия.

— Романов, — ответил он.

— Романов?! — переспросила она. — Какая у вас неприличная фамилия...

Да, человеку с этой «неприличной фамилией» лучше было не оставаться в Петрограде и в Советской России! Решено было уезжать.

В это время Андреева была-таки назначена управляющей всеми театрами Петрограда и помогала

Нине хлопотать о разрешении на выезд в Финляндию.

От всех этих передряг они оба слегли — и Гавриил, и Нина. После испанки Гавриил уже не вставал. Нина хлопотала из последних сил...

И вдруг страшная новость: уволен Бокий! На его место назначили какую-то особу по фамилии Яковлева, которая решила не выпускать Романовых из России! В то же время пришла телеграмма от Ленина: *«В болезнь Романова не верю, выезд запрещаю»*.

Мария Андреева сказала:

— Ну вот видите, не судьба. Оставайтесь-ка в России. Будете снова танцевать, ваш муж займется переводами...

И вдруг случилось чудо! Финляндия дала согласие принять Гавриила Константиновича с женой! И ЧК больше не стала чинить препятствий. Иногда комиссары вот так демонстрировали краткие приливы гуманности...

Спешно оформлены последние документы. И вот 11 ноября 1918 года Нина, чуть живой Гавриил, горничная и бульдог Калуша, с которым они никогда не расставались, выехали в Белоостров.

Вагон был полон солдат, и Нине все казалось, что они нарочно посланы, чтобы убить ее мужа. Это были самые тяжелые минуты... Наконец поезд тронулся.

Приехали в Белоостров.

— Где ваши паспорта? — спросил станционный комиссар.

— Остались в ЧК, — ответила Нина.

Он сказал, что должен снестись по телефону с Петроградом.

Господи, подумала Нина, неужто все пропало?! Долго ждали. Потом их пригласили в разные комнаты, заставили раздеться, тщательно обыскали, проверили багаж... Значит, с паспортами все было в порядке, значит, Петроград их не задерживал!

— Можете ехать в Финляндию!

На чем, ради всего святого? Гавриил больше не мог идти.

Его усадили в какую-то тачку, и пограничники довезли его до финской стороны. Недолгие переговоры, и вот уже финские пограничники взялись за тележку, чтобы везти князя Гавриила по своей земле.

В это время тот самый комиссар, который требовал паспорта, вдруг шепнул на ухо Нине:

— Очень рад был вам быть полезным!

И вернулся на российскую сторону.

Нина растерянно оглянулась. И подумала: а может быть, он и не звонил никуда? Не говорил с Петроградом? И сам, на свой страх и риск, решил выпустить их?

Ну, коли так, то благослови его Господь!

Пока она так размышляла, Гавриил, почти уже без сознания, лежа в жалкой тележке (его длинные ноги волочились по земле, а тело завязалось в узел), поднес к губам руку жены — Нина шла тут же, поддерживая его голову, — и поцеловал ее. Он прекрасно понимал, чем обязан своей маленькой балерине...

Спасшись сами, Гавриил и Нина не смогли спасти почти ничего из своего имущества. И в Париже им пришлось очень трудно. Нина сначала намеревалась открыть балетную студию, как это сделали многие балерины (в том числе и Кшесинская, которая тоже эмигрировала во Францию), однако потом сочла, что более выгодное дело — работа в модном доме.

Сначала Гавриил и Нина возглавляли один из бутиков «Ирфе» в Туке, но это оказался совершенно унылый, провинциальный город, там дело свернули очень скоро, Гавриил и Нина вернулись в Париж. Однако работать в доме моды им понравилось, только они захотели теперь иметь свое дело. И вот на рю Виталь, 38-бис, появился модный дом «Бери», о котором пресса писала: «Вы найдете там роскошные туалеты. Отмеченные печатью самого рафинированного парижского вкуса, по самым низким ценам».

Но вернемся к нам с Феликсом. После отплытия из России мы некоторое время жили в Лондоне, потом перебрались в Париж. Мы поселились теперь в Булонь-сюр-Сен, на улице Гутенберга, номер 27. К дому прилегало два флигеля и сад. Очень забавно, но этот дом оказался частью бывшего владения прабабки Феликса, графини де Шово, известной своими любовными похождениями.

Мы с Феликсом после известного события несколько отдалились друг от друга. А может быть, это было самое обычное охлаждение двух супругов, которое происходит чуть ли не с каждой парой с течением времени? Не знаю, да и какое это имеет значение теперь, когда Феликса уже нет на свете, а мои дни сочтены?..

Итак, мы в Париже, и мы пытаемся сделать жизнь в чужой стране и в чужом городе своей жизнью. Пытаемся приспособиться к этому виду существования — эмиграции.

Кого только не занесло в Париж эмигрантской волной! Здесь оказались представители самых разных слоев общества: великие князья, помещики, промышленники, духовенство, интеллигенция, мелкие торговцы. Тут была вся Россия... Обнищавшая, лишившаяся всего. Приходилось зарабатывать, хотя это мало кто умел прежде. Некоторые пошли на заводы, некоторые на фермы. Многие стали шоферами такси или поступили в услужение. Но они не только служили — они пытались находить удовольствие в этой жизни. Родственница моего свекра, графиня Шанская, устроилась судомойкой в кафе на Пигаль. Муж ее служил гардеробщиком в том же кафе. Оба были довольны жизнью и, хоть помощь нашу принимали с благодарностью, все же гордились тем, что могли и самостоятельно прожить. Про это кафе я еще расскажу... И про его необыкновенную хозяйку — тоже.

Стали появляться русские предприятия. Открылись рестораны, ателье, магазины, книжные лавки, библиотеки, школы танца, драматические и балетные труппы. В Париже и пригородах строились православные храмы со своими школами, комитетами вспомоществования и богадельнями. Послевоенной Франции не хватало рабочих рук. Париж само собою стал центром эмиграции. Тем более что Германия эмигрантам двери закрыла.

Нет, я не стану отрицать, что мы, Юсуповы, наша семья, покинула Россию отнюдь не с пустыми руками. И вопрос: где взять денег, чтобы в прямом смысле слова не умереть с голоду? — перед нами не стоял, во всяком случае в то время. У нас было что продавать, кроме того, мы могли рассчитывать на помощь родственников в Дании и Англии. Но мы с Феликсом отдавали себе отчет, что слишком широко привыкли жить, чтобы «продаваемого» хватило на продолжение прежнего существования. Нас очень сильно измучила поездка в Америку, где мы надеялись подороже продать наши ценности, ибо Париж был переполнен русскими сокровищами и за них порой давали бросовую цену, а порой отказывались покупать по причинам ну просто безумным: например, бриллиантовые серьги Марии-Антуанетты одна дама не захотела купить оттого, что их бывшую владелицу казнили, значит, и ее могут казнить. На Америку надежда была, но не сбылась, мы выручили куда меньше, чем рассчитывали, а еще не смогли вызволить наши драгоценности, которые задержали на таможне, не смогли продать полотна Рембрандта, которые Феликс в 18-м году с риском для жизни вывез из Петрограда, да еще замешались там в разные скандалы. Вернее, не мы сами, а наши имена. А еще вернее, та слава, дурная слава, которая тянулась за нами из России. Убийцы *Г.Р.*! Сами по себе мы людей интересовали, но эта слава делала нас сенсацией. Меня это бесило, хотя, помню, случился один ну настолько фантастический эпизод, что я вообще перестала принимать всерьез жадное любопытство американцев.

Надо сказать, любопытство этой демократической нации к представителям царствующих фамилий было примерно таким же, как к слонам или кенгуру. Не то детское, не то дикарское. Однажды в гостях подбежала к нам юная американка и ткнула пальцем в мое колено, возопив (американцы тихо говорить вообще не умеют):

— Первый раз вижу настоящую княгиню! Позвольте дотронуться!

С Феликсом вообще случай был из рук вон. Как-то раз явился к нему личный секретарь некоей весьма состоятельной особы и заявил:

— Хозяйка хочет от вас ребенка. Каковы ваши условия?

Я бы, наверное, в обморок упала, услышав такое. Но Феликс и глазом не моргнул.

— Миллион долларов, и ни цента меньше, — ответил он. Секретарь вывалился от него чуть жив от изумления.

И вот эта «американская» история меня поразила. В одном роскошном доме давали банкет в мою честь. Все было блестяще. Гости нас встречали, стоя полукругом, как на официальных приемах.

И любопытство, любопытство в каждом взгляде непомерное! Я чуть было не сбежала, да Феликс вцепился в мою руку и так сжал, что я пикнуть не смела. Моим «нервным судорогам», как он это называл, он редко потакал.

— Пожалей хозяйку, — шикнул он сердито. — Уйдешь — и оконфузишь ее на всю страну. Представляешь, что с нею сделает бульварная пресса, узнав, что высокие русские гости от нее сбежали!

Однако эта дама сама себя оконфузила. Выйдя на середину залы, она величественным жестом указала на нас и громко возвестила:

— Князь и княгиня Распутины!

На приеме хохотали только гости, но назавтра, когда о «чете Распутиных» рассказали газеты, хохотал весь Нью-Йорк.

Конечно, кое-как свои дела мы там поправили, да еще много сделали для русских эмигрантов. Мы организовали международное общество Russian Refugee Relief Society of America and Europe. Целью его было обучение русских эмигрантов ремеслу, позволявшему выжить теперь и в будущем. Я обратилась с письмом ко всем, кто мог дать денег:

«Прошу, помогите! Помощь ваша позволит изгоям снова стать членами общества. И в день возвращения на родину они вспомнят с любовью и благодарностью тех, кто помог им на чужбине в трудную минуту».

Откликнулись многие влиятельные люди. Появились комитеты по организации благотворительных аукционов и вечеров. Удалось собрать немалые средства.

Так или иначе, перед нами по-прежнему стоял вопрос о том, как «выжить теперь и в будущем». Надежда на Америку не сбылась. Ну а родственники... Они сами жили за счет чужого милосердия: и maman, и моя бабушка. А старшие Юсуповы надеялись на нашу помощь, тем более что у них в Риме жила наша дочь, пока мы пытались понять, где должен теперь быть наш дом, в Англии, Франции или Америке... Впрочем, не только эти резоны заставили нас взяться за устройство собственного предприятия, но и желание хоть как-то утвердиться в новой жизни. И встать на равных с теми, кто смотрел на нас свысока... А французы смотрели на нас свысока! Они жили в своей стране. А мы были у них приживалами.

Мы думали — чем можем заниматься? И как-то разом вспомнили, как заглянули в какой-то модный дом близ Вандомской площади... И решили открыть свой.

Это решение оригинальным трудно назвать, мы отнюдь не первые к нему пришли.

Меня часто занимал вопрос, отчего столь многие русские начали открывать в Париже именно модные дома? Только представителей нашего семейства — Романовых — среди них было трое: великая княгиня Мария Павловна — ее дом назывался «Китмир», мой кузен Гавриил, его жена Нина и их «Бери», о которых я уже говорила, ну и мы с Феликсом и наш «Ирфе». Еще я могу назвать русские дома княгини Ольги Урусовой на бульваре Осман, «Шапку» княгини Марии Алексеевны Путятиной, два отделения «Мод» графини Марии Михайловны Орловой-Давыдовой — на бульваре Мальзерб и на бульваре Клиши, «Имеди» графини Анны Ильиничны Воронцовой-Дашковой, ателье Пьера Питоева, «Женевер» принцессы Ольденбургской, «Тао» княгинь Марии Сергеевны Трубецкой и Любови Петровны Оболенской, «Итеб» баронессы Гойнинген-Гюне, бывшей фрейлины Александры Федоровны, царство ей небесное... Был еще «Арданс» баронессы фон Кенигсфельс, «Адлербег» графини Лидии Владимировны Адлерберг, да еще многие другие, в том числе и не принадлежавшие титулованным особам, однако произвсдшие истинный переворот в моде, как, напримср, дом «Мария Новицкая», благодаря которому обрели огромную популярность пижамы.

Русский стиль в одежде, обуви, украшениях, аксессуарах сделался необычайно моден в это время. Еще свежи были воспоминания о баснословных «Русских сезонах»... А кроме того, в Париже появились истинные русские красавицы. Ведь француженки, между нами говоря, ничуточки не красивы. Красивая женщина здесь редкость, в то время как среди русских редкость — некрасивая. Но это были не просто свежие русские телушки — в мир моды Парижа вошли русские титулованные красавицы, которые показали француженкам, что такое настоящий шик манекена.

Я много размышляла о том, почему именно в столице моды мы, русские, затеяли произвести истинный переворот. Ведь у нас делали заказы отнюдь не только русские клиентки — для большинства это было слишком дорого, они предпочитали prêt-a-porter от Поля Пуаре и других или вообще обшивали себя сами. Наши основные клиентки были француженки... Загадочно. Думаю, дело здесь вот в чем.

Каждая женщина зависит от своей портнихи. И хоть капризничает как может, порой над ней издевается, а все же зависит от нее, от ее вкусов, от ее готовности сделать вещь вовремя, дать хороший совет. Вот так же и мы — не шли в услужение к француженкам, а хотели получить над ними власть.

Казалось, никогда еще мода не достигала такого могущества. Легкие ткани и простые по сравнению с прошлыми временами фасоны позволяли женщинам даже среднего состояния менять наряды довольно часто, и триумф Коко Шанель объясняется именно тем, что она первая предложила женщинам освободиться от корсета и утвердила понятие элегантной простоты. Также она ввела моду на женские брюки, но сама она их носила редко, так как считала, что женщина никогда не будет выглядеть в брюках так же хорошо, как мужчина. С этим я была совершенно согласна.

О Шанель я знала довольно много — прежде всего от Мари, от великой княгини Марии Павловны, которая для нее работала, поставляла ей вышивки. А еще о ней без конца рассказывал нам с Феликсом Дмитрий — у него ведь был роман с главной французской кутюрье.

Надо отдать Дмитрию должное — он довольно быстро понял, что сам титул великого князя во Франции значит гораздо меньше, чем в России, а сказать точнее, не значит ничего. Благодаря Феликсу Дмитрий получил место в фирме по продаже шампанских вин в Реймсе. Дела у него пошли весьма хорошо, и, очень может статься, он сделал бы карьеру виноторговца, когда бы случайно не познакомился на курорте в Биаррице — благодаря опять же Феликсу, который уже тогда лелеял идею собственного дома моды, а потому ловил все новые веяния в этой области, — со знаменитой модисткой Шанель, которую все звали просто Коко. Вскоре после этого князь Дмитрий распростился с бочками, бутылками и флягами и был принят на работу в модный дом Шанель управляющим делами. Утонченная красота этого «подлинного Романова» произвела такое впечатление на бретонскую крестьянку, что она не называла Дмитрия иначе чем «мой нежный принц». И это при том, что она презирала даже намеки на титулы и «голубую кровь»! Однако наш родственник, отпрыск русской царской фамилии, оказался очень деловым человеком. Дмитрий и в самом деле увлекся проблемами модного дома, этот род деятельности казался ему очень любопытным, а спустя некоторое время он с тем же любопытством вступил в связь с хозяйкой предприятия. То, что он, аристократ, спал теперь с бывшей крестьянкой, придавало этой связи оттенок той извращенности, которая всегда была по душе Дмитрию.

Об этом мне насмешливо рассказал Феликс, который читал душу Дмитрия, как открытую книгу.

Дмитрий познакомил с Шанель и нас, и свою сестру; мы посматривали на нее с осторожным любопытством, а Мари искренне восхитилась женщиной, чья деловая хватка оставляла позади многих мужчин, в том числе в сфере моды — в мире модельеров, как раньше считалось, мире сугубо мужском. Ее деловая хватка произвела на Мари такое впечатление, что она сама резко переменилась. В основе ее модного дома «Китмир» лежал... Нет, вернее, стоял вышивальный станок, купленный чуть ли не на последние деньги. Мари сначала выучилась вышивать сама, она спала около этого станка, пока училась и работала, пока обучала работать других. Чуть ли не наибольшей похвалой в ее жизни стала полунасмешливая реплика:

— Ишь, герцогиня, а работать умеет!

Да, сейчас титул утратил всякий смысл. На хлеб его не намажешь, платья из него не сошьешь. В счет шли совсем иные ценности! Мы с Феликсом это тоже понимали.

Между прочим, на той выставке, где блеснула Ламанова и ее модели а-ля рюсс, вернее, а-ля рюсс-советик, вышивки Мари получили две награды: золотую медаль и почетный диплом.

Когда пришли бумаги, она долго хохотала. Организаторы выставки, очевидно, ничего не знали о ней, потому что документы были выписаны на имя «Господина Китмира».

Ну вот, теперь самое время рассказать и об «Ирфе́», Irfé. Легко угадать, почему мы выбрали именно это название. Соединили первые слоги своих имен, вот и все. Слово выглядит и звучит совершенно по-французски, хотя такого слова и нет во французском языке.

Мы оба были опорой друг для друга, мы не преодолевали таких трудностей, как, например, Мари, которой во всем приходилось полагаться только на себя (ее второй муж, Сергей Путятин, проживал ее деньги, но ничем ей не помогал), но все же без них не обошлось. Главная трудность состояла в том, что мы понятия не имели, как вообще приняться за дело. Феликс фантазировал, как будет обучать наших манекенов... Он их и в самом деле обучал, но работа не только в этом состояла.

Мы сразу нашли верных единомышленников — это были прежде всего мой брат Никита с женой Вероникой, люди тонкого вкуса и не боящиеся никакого труда (Вероника прекрасно шила), потом наши приятели Нона и Михаил Калашниковы — она еще в России, в пору благоденствия, очень увлекалась вышиванием, златошвейкой была непревзойденной, нам это очень пригодилось теперь. Первой нашей модельершей была... не кто иная, как та самая Маревна, Маша Стебельская, которую мы когда-то случайно встретили на Монпарнасе. Ну, я об этом уже упоминала. Во время войны она работала в пошивочной мастерской — строчила солдатские кальсоны... И вот на нее обрушилось творчество! Шали, пояса-кушаки, расшитые под старинную русскую уздечку с помпонами, и платья с косыми, асимметричными подолами, с заниженной талией и расходящимися книзу рукавами... Модели ее были хороши, но весьма эксцентричны, она рисовала, глядя на меня, а я всегда была очень худая, мне вообще все шло, любая одежда. Потом, когда я узнала, что Карден сказал, будто лучшая женская фигура — это швабра, потому что ее легко задрапировать, я ужасно хохотала — словно про меня. Но не все женщины такие! Мне пришлось Маревне немного помочь, мы с Феликсом и с ней мой любимый и очень мне идущий летящий силуэт сделали более универсальным. И все женщины с изумлением убедились, что худышкам этот силуэт придает некую округлость форм, а полных очень стройнит. Однако для премьерного показа мы решили подобрать таких же манекенов, как я, чтобы все смотрелись en ensemble, органично. Да... Да, признаюсь, я тоже была манекеном. Пусть только для премьерного показа, но была!

Ох, как меня за это осуждали все мои родственники, даже maman! Впрочем, они и Мари осуждали.

— Ну да, она должна была нищенствовать и выпрашивать подачки, — говорила я насмешливо, пытаясь защитить ее.

— Но ты же не нищенствуешь! — возражали мне. — И тебе не дадут пропасть с голоду!

Но мы не хотели побираться.

Разумеется, мое участие в качестве манекена придумал Феликс. Ажиотаж, который царил вокруг нас в Америке, не давал ему покоя, он считал, что наша довольно скандальная слава в сочетании с моим громким титулом сыграет нам очень на руку и будет отличной рекламой. Ну, строго говоря, он оказался прав (почти как всегда), но для премьерного выступления это роли не сыграло, потому что мы на него ужасно опоздали и примчались самые последние, когда почти все дома уже представили свои коллекции.

Ох, как я нервничала тогда! Я вообще ненавидела опаздывать — очень странно, но, при всей своей безалаберности, я даже в детстве была весьма пунктуальна. А Феликс... Ну, для него «сейчас» обычно означало «через час», я, кажется, об этом уже говорила.

В общем-то это опоздание сыграло нам на руку, потому что коллекция наша очень отличалась от того, что было представлено раньше, и произвела фурор. Ну и имя мое произвело не меньший фурор... Племянница русского царя — на помосте!

Меня за это потом многие осуждали, но, знаете, это было ничуть не более шокирующее, чем князь — шофер такси, или граф — жиголо в танцзале, или графиня-посудомойка... Я от своего снобизма не сразу избавилась, но все же избавилась.

К слову сказать, среди моих манекенов было много титулованных особ — и, как одна, замечательные красавицы! Княгиня Трубецкая, княжны Саломея и Нина Оболенские, баронесса Анастасия фон Нолькен, Нелли Лохвицкая, дочь генерала.

И в каждой — удивительная судьба, которая могла бы стать темой романа. Например, Майя Муравьева. Мы с Феликсом как-то увидели ее на Пигаль, в одном ресторанчике, который назывался «Золото атамана». Об интриге, которая связала меня с этим ресторанчиком, я потом расскажу, а пока немного о самом Пигаль.

Я там бывала несколько раз — и просто из любопытства вместе с Феликсом, которого в такие места тянуло как магнитом, и когда спасалась от попыток большевиков втянуть меня в свои грязные дела, так что имела возможность присмотреться. Ну и Майя Муравьева мне много чего об этом месте рассказала. Потом, гораздо позднее, мы с Феликсом познакомились с одним блудящим господином по фамилии Кессель — это писатель, эмигрант, еврей, он Пигаль знал очень хорошо, его роман «Княжеские ночи» меня впечатлил и растрогал... и от Кесселя я многое о Пигаль узнала.

В те времена это был не просто район Парижа — это был город в городе. Улица, названная в честь скульптора Жана-Батиста Пигаля, обретшего славу большо-ого эпатажника после того, как он изваял обнаженного Вольтера (нашел, между нами говоря, кого — нет, не ваять, Вольтер, конечно, достоин изваяния! — нашел же кого обнажать: мудреца весьма преклонных лет, никогда не страдавшего переизбытком внешней красоты... С духовной-то у него все было как надо, однако в камне ее не слишком-то запечатлеешь, красоту духовную, а телосложением Вольтер очень сильно отличался не только от Антиноя и Аполлона, но даже и от Давида!), находилась близ Монмартра, который всегда имел известность скандальную, и близ бульвара Клиши, на коем не только крутились ночами лопасти знаменитой Красной Мельницы — Moulin Rouge, но и шлялись туда-сюда жрицы любви — всех ростов и возрастов, всех цветов кожи, всех мастей, всякой комплекции, на всякий вкус, на всякий кошелек, гораздые на всевозможные причуды. Мелькали меж сими красавицами также и юные красавцы, поскольку охочих до содомского греха в мировую столицу распутства тоже приезжало немало...

Постепенно название улицы стало названием целого района: одноименной площади, улиц Фонтэн, Дуэ, да и вообще всех, к ним прилегающих.

Роковая страсть Распутина

И все же сначала Пигаль был не более чем случайным сборищем злачных мест, воровских притонов и всяческого бесстыдства. Но после Первой мировой войны, а особенно после русской революции...

Франция понемногу приходила в себя, осваивалась в мирной жизни, люди жаждали веселья, а эмигрантам, вновь и вновь являвшимся из России, надо было чем-то жить, потому *в Пигале* (это слово русские склоняли на все лады, говорили — Пигале, Пигаля, Пигалю, Пигалем...) плодились, росли, словно грибы после дождя, русские кафе, ресторанчики и рестораны, закусочные, бары...

Вообще Пигаль — это было нечто большее, чем просто площадь, просто улица, просто район. Это был образ жизни.

Здесь сосредоточилось особенно много русских ресторанов и заведений для удовольствия. Здесь можно было неделями не говорить по-французски, потому что русские открыли здесь свои парикмахерские, лавки, отельчики, здесь по улицам ходили казаки, гвардейские полковники, профессора Московского и Петербургского университетов, знаменитые артисты, писатели, красавицы, кружившие головы высшему свету русских столиц, а теперь отдававшиеся за ничтожные деньги любому праздному американцу, которых сюда влекло, как мух на мед...

Ночных ресторанов здесь было хоть пруд пруди. Имелись заведения совсем скромные, куда ходили люди, жившие в дешевых отелях, где негде было готовить и не было пансиона; впрочем, и в таких простеньких ресторанах можно было кутнуть, если заводились деньги. Имелись и очень дорогие кабаки с джазом, который тогда начал входить в моду, или нарочитые а-ля рюсс; были просто, так сказать, приличные места — с красивыми, изысканными дамами для танцев, а то и с мужчинами, наемными танцорами, с роялью...

Как раз на пересечении улиц Пигаль и Фонтэн — с правой стороны, если идти по направлению к Place Pigalle, площади Пигаль, — находился небольшой ресторанчик, который ловко балансировал между богатством и бедностью, вульгарностью и приличием. В нем песенка про знаменитый шарабан звучала особенно часто. Но не только благодаря ей пользовалось сие заведение особенным успехом в Пигаль. Немалую популярность снискало оно и из-за своего названия. А называлось оно «Золото атамана».

Среди обслуги кабака были люди именитые. Швейцаром служил бывший генерал Невзоров. Метрдотелем — полковник ее императорского величества лейб-гвардии Уланского полка фон Раух. К офицерскому составу этого же полка некогда принадлежали два официанта (увы, не знаю, как их звали). В хоре пели бывшие баронесса, профессор Московского университета и оперная дива Мариинки — забыла их фамилии. Князь Бразуков-Брельский работал наемным танцором, граф Львовский был шофером ресторанного «Рено» — развозил по домам подвыпивших посетителей кабака, пользуясь протекцией генерала-швейцара. Ну что, такая великосветская, сиятельная кабацко-ресторанская обслуга была в те баснословные времена явлением, к несчастью, обыденным, я уже писала об этом.

В «Золоте атамана» танцевали Майя и Максим Муравьевы, брат и сестра.

Их отец был блестящий офицер, полковник Генштаба, мать — актриса, танцовщица из провинциального театра, на которой он женился по страстной любви и против воли семьи, хотя это был, конечно, ужасный мезальянс.

Карьера генштабиста Муравьева после этой свадьбы окончилась, но они жили хорошо: отец отличился на Русско-японской войне, был тяжело ранен и вернул себе уважение общества; к тому же он получил большое наследство. Однако случилась революция. Майя, как она сама мне рассказывала, всегда была больше мальчишка, чем девчонка: младший брат ее учился в университете, а она ушла в армию, и, хоть побыть в окопах ей не удалось, она служила сестрой милосердия в войсках Деникина. Остальные Муравьевы бежали в Крым, где и встретились с Майей, потом все вместе эвакуировались на военном корабле в Галлиполи и Константинополь. Здесь их спасла от унизительного нищенствования помощь Франко-Оттоманского банка и Красного Креста. Удалось даже взять билеты на пароход до Марселя, идущий через Грецию. В пути полковник Муравьев умер, так что во Францию Майя с матерью и братом прибыли осиротевшими.

Мать Майи не только умела танцевать, но и была порядочной портнихой. Как-то ей удалось попасть в модный дом «Китмир», к нашей родственнице Мари.

Майя тоже устроилась было портнихой, однако толку от нее в этом деле не было — слишком уж непоседлива оказалась. Сиделкой в больницу для бедных ей идти не хотелось, а в хороший госпиталь устроиться было невозможно: у нее не было медицинского диплома. Да и хватило ей по горло фронтовой медицины! Кто-то познакомил ее с управляющим «Золотом атамана», Тарханом, он предложил ей сначала служить на кухне, подсобницей, но потом Майя привела брата и показала управляющему, как они танцуют... И они стали «звездами» в «Золоте атамана»!

Однако их танцевальная карьера вскоре расстроилась: на несговорчивую Майю нажаловался какой-то клиент, который хотел от нее не только танца. Пришлось уйти. Максим остался (деньги он зарабатывал очень хорошие и решил не рисковать), ему нашли новую партнершу. Майя искала другую работу. Это оказалось труднее, чем думалось. И вот, когда она почти отчаялась, вдруг внезапно встретила на улице бывшего, еще петербургского гувернера-француза своего брата! Право, у каждого эмигранта есть история своих невероятных встреч в Париже... Вернувшись на родину, этот бывший гувернер открыл магазин и даже преуспевал. Он одобрительно осмотрел стройную фигуру Майи и посоветовал ей пойти приказчицей в модный дом. У него были знакомства в доме «Ланвен». Майя пошла туда.

«Ланвен» не обладал скандальной известностью «Шанель», однако был очень любим многими. Этот модный дом считался приличным, добропорядочным. Он и сейчас существует, а в истории моды сохранилось понятие «синий ланвен» — для обозначения особого оттенка ярко-синего цвета, который был особенно любим его первой хозяйкой, Жанной Ланвен. Она была родом из Бретани — очень приличная дама, которая шила платья для молодых матерей и их дочек. Все очень красиво, изысканно, без всякого эпатажа, без вызова и скандальности. Платили приказчице 400 франков — это не бог весть что, это очень мало, но у Майи тогда вообще не было денег, оттого она готова была согласиться на эту работу.

Пока она сидела в приемной комнатке у главного ресурсомена — так называли сотрудников, которые занимались подбором приказчиц, — его секретарша спросила у Майи, почему она хочет устроиться именно приказчицей, а не манекеном: у нее, мол, фигура подходящая.

Майя в то время многое повидала, но все же в таких вещах оставалась очень наивной: она даже не знала, кто такие манекены! Неподалеку от того дома, где она жила в Пасси, была витрина с деревянными манекенами. Ну вот Майя и подумала, что ей предлагают уподобиться таким деревяшкам: неподвижно стоять в витрине, словно чучело в платье. Секретарша рассмеялась: нет, говорит, вам нужно будет надевать платья в примерочной кабине и показываться в них покупательницам. Но, конечно, придется и неподвижно стоять: на пример-

ках. Но зарплата у манекена больше, чем у приказ-
чицы: две тысячи франков!

Деньги отличные, но Майе было трудно на такое решиться. И разве только ей? Знаменитая в будущем Теа Бобрикова, хотя тогда ее еще никто не
знал, мне со смехом рассказала, как мать не пуска-
ла ее работать манекеном, даже заперла в комнате
на ключ, но в доме нечего было есть, вот мать ее и
выпустила.

В конце концов Майя отважилась поговорить с
ресурсоменом. Надо сказать, что в некоторых домах порядки были не очень любезные при приеме
новых девушек. Их придирчиво осматривали, заставляли задирать платье и показывать ноги. Про-
являть излишнюю скромность не рекомендовалось:
можно было запросто вылететь со службы. Да и о
какой скромности может идти речь? Раз девушка
согласилась на это ремесло, то не имело смысла
особенно играть в чувство собственного достоинства... Для новой жизни не нужны старые одежды!

Впрочем, Майя с этим скоро смирилась, как
смирилась со своей стрижкой (ей приказали по-
стричься, пригрозив, что иначе на работу не возь-
мут!): тем паче что стрижка ей необычайно шла.

Мадам Ланвен очень понравилась Майя с ее
мальчишеской фигуркой: тогда входили в моду прямые платья с заниженной талией, невыразитель-
ные формы начинали ценить. Например, в то время стало модно, чтобы у женщины сзади ничего не
имелось, никаких выпуклостей, а ведь это было далеко не так, поэтому манекены на дефиле, да и вообще дамы на улицах, им подражающие, ходили,

как-то диковинно прогнувшись, выставив вперед бедра (между прочим, с тех пор и повелась эта нелепая походка, которой щеголяют на подиумах нынешние манекены), но больше всех ценились женщины с плоскими попами (pardon!), а ведь русские девушки вообще не отличаются дерзостью задниц (pardon-pardon!), в отличие от француженок, к примеру, то есть у русских были модные фигуры, поэтому спрос на наших манекенов был очень велик.

Нет, это я так шучу. Вовсе не поэтому во всех уважающих себя модных домах появились русские манекены, так что скоро сложилась такая пропорция: из шести манекенов четыре были русские, а только две француженки. Все русское, как я уже говорила, тогда было в сумасшедшей моде: помнили еще о «Русских сезонах», носили русские вышивки и кружева, брали для показа мод русских манекенов... Ну а еще дело было в том, что во Францию тогда мощным потоком хлынули из России удивительная красота, порода и знатность. Чухонки-телятницы да толстопятые деревенские девки — они ведь не бежали в Париж от революции! Майя Муравьева, дочь полковника, — это был еще самый низший класс, появившийся на модных показах! Здесь звучали самые громкие фамилии России: Иславины, Ге, Мордвин-Щедровы, Палей, Северские...

Отец Катюши Иониной — бывший командующий Батумским военным округом. А княгиня Мэри Аристова и бывшая смолянка, дочь генерала, Гали Баженова, которые начинали работать у самой Шанель (у Коко Шанель даже управляющим был князь Сергей Александрович Кутузов). А Соня и Вера, дочери знаменитого Николая Ивановича Гучкова, московского городского головы? Они работали в модном доме «Карис». В «Женни», доме моды Женни Сесердот, — баронессы Кира и Ляля фон Медем. В «Шанталь» блистала княгиня Лиза Граббе, в замужестве княгиня Белосельская-Белозерская; в доме «Поль Каре» выходили на подиум сестры-княжны Оболенские, одна из которых стала уже в эмиграции княгиней Шаховской, по мужу, бывшему лейб-гвардейцу, но продолжала карьеру манекена. В «Ланвен» славилась уже упомянутая Теа Бобрикова — настоящее ее имя Екатерина, я ее еще в России отлично знала, ведь она была крестницей моего дяди Никки!

Именно у этих подлинно светских дам учились французские манекены прекрасным манерам, перенимали аристократизм, изысканность, даже это холодное, отстраненное выражение лица, которое и теперь, словно маску, надевает на себя каждая, кто идет по подиуму. Именно благодаря русским аристократкам работа манекена, все равно какого — манекен де кабин (девушки, постоянно работавшей в модном доме, демонстрировавшей те платья, которые просто хотели посмотреть покупательницы), манекен-ведетт (той, кого приглашали на дефиле), манекен-волан (такую нанимали для поездок за границу) или манекен-монден (имевшую громкий титул, получавшую от своего дома платья для выхода в свет, блиставшую в этих туалетах на раутах), — стала считаться не низменной и позорной, а почетной, завидной, престижной. Фотографии русских красавиц парижанки и провинциалки вырезали из журналов «Вог» и «Фемина» и вешали на стенку рядом с фотографиями знаменитых светских дам.

Да и в самом деле: боже мой, какие же это были удивительные красавицы! Даже я, женщина, готова это признать. Впрочем, я никогда не завидовала ничьей красоте, с меня довольно было и моей, которая, видимо, и впрямь была заговорена *Г.Р.* — и красота Феликса тоже. Таня Меттерних, в девичестве Васильчикова, дальняя родственница Феликса, говорила, что у нас с ним лица без возраста...

Однако еще о манекенах. До сих пор сохранились в модных домах предания о «приподнятой брови и гордом выражении» лица княгини Мэри Аристовой, «глазах прозрачной воды» Лизы Граббе, о невероятной внешности Натали Палей, которую считали еще более загадочной, чем даже Грета Гарбо. Ну и меня упоминали... О том нашем ферричном появлении в конце показа в «Рице» долго говорили!

Вообще русские манекены были известны своими манерами и сдержанностью — и дома, и на работе. Не то что француженки! Мне рассказывала одна наша девушка, Ольга Кампанари, которая одна из немногих русских получила работу в одном из домов моды, где русских манекенов не было... Ее должность называлась dame receveuse. Кстати сказать, очень многие мечтали сделаться dame receveuse! Это считалось работой классом выше, чем работа манекена. Dame receveuse должна была знать языки, принимать иностранок (в основном американок, их в то время в Париже было несчитано!) и сопровождать их по отделам магазина в качестве переводчицы. Ну так вот, Ольга говорила мне, что французские девушки ведут себя до того «непринужденно», что даже перед покупательницами стыдно. Новые модели француженки показывали с неподвижными, кукольными личиками, словно демонстрируя свое презрение к туго набитым заокеанским кошелькам, а потом, в задних комнатах, сбросив эти модели, спешили вознаградить себя за это вынужденное безмолвие и каменное спокойствие. Полураздетые девицы катались друг на друге верхом, порою дрались или в самых отборных выражениях сводили счеты, не замечая, что какая-нибудь пожилая американка, приоткрыв дверь, смотрит на них через лорнет совершенно так, как она смотрела бы на клетку с обезьянами, а потом говорит сопровождающей ее Ольге Кампанари: «Ох, как забавно!»

Ну, наверное, это забавно, если только ты не высокородная русская княжна, не дочь генерала, не смолянка... Наши девушки просто не могли себе позволить выглядеть таким образом.

Феликс и я — мы относились к своим манекеном как к равным, как к друзьям. Боже упаси крикнуть на кого-то, повысить голос! И мы никого не выгоняли с работы. Но те, кто приходил к нам от французов, рассказывали, как у них тяжело, особенно у Поля Пуаре.

Он придирался к мало-мальской провинности: прическе, небрежному макияжу, слишком печальному выражению лица, в конце концов... Да уж и не знаю, к чему только не придирался Пуаре! Иногда патрон просто выстраивал девушек в круг и рассматривал долгим, тяжелым взглядом. Потом вдруг делал странный жест, как будто муху отгонял. У манекенов, кстати, это так и называлось между собой: гонять мух. После такого жеста девушка, на которую в эту минуту смотрел Пуаре, могла считать себя выгнанной вон.

Работать у Пуаре было тяжелее, чем где бы то ни было, еще и потому, что коллекция обновлялась каждые шесть месяцев, и большинство времени девушки не красоту свою демонстрировали, а стояли на помосте, и модельеры на них драпировали ткани, подбирали к ним кружева, ленты, кроили, закалывали булавками, порою нечаянно втыкая их в тела девушек... Словом, они часами изображали из себя именно тех деревянных манекенов, о которых Майя думала в самом начале своей карьеры. Длились примерки часами без перерыва, некоторые девушки даже в обморок падали.

Этого боялись: Пуаре слабостей не любил и не прощал, мог снова начать «гонять мух»...

Потом, впрочем, у ведущих манекенов его фирмы появлялись дублерши. Так называли девушек с такой же фигурой, как у «прим», но еще не получивших известности, мало чему наученных, на которых кроили и шили платья для «этуалей».

Мы с Феликсом рады были, когда наши девушки устраивали свою судьбу и выходили замуж.

Гали Баженова, после неудачи своего первого брака, вышла замуж за графа Станислава де Люара, приняла католичество и отныне звалась графиней

265

Ирэн де Люар... Она, к слову, прославила это имя во время Второй мировой войны и получила орден Почетного легиона; Ия Ге сделалась леди Абди после брака с английским баронетом Робертом Абди; Женя Горленко вышла за виконта де Кастекса; Лидия Багратени стала женой лорда Детерлинга; Кира Борман вышла замуж за депутата Аршамбо; Соня Кольбер — за хозяина модного дома «Шарль Монтень», очень состоятельного голландца; а Наталья Палей (дочь моего родственника — великого князя Павла Александровича от его морганатического брака с Ольгой Валериановной Пистолькорс) — стала женой знаменитейшего кутюрье Люсьена Лелонга и сделалась символом его модного дома; Киса Куприна, дочь знаменитого писателя Александра, хоть и не вышла замуж, имела бурный роман с Марселем Л'Эрбье и снялась у него в пяти фильмах; да и другие наши девушки имели успех в Голливуде...

Словом, примеров житейских удач наших манекенов можно привести немало, и поэт Валентин Горянский, стихи которого печатались и в «Русской мысли», и в «Иллюстрированной России»[1], даже написал по этому поводу прелестный опус про «манекена Наташу», «маленькую мидинетку», у которой «праздники редки», она целый день «как рыбка в сетке», но однажды она отправилась для показа платьев — она везла с собой сорок три туалета! — на Ривьеру, в Ниццу, и там в нее влюбился богач Чарли-американец. И Наташа вышла за него

---

[1] Газета и журнал русской эмиграции, выходившие в Париже в описываемое время. *(Прим. автора.)*

замуж, и увезла с собой все сорок три туалета, которые должна была демонстрировать на Ривьере.

Но, конечно, наш модный дом не мог преуспевать только благодаря красоте наших манекенов. Нужно было себя рекламировать, а лишних денег на это у нас не было. Конечно, тот блистательный показ в «Рице» нас воодушевил! Поступило сразу немало заказов на «платья, такие же, как у принцессы Юсуповой». Феликс ужасно надувался от гордости, что оказался прав. Первым делом решили найти другое помещение, попросторней, а то мы на головах друг у друга сидели на улице Облигадо.

Долго искали. Один чех нас обманул, деньги мы на этом потеряли, но потом на улице Дюфо, 19, нашли подходящее помещение: весь первый этаж дома, есть где устроить и примерочные кабины, и пошивочные цеха. Оформлением, конечно, занимался Феликс, все получилось красиво и весело.

Много мы потеряли из-за любимого слуги Феликса, Буля. Это было существо, которое я всерьез не воспринимала. Страшный чудак, не сказать — дурак. Помесь человека и домашней собачки. Что-то вроде очеловечившегося Панча. Этот Буль сидел у нас на телефоне и записывал клиентов, вечно все путая. А в день торжественного открытия нашего модного дома вообще такой позорный казус произошел! Мы ждали уйму народу: отправили сотни приглашений, сами конверты надписывали ночами, стульев золоченых взяли напрокат — не счесть, букеты кругом, красиво и изысканно...

Ни одного человека! Никого! Никто не пришел!

Потом оказалось, что чертов Буль, которому поручили разослать приглашения, просто забыл опустить их в почтовый ящик.

Наше дело грозило рухнуть, не начавшись. К счастью, Феликс согласился с моим твердым мнением, что Буля от дел надо отстранить. Стал искать организатора производства. Вскоре у нас появился Жорж Кюэвас (он женится спустя некоторое время на внучке Рокфеллера, с которой познакомится, к слову сказать, на одном из наших показов). Жорж знал уйму народа, был со всеми на дружеской ноге, он приводил к нам клиенток толпами! Наш дом расширялся. Управление делами осуществляла одна француженка, мадам Бартон, которая и бухгалтерию вела, и порядок во всем наводила.

О некоторых клиентках, которых мы обшивали, теперь без слез не вспомнишь! Иные даже не делали вида, будто пришли заказывать туалеты. Их вело любопытство. Кому-то хотелось попробовать чаю из настоящего русского самовара, который раздували с помощью сапога. Но большинство летели, как мухи на мед, на титул убийцы Распутина, желали повидать русского князя, у которого, по слухам, глаза фосфоресцировали, как у хищника!

И вот среди них появилась мадам Хуби. Назвать ее толстухой — это значит ничего не сказать. Она имела просто устрашающие габариты, просто нереальные! Когда она появилась в «Ирфе» первый раз, это было что-то сенсационное. У нас проходил показ моделей, народу собралось огромное количество. И вот в зал вдвигается гора жира, задрапированная дорогими тканями. Она именно вдвигалась — не входила, потому что передвигаться толстуха без посторонней помощи не могла: ее вели шофер, лакей и, кажется, компаньонка, какой-то безликий заморыш, как выяснилось позже — австрийская баронесса, которую мадам Хуби называла «моя дура».

Огромная дама плюхнулась на затрещавшее канапе, которое мигом перекосилось, и пробасила:

— Князя сюда! И водки подать.

Наша домоправительница побежала к нам с Феликсом, задыхаясь от негодования:

— Да как же так?! Какой скандал! Она что, в кабак явилась?!

— Подумаешь, — ухмыльнулся Феликс, который мигом почуял в незнакомке некую чудинку — из тех, которые он так любил. — Какой тут скандал? Обычное дело. Мы одеваем тех, кто хочет одеться, так почему не можем напоить того, кто хочет пить? Буль, давайте-ка в мой кабинет за водочкой, она в секрстере за альбомами, да побыстрей, да не разбейте бутылку, это «Смирновская», из Америки вывез!

Он с трудом сдерживал смех. Наконец Буль вернулся с бутылкой. Прихватив ее и стопку, Феликс вышел в зал.

— Так и перетак! — уставившись на него, пылко выразилась гостья. — Вы князь, тот самый? И не скажешь, что убийца! Ну, очень рада, что вы смылись от этих большевистских сволочей. Жалко было бы, если бы такого красавчика к стенке прислонили.

Выражалась толстуха весьма живописно, а глазами на Феликса сверкала так, словно была восемнадцатилетней красоткой. Впрочем, зеленые глаза ее и в самом деле были очень хороши! Они были жирно обведены тушью — я видела таких женщин в Египте. Играя взглядом, она опрокинула стопку водки, даже не поморщившись. Оглядела наших манекенов, сделала кому-то знак подойти, пощупала ткань, подозвала другую девушку, третью... Наверное, они с трудом сдерживали смех, но держались холодно, сдержанно и высокомерно, как и полагается девушкам из благородных семейств.

Впрочем, толстуха этого и не заметила. Махнула Феликсу:

— Пятнадцать платьев мне — и кокошник, золотом шитый. Чтобы совсем а-ля рюсс. Да. Еще десяток заказываю для этой вот дуры, — ткнула она пальцем в ту сторону, где топталась малорослая баронесса.

— О, само собой, мадам, — сказал Феликс с видом профессионального кутюрье. — Все, что вам будет угодно! Но кокошники бывают разных видов...

— Золотом шитый! — сказала мадам Хуби. — Золотом, жемчугом, камнями, да побольше всего, вот и весь вид. Про платья не забудь. Пятнадцать мне и десять дуре. Эх, как же хорошо, красавчик, что ты от красных улизнул!

Она сделала знак слугам. Те вынули ее из канапе, которое она уже успела изрядно продавить, и заботливо повлекли к дверям. Баронесса влачилась следом.

Роковая страсть Распутина

Через несколько дней наша мастерица Нона Калашникова — она имела поразительный талант к вышиванию золотом! — отвезла мадам Хуби совершенно необыкновенный кокошник, украшенный драгоценными камнями и жемчугом. С ней отправилась закройщица, чтобы снять мерки для платьев с мадам Хуби и ее протеже.

Не могу описать, как они хохотали, когда вернулись и принялись рассказывать историю своего визита. Оказывается, экстравагантная толстуха приняла их в гостиной... лежа в огромной ванне, подогреваемой электричеством, что по тем временам было просто чудо техники! Затурканная баронесса читала ей газету. Рядом стояли несколько горничных — у каждой на подносе была бутылка с шампанским. Мадам Хуби опустошала бутылку за бутылкой — ее мучила жажда.

Наших мастериц тоже напоили шампанским. Потом хозяйке показали кокошник, от которого она пришла в такой восторг, что немедля пожелала его надеть. Потом так и вышла из ванны — голышом и с кокошником на голове.

С тех пор она почти не снимала кокошник, даже на улицу в нем ходила.

Они с Феликсом ужасно очаровались друг другом. Ну, мадам Хуби в него влюбилась — это понятно. А он был в восторге от ее пронзительной, вопиющей, сверкающей экстравагантности. И в ее присутствии давал себе волю! Как-то он обмолвился, что однажды танцевал для нее лезгинку с кухонными ножами. По словам Феликса, эта чудачка пробуждала и в нем тягу к чудачествам.

Не в нем одном. Оказывается, ее подопечная баронесса вылавливала из аквариума золотых рыбок и глотала их... живьем. Узнав об этом, мадам Хуби ее выгнала. Но так ли виновата была маленькая баронесса?..

Да, все это вспоминать ужасно смешно, но неприятной тенью встает другое мое воспоминание...

Однажды к нам на рю Дюфо, в «Ирфе», кто-то протелефонировал. К аппарату звали меня. Сказали, что спрашивает мадам Сонье, которая хочет беседовать только со мной. Имя мне ничего не говорило, но я все же подошла.

— Княгиня Юсупова? — спросила она по-французски каким-то «толстым» голосом.

По одному его звуку я немедленно поняла, что, во-первых, это русская дама, а во-вторых, что говорит она измененным голосом. Меня даже передернуло, но это была сущая мелочь по сравнению с тем, что произошло вслед.

— Вы говорили, что мы предназначены друг другу, — сказала незнакомка теперь уже по-русски, подтверждая мою догадку. — Я гнала от себя эту мысль, но не смогла от нее избавиться. Однако не могу понять, о каком предназначении вы говорите.

Тут она умолкла.

— Что? — спросила я, совершенно ничего не понимая. Какая-то сумасшедшая звонит?

— Я замужем. Мой муж — ваш друг. Если бы мы могли вместе втроем... быть верными и нежными друзьями все трое — какое это было бы счастье, какой камень был бы снят с моей души и совести!

Снова молчание. С ее стороны — выжидающее, с моей... молчание полного онемения. Я не могла ни слова сказать, потому что вдруг сообразила: да ведь она цитирует мое письмо — мое письмо *Г.Р.*, написанное в Крыму, вместе с моим отцом, Зинаидой Николаевной и Феликсом Феликсовичем! То самое письмо, с помощью которого Феликс заманил *Г.Р.* в наш дом на Мойке, где и убил его...

И женщина поняла, что я узнала письмо! Однако она продолжала его читать, и теперь в голосе ее звучала откровенная издевка:

— Я верю, что вы, при вашем уме и невероятной силе, могли бы помочь разрешить все противоречия, которые терзают мою душу. Приходитс... Мой муж передаст вам это письмо, но он не знает его содержания. Я вернулась ради вас из Крыма. Приходите... 26 букв... Я думаю об этом... Привезите с собой мое письмо — вы должны позаботиться, чтобы ни одна душа живая не знала, что я зову вас... я вам доверяю!

Она умолкла.

— Что это значит? — с великим трудом проскрипела я. Помню, в эту минуту — очень неподходящий момент! — я вспомнила, как Таня Васильчикова говорила, что у меня лицо камеи без возраста и при этом скрипучий романовский голос. Да уж... лицо у меня сейчас окаменело и голос скрипел от ужаса! — Что это значит?!

— Это значит, что если сия нежная цидулька попадет хоть в одно печатное издание — неважно, наше или французское, — вы будете заклеймены как сообщница этого подлого убийцы — вашего муженька-содомита.

— Я не... я не... — пробормотала я, не соображая, что говорю.

— На ваше счастье, мне нужны деньги, — сказала женщина. — Я отдам вам письмо за...

Помню, что она назвала какую-то очень большую сумму, огромную! Кажется, пятьдесят тысяч франков. Впрочем, не могу ручаться: кровь так стучала у меня в висках, что я плохо слышала. Но все же разобрала, что она назначает мне встречу завтра:

— Вы должны быть в Пигале — в ресторане «Золото атамана» в десять вечера. Я сама вас найду и сама к вам подойду. Вы должны быть одна, без мужа. Если появится он, то встреча не состоится, а письмо прямиком уйдет в газету. И вообще, я запрещаю вам говорить об этом мужу!

И она бросила трубку. А я осталась стоять у аппарата в полуобморочном состоянии.

Такой меня и увидел Феликс. То есть если бы я даже и хотела скрыть от него звонок, не смогла бы. Но я ничего не собиралась скрывать, потому что только он мог мне ответить на вопрос: каким образом о том злосчастном письме стало известно постороннему человеку, мало того — откуда у него текст письма?

Мы немедленно ушли из дому, потому что вокруг было слишком много посторонних, которые невзначай могли услышать лишнее. Ходили по улицам, то и дело озираясь, и говорили, говорили...

Феликс был потрясен не меньше, чем я. Он клялся и божился, что сам, своими руками достал мое письмо из кармана *Г.Р.*, а потом сжег в камине и даже пепел разворошил.

— За то время, что письмо находилось у *Г.Р.*, кто-то успел переписать его, это единственный ответ, — наконец сказал Феликс. — Но кто? Думаю, это какой-то очень близкий к нему человек, которому он очень доверял.

— Например, Симанович? — спросила я.

Симанович, я, кажется, уже говорила, был еврей, секретарь *Г.Р.*, посвященный во все его дела и близко его знавший. Ходили слухи, что Временным правительством он был задержан, однако сумел-таки выехать за границу. Говорили, его видели в Париже...

— Может быть, и Симанович, — кивнул Феликс. — А женщина — просто его сообщница. Меня только удивляет, почему это не было обнародовано еще в России, после убийства. Сразу. Тогда мы... тогда нам...

Мне стало дурно при одной только мысли о том, что было бы с нами, если бы это письмо тогда увидел кто-то, кроме *Г.Р.* Как мы были неосторожны! Замышляя убийство этого человека, мы вверяли ему свою судьбу!

Судя по белому, как мел, лицу Феликса, он думал о том же.

— Что и говорить, дурная слава плелась за нами, как верный пес, — со вздохом сказал он наконец. — Но твое имя хотя бы не было запятнано, все знали, что ты была в Крыму... Возможно, эта копия была снята самим *Г.Р.*, а попалась на глаза тому, кто нас шантажирует, уже позднее. Или он боялся дать этому ход в России... Не суть важно теперь! Мы должны любой ценой заполучить эту записку! Понятно, что этому человеку очень нужны деньги. Но не сомневаюсь: сколько бы мы ни заплатили, он запросит еще. Ведь такие копии можно делать в любом количестве, пока рука не устанет переписывать.

Вдруг мне пришла в голову некая спасительная мысль:

— Но кто поверит, что это писала я? Мало ли кто мог это сочинить? Может быть, просто не обращать внимания? Конечно, записку могут напечатать в газетах, но ты сам сказал, что дурная слава — наша привычная спутница. Мы сможем отречься и даже опротестовать эту публикацию...

В самом деле, чего о нас — преимущественно о Феликсе — только не писали в газетах! Помню, в Нью-Йорке одна левая газетка вдруг вздумала утверждать, что драгоценности свои мы украли у императорской семьи! В стране, где люди падки на сенсации, новость разлетелась вмиг. На нас стали коситься... А потом, вернувшись, в числе вырезок из американских газет Феликс получил статью под заголовком: «Приключения князя Юсупова в Америке». Статья была напечатана русской газеткой, издававшейся в Нью-Йорке на деньги каких-то большевизанов. В ней говорилось буквально следующее:

«Визит князя Юсупова в Нью-Йорк вызвал огромный ажиотаж. Американские газеты не скупились на фото и интервью. Интерес публики подогрели скандалы, которыми сопровождались все поступки князя.

Чего он только не натворил! Открыл игорный дом, занялся спекуляциями, распутничал... Соблазнил Мэри П., танцовщицу из ночного кабаре. Конечно, он не мог вообразить, что та окажется девицей и примется громогласно причитать о своей утраченной девственности. Ее Мэри П. оценила в кругленькую сумму. А князь, совершенно как Хлестаков, поиздержался в дороге. Чтобы избавиться от притязаний танцовщицы, он предложил ей полотно Рубенса, которое тайно вывез из своего петербургского дворца, когда бежал из России. Мэри П. согласилась, все уладилось... Но лишь до тех пор, пока девице не понадобились деньги и она не вознамерилась продать подарок любовника. И вот тут оказалось, что Рубенс-то поддельный! Это была жалкая копия, сделанная каким-то дешевым мазилой. А подлинный Рубенс был давно уже продан некоему миллионеру с Пятой авеню. Теперь князю грозит суд и за проделку с девицей!»

Да, чего про нас только не писали и чего, забегая вперед, скажу, только не напишут в последующие годы! Феликсу придется судиться с газетой «Дни» (эту ежедневную газету, издаваемую Керенским под псевдонимом Аарон Кибрис, не признавал в русской среде ни один порядочный и разумный человек) за клевету, и он добьется, что эту газету запретят!

Но это все или прошлое, или будущее, а в ту, настоящую минуту нам, конечно, очень хотелось избавиться и от человека, обладавшего запиской, и от хлопот, с этим связанных, и от позора, который нас ждал бы.

Решили, что для начала надо все же повидаться с этой женщиной. А потом проследить за ней. Феликс не верил, что она глава заговора, но надеялся, что она приведет нас к этому главе.

Я сказала:

— По-моему, говорить «мы» и «нас» вряд ли стоит. Ведь она потребовала, чтобы я шла на встречу одна. Появишься ты — она не подойдет и отправит записку в газету.

— В ресторане ты будешь одна, — сказал Феликс. — Скажешь, что сначала хочешь увидеть записку, а деньги принесешь через неделю. Раньше, дескать, мы такой суммы не соберем. Я буду следить снаружи. Сядешь так, чтобы я мог тебя видеть в окно, с противоположного тротуара.

На том и порешили. Столик был немедленно заказан предусмотрительным Феликсом по телефону.

Я ужасно дрожала, когда отправилась в ресторан, хотя мы там уже бывали и я знала, что на Пигаль это одно из самых приличных мест.

Феликс усадил меня в такси. Водитель попался русский. Услышав, куда меня надлежало отвезти, он ужасно вдруг оживился и стал советовать непременно дождаться одиннадцати часов вечера: там-де такое начнется! Тут он интригующе примолк, явно ожидая, что я стану расспрашивать, но я не стала, мне было не до этого «такого». Шофер обиделся и более ни слова не сказал. Впрочем, я ему была за это лишь благодарна.

Я села к своему столику напротив окна, заказала котлеты, которые очень рекомендовал метрдотель — бывший полковник ее императорского величества лейб-гвардии Уланского полка фон Раух. Впрочем, мне было все равно, что заказать: есть я не могла, ковырялась вилкой и украдкой осматривалась.

Посетители были в основном русские, донашивающие и проедающие остатки былой роскоши, однако вскоре начали появляться французы, немцы и шумно вваливаться американцы, которых теперь появилось очень много в Париже. Вскоре зал был почти полон. Я увидела Максима Муравьева, который танцевал со своей новой партнершей. Князя Бразукова-Брельского не было. Наверное, они работали поочередно. Максим подошел поцеловать мне руку, я отметила, что он сильно похудел. Его партнерша — очень костистая, накрашенная, словно кокотка, — ревниво уставилась на меня своими мрачно подведенными глазами, поджала алые, будто окровавленные губы. Вообще непомерно намазанными были все посетительницы, кроме, может быть, двух особ, сидевших по соседству со мной.

Я, озираясь и гадая, кто назначил мне тут встречу, на них невольно загляделась. Одна была — сразу видно, старая дева, сухая, бесцветная особа в черном, с поджатыми губками и опущенными глазками, — что-то вроде компаньонки или дуэньи. Свои глазки, однако, она то и дело поднимала и шныряла ими по сторонам с необычайным любопытством. Другая женщина не могла не привлечь к себе внимания той русской красотой, которая вскоре приестся Парижу, но пока была еще весьма в чести. Светло-русая, гладко причесанная, голубоглазая (совершенно бирюзовые были у нее глаза!), губки сердечком, очень милая и, похоже, простодушная. Разглядеть, во что блондинка одета, было совершенно невозможно из-за черной кашемировой шали с огромными — как капустные кочаны! — ярко-розовыми розами, которая была накинута ей на плечи. А простодушие ее выдавалось манерами. Женщина спросила графинчик «беленькой» (компаньонка, к слову сказать, к водке не притронулась, все выпила сама голубоглазая) и дунайской селедочки, наказав, чтоб непременно с рассыпчатой картофелью, еще кислой капустки и бочковых крепеньких, хрустящих огурчиков, а на горячее котлет, потом блинов со сметаной, потом — чаю покрепче, сладкого с лимоном, да непременно в подстаканнике. Заказывая, она громогласно сообщила:

— Вустрицы осточертели — мочи нет! — и выразительно чиркнула по нежной шейке ребром ладони, закатывая свои бирюзовые глазки.

Похоже было, что вкусы ее в «Золоте атамана» хорошо знали, потому что официант ничего не записывал в свой bloc-notes, а только почтительно кивал. Вообще она была мила и забавна, в отличие от своей спутницы, но я подумала, что и она, и ее компаньонка, да и любая из сидящих в ресторане женщин, могут быть той, которая заставила меня сюда прийти, — и перестала смотреть на нее с симпатией.

А и правда, кто шантажистка? Больше всего на нее походили, как мне казалось, компаньонка — старая дева и еще одна — очень высокая, гибкая, как змея, с широкими плечами и узкими бедрами, в зеленых шелках, в зеленой шляпке-шлеме, надвинутой на сильно накрашенное лицо. Я мельком подумала, что с такой-то фигурой из нее бы вышел хороший манекен, да сейчас же и забыла.

Время шло. Миновало десять, одиннадцать, но ко мне еще никто не подходил. Компаньонка что-то шептала своей госпоже, похоже, уговаривая ее уйти. «Зеленая» приканчивала бутылку «Шабли» и с аппетитом ела пожарскую котлету. Ни той, ни другой не было до меня никакого дела! Но где же шантажистка?

Хор то заводил цыганские напевы, то молчал, и тогда звучали гитара и фортепьяно, некоторые посетители танцевали. Партнерша Максима куда-то ушла, и он приглашал разных дам: было занятно смотреть, как они начинают сразу строить ему глазки, даже немолодые. А у него было усталое лицо с приклеенной улыбкой и насильственно-радостными глазами, на щеках выступили алые пятна, и я подумала, что у него, Боже упаси, чахотка...

Вдруг в уголке, где сидели блондинка с компаньонкой, сделался какой-то шум. Я повернула голову и увидела, что дама выбирается из-за стола, уронив стул, а компаньонка пытается ее удержать за руку, но напрасно: та сбросила с плеч свою капустную шаль (я с изумлением обнаружила, что дама облачена в шифоновое платье бирюзового цвета, с батиком по вороту и подолу, необыкновенно подходящее к ее глазам и сшитое не где-нибудь, а у нас — я сразу его узнала, но не могла вспомнить, для кого это платье шили) и взобралась на сцену, которую немедленно освободил утомленный хор. И... Я не поверила ушам! Дама запела, но что!

> Я гимназистка седьмого класса,
> Пью политуру заместо кваса,
> Ах, шарабан мой, американка,
> А я девчонка, я шарлатанка.
>
> Порвались струны моей гитары,
> Когда бежала из-под Самары.
> Ах, шарабан мой, американка,
> А я девчонка, я шарлатанка...

Она не только пела, но и танцевала... *танцевала канкан*! В ход шло всё, все самые дешевые кафешантанные замашки и приемчики, благо дама отличалась фигурой великолепной, поворотливостью замечательной, а ноги, то и дело вскидываемые так высоко, что видны были черные сетчатые чулочки и маленькие кружевные, с шелковыми ленточками, панталончики, как я вмиг приметила, из дома белья «Адлерберг», — ноги эти были не ноги, а мечта любого мужчины!..

Ах, что тут началось в зале... Что тут началось!

Ошалевшие американцы швыряли на сцену доллары, которые уже прославились как самая надежная купюра. Ошалевшие французы (нация более прижимистая) отбивали ладони в щедрых аплодисментах. Преследуемые фантастической инфляцией немцы (нация еще более прижимистая!) ладони жалели и топотали в знак неописуемого восторга ногами. Русские расплачивались самой чистой и неподдельной валютой — слезами. Пошлейшая шансонетка отчего-то вызвала приступ ужасной nostalgie...

Смешнее всего, у меня самой на глаза навернулись слезы.

Да что в нем такое было, в этом «Шарабане»?!

Не знаю, но теперь я поняла, почему шофер такси советовал задержаться до одиннадцати. Видимо, эта дама «гастролировала» тут ежевечерне.

Да, она явно не собиралась покидать сцену, и компаньонка уже не пыталась ее увести, а лишь безнадежно махнула рукой, но теперь мне стало не до них, потому что к моему столику подсела невзрачно одетая женщина в маленькой шапочке, потертой жакетке, с грубым лицом и пухлыми, словно вывернутыми, губами. У нее была очень жирная, пористая кожа, при виде которой меня так и передернуло.

— Я пришла за деньгами, — сказала она тем самым «толстым» голосом, который я недавно слышала по телефону. Значит, голос она не подделывала... — Это я вам звонила.

Мне ужасно захотелось ударить ее, но я, конечно, сдержалась и пролепетала что-то вроде:

— Не понимаю, о чем вообще речь, что за письмо, это письмо кто угодно мог написать.

— А если не понимаете, почему перепугались и прибежали? — ухмыльнулась она. — Все вы отлично понимаете! А прибежали потому, что у вас рыльце в пушку! Кроме того, у меня есть доказательство, что писали это именно вы!

И она достала из кармана жакетки фотографическую карточку размером в открытку. Повернула ко мне — и я узнала свое письмо, свой угловатый почерк, который было очень трудно перепутать с каким-то другим... В памяти мелькнуло воспоминание о том, как Котя, графиня Камаровская, делает мне выговор за дурной почерк, говорит: «Ну это ни на что не похоже, Ирина!»

Итак, Феликс был прав: с письма сняли фотокопию!

Наверное, лицо мое все выдало — незнакомка, которая жадно в меня всматривалась, торжествующе засмеялась. И вдруг рука в переливчатом зеленом рукаве протянулась между нами и проворно вырвала карточку.

Мы только ахнули — а та самая женщина в зеленом платье и шляпке-шлеме, та, в которой я раньше предполагала опасность, вихрем пролетела через зал и исчезла на улице.

Мы с шантажисткой растерянно уставились друг на друга, а потом она вся скривилась от злости и закричала на весь зал:

— Проклятые Юсуповы! Воры! Разбойники! Убийцы!

Все уставились на нас, я сидела совершенно отупевшая от происходящего, зная только, что фотография украдена, что Феликс, видимо, кого-то нанял, какую-то сыскную агентку, которая спасла нас...

А шантажистка все надсаживалась:

— Проклятые Юсуповы! Убийцы! Воры!

— А ну, пошла вон! — вдруг завопила стоявшая на сцене блондинка-певица. — Вон пошла! Тархан! Гони ее!

Роковая страсть Распутина

Прибежал, как сумасшедший, перепуганный управляющий, схватил шантажистку и принялся ее выталкивать. А дама со сцены все кричала истошно:

— Ты уволена, Соловьева! Ты уволена! Гони ее прочь, Тархан!

Я была так ошарашена, что сидела и сидела за столиком, глядя на все это. Вдруг подошел какой-то мужчина, положил на стол деньги, взял меня за руку и повел к выходу. Я на него испуганно поглядела: совершенно незнакомый человек! — но он сказал:

— Ваш муж ждет вас в моем такси.

Я побрела за ним как во сне.

Мы вышли. Рядом стоял таксомотор. Дверца распахнулась, я заглянула.

Лицо Феликса смутно белело над его черным пальто в темноте салона.

Я села, начала было говорить, от потрясения ужасно заикалась, как бывало еще в детстве.

Он стиснул мою руку:

— Я все знаю, молчи, успокойся.

Машина тронулась.

— А почему ты шофера за мной послал? — пролепетала я. — Почему сам не пришел?

— Не успел переодеться, — усмехнулся Феликс и распахнул пальто.

Пахнуло духами, зашуршал шелк. Я разглядела зеленое мерцающее платье... Но все поняла, только когда он показал мне смятую фотографическую карточку, которую я недавно видела в руках шантажистки...

Итак, в ресторане был переодетый женщиной Феликс! Совсем как в былые времена! Он не следил за мной в окно, а пришел туда и спас нас!

Дома я немного пришла в себя и рассказала, что происходило в ресторане потом, после его побега.

— Соловьева? — изумился Феликс. — Ты говоришь, фамилия шантажистки Соловьева?! Так вот почему мне показалось таким знакомым ее грубое лицо!

— А кто такая Соловьева? — изумленно спросила я.

— Соловьева? Да ведь это... — Феликс осекся, покачал головой. — Нет, погоди. Я не хочу ошибиться. Сначала мне нужно поговорить с Майей Муравьевой.

Он приказал шоферу повернуть в Пасси, хотя мы ехали в противоположном направлении. Тот не спорил: чем дольше ездишь, тем больше заработаешь.

Мы не скоро нашли в темных улочках Пасси скромный, не сказать — убогий пансион, где жила Майя. Феликс, кое-как в тесноте такси натянувший брюки и ботинки, плотно запахнув пальто, в надвинутой на глаза шляпе, отправился туда сам — я осталась под присмотром шофера, не могла шагу ступить, такая на меня нахлынула вдруг слабость, — и вскоре воротился, кивая каким-то своим мыслям.

— Соловьева — это партнерша Максима. Новая партнерша, — сказал он, усевшись. — Майя сказала, что ее называют Мари, но в документах написано — Матрена. Соловьева — это ее фамилия по мужу. Он умирает от чахотки, а Мари зарабатывает танцами в ресторанах.

— И что? — пробормотала я, ровно ничего не понимая.

— Этот Соловьев — его зовут Борис Николаевич, — продолжал Феликс, — после февраля семнадцатого стал обер-офицером для поручений и адъютантом председателя Военной Комиссии при Временном правительстве и организовал истребление кадров полиции в Петрограде. Он пытался войти в доверие к епископу Гермогену — другу царской семьи, но не смог. Тогда он женился на дочери Распутина, чтобы стать своим человеком для государя и государыни. Но в Тобольске он пресекал все попытки спасти царскую семью! Петроградские и московские организации монархистов посылали многих своих членов в Тобольск и в Тюмень, многие из них там даже жили по нескольку месяцев, скрываясь под чужим именем и терпя лишения и нужду, в ужасной обстановке, но все они попадались в одну и ту же ловушку: организацию поручика Соловьева. Всех, стремившихся проникнуть к их величествам, Соловьев задерживал в Тюмени, всячески им мешал. В случае же неповиновения ему он выдавал офицеров совдепам, с которыми был в хороших отношениях...

— Женился на дочери Распутина? — переспросила я потрясенно. — То есть у нас деньги просила дочь Распутина? Боже... но как же попало к ней сфотографированное письмо?!

— Не знаю, — пожал плечами Феликс. — Ясно, что не через Соловьева — он появился в жизни

Матрены уже после смерти отца. Думаю, это все-таки проделки Симановича. Теперь припоминаю, что он увлекался фотографией... Он собирался писать книгу о *Г.Р.*, для которой делал много снимков. Пытался фотографировать и меня, да я вовремя успевал уйти или увернуться. Наверняка это он сделал копию. От души надеюсь, что пленок, с которых печатают фото, не сохранилось!

Да, пленок не сохранилось — на наше счастье. Симанович, вполне возможно, и это фото прихватил с собой случайно, когда уезжал из России, а потом решил им воспользоваться при удобном случае.

Соловьев вскоре и в самом деле умер. А мы с Феликсом еще не скоро избавились от притязаний Матрены, которую поддерживал Симанович. В 1928 году она вчинила Феликсу и Дмитрию иск в двадцать пять миллионов — с требованием компенсации «за нанесенный ей убийством отца моральный ущерб». Поводом, собственно, послужила книга Феликса «Убийство Распутина», в которой тот подробно описал, как происходило дело 16 декабря 1917 года, — разумеется, без всякого упоминания моего, пусть и косвенного, участия. Ни слова не было сказано и о нашей подруге Маланье — Марианне Пистолькорс-Дерфелден. За публикацию его многие из эмигрантской среды осуждали, но ему, во-первых, чужое мнение всегда было безразлично, а во-вторых, он словно бы хотел освободиться от прошлого с помощью этой книги. Но Матрена ею воспользовалась как доказательством преступления.

Ее интересы на процессе защищал адвокат Морис Гарсон, наши — мэтр де Моро-Джаффери. За давностью событий и ввиду некомпетентности суда дело прекратили. Да и личность истицы суду доверия не внушила.

Но я хочу вернуться к тем дням, когда мы только что избавились от шантажа. Фотография была сожжена, конечно, и мы об этом старались не говорить, чтобы нервы наши постепенно успокоились. Прошло немного времени. И вот я сижу в своем кабинете в «Ирфе», и мне докладывают, что прибыла княгиня Нахичеванская и просит принять ее. Я очень удивилась — не знала, что такая есть среди наших клиенток, а Нона Калашникова сказала, что эта дама однажды приходила в сопровождении своего супруга, когда я была больна (я вообще часто болела), заказала на пробу одно платье из бирюзового шифона. Осталась очень довольна тем, как сшили и как скоро сшили, обещала прийти еще, и вот пришла снова...

При упоминании бирюзового шифона какое-то воспоминание шевельнулось в моей памяти, я слегка насторожилась... И не зря, потому что ко мне в кабинет ввели... не кого иного, как ту самую беленькую голубоглазую особу, которая сперва пела «Шарабан мой, американка!» на сцене «Золота атамана», а потом кричала на весь ресторан: «Соловьева, ты уволена!»

На сей раз она была без компаньонки и в простеньком черном платье, однако незабвенная шаль с капустными розами по-прежнему прикрывала ее плечи.

— Княгиня... — пролепетала я, увидев ее.

— Княгиня... — пролепетала она, увидев меня.

Мгновение мы обе таращились друг на друга — и внезапно начали ужасно хохотать.

Заглянула Нона — я отправила ее за чаем. Приступ смеха прошел, как пришел, в глазах гостьи появилась тревога.

— Собственно, я пришла просить вас... — сказала она заискивающе. — Завтра мы с мужем, князем Нахичеванским, намерены приехать заказывать мне платье... И я... Я...

Ее бирюзовые глаза налились слезами.

Я все поняла. Князь совершенно не знал, что его супруга иногда поднимается на сцену кабака в Пигале и лихо распевает про шарабан и девчонку-шарлатанку.

— Конечно, конечно, — сконфуженно залепетала я. — Не беспокойтесь, я... Но как же вы не опасаетесь, вдруг кто-то из его знакомых вас увидит...

— Э! — по-свойски махнула она рукой. — Мои знакомые и знакомые князя по разным улицам ходят. А в ресторане все думают, что хозяин — Тархан. В тот вечер я единственный раз проболталась. Уж очень меня эта подлая Соловьева разозлила! Вот я и не сдержалась. Вы уж меня не выдавайте, княгиня.

Я кивнула.

— Вы, наверное, диву даетесь, как так — княгиня Нахичеванская, а ногами машет на сцене, — вдруг лукаво усмехнулась гостья. — Хотя в наше время, небось, нечему уже дивиться. Но я княгиня-то всего год-другой. А до этого... кем я только не была!

Я подвинула к ней чашку и вазочку с «хворостом», который непревзойденно стряпала Нона.

Княгиня рассеянно взяла, хрустнула, глотнула чаю... Мы переглянулись, и поняли, что она так же жаждет рассказать свою историю, как я — ее выслушать. Вообще-то непомерным любопытством ко всем и всяческим человеческим судьбам и причудам у нас отличался Феликс, но нас с княгиней свели такие странные обстоятельства...

Я слушала ее — и мне казалось, что я переношусь в совершенно другой мир. Абсолютная правдивость, с какой говорила о себе княгиня, придавала ее рассказу характер исповеди... Я диву давалась, что вот судьба свела меня с этой женщиной, Марией Михайловной Глебовой, которая бежала от красных из Самары в Сибирь, вела распутную и даже преступную жизнь ради того, чтобы не умереть с голоду, а потом и разбогатеть, побывала замужем за атаманом Семеновым, героем Белого движения в Забайкалье, погубила многих людей... Мне трудно ее судить, никто не знает, как поступил бы на месте другого! — была замешана во многие темные истории... Но отмолила — в этом я глубоко убеждена — все свои грехи, когда помогла вывезти из Сибири гроб с прахом моей тетушки, великой княгини Елизаветы Федоровны, злодейски убитой большевиками в Алапаевске. Вместе с ней погибли отцов брат, великий князь Сергей Михайлович, и его управляющий делами Федор Ремез, братья нашего дорогого Гавриила: Иоанн,

Константин Константинович и Игорь, князь Владимир Павлович Палей (сын великого князя Павла Александровича от его морганатического брака с Ольгой Валерияновной Пистолькорс) и Варвара, келейница Елизаветы Федоровны.

Вообще вся история Марии Михайловны[1] меня так поразила, что я ее даже записала, но со временем листки затерялись, многое забылось, однако совершенным чудом — именно чудом! — история спасения священных останков алапаевских мучеников сохранилась на нескольких листочках, а потому я переписываю их совершенно так же, как записала тогда.

После развода с Семеновым, который не простил ей многочисленных измен и кое-каких преступных дел, творимых под его именем (якобы во благо Белого движения, а на самом деле — ради собственного обогащения), Маша Глебова по прозвищу Шарабан была готова на все, чтобы обелить свою репутацию в глазах читинского общества и самого атамана. Обстоятельства ей благоприятствовали, потому что именно в это время в Чите появилась адмиральша Делингаузен, приехавшая сюда из Сан-Франциско со святой и благородной миссией. Муж ее служил при штабе своего старинного друга Колчака, от него-то госпожа Делингаузен узнала об «алапаевских мучениках». Как известно, после отступления красных из Алапаевска и заня-

_____

[1] Полностью ее можно прочесть в новелле Елены Арсеньевой «Звезда Пигаля», издательство «ЭКСМО».

тия его армией Колчака тела мучеников были извлечены из шахты, уложены в гробы и захоронены в склепе местного собора. Однако после наступления красных решено было вывезти святые останки в Читу, а потом в Китай. Но тут госпожа Делингаузен и помогавший ей иеромонах Серафим натолкнулись на серьезное препятствие. Власть адмирала Колчака не распространялась на иностранные железные дороги, по которым следовало везти гробы. Требовались деньги, притом большие деньги!

Отец Серафим и самоотверженная адмиральша прочно застряли в Чите. Они пытались собрать пожертвования у богатых и власть имущих, однако всяк в эту трудную пору был за себя. О живых думать было некогда, что ж о мертвых-то...

В это время кто-то из читинцев посоветовал обратиться к Машке Шарабан.

Про эту особу адмиральша была уже наслышана — причем самого дурного. Долго она собиралась с духом, прежде чем решилась на этот визит, и ничего хорошего не чаяла. Она ожидала увидеть неведомо какую гетеру, а между тем перед ней оказалась скромная и милая дама в платочке на точеных плечиках, в черненьком платьице, русоволосая, гладко причесанная, грустная, бледная...

Адмиральша и отец Серафим явились вдвоем и, встретив сочувственное внимание, принялись наперебой жаловаться на препоны, чинимые судьбою и людьми.

Выслушав, Машка Шарабан некоторое время молчала, словно размышляла о чем-то, потом кивнула неведомым своим мыслям, подвела просителей к шкафу, открыла его и сказала:

— Смотрите.

Ничего подобного не только скромный иеромонах Серафим, но и адмиральша Делингаузен и во сне не видели! В шкафу лежали золотые кирпичики!

Маша объяснила, что это богатство она получила от атамана, когда тот с ней разводился. И сообщила, что берется финансировать перевоз святых останков по иностранной железной дороге. Золотом можно расплачиваться всюду, оно не имеет национальности!

Более того, Маша решила отправиться вместе с адмиральшей и иеромонахом Серафимом в Китай. Собственно, как честно призналась сама Маша, она просто хотела уехать как можно дальше с человеком, которого очень любила и за которого она намерена была выйти замуж как можно скорее — лишь только очутится за пределами тех земель, на которые распространялась власть ее бывшего мужа.

Спустя некоторое время путешественники добрались до Шанхая. После этого Маша подсчитала оставшиеся золотые кирпичи и убедилась, что их еще много. Во всяком случае хватит на перевоз мощей в Иерусалим. Забегая вперед, следует сказать, что акция сия была выполнена успешно. Святыни по железной дороге перевезли в один из китайских портов, а оттуда на пассажирском пароходе доставили в Иерусалим, где они были переданы в храм Святой Равноапостольной Марии Магдалины в Гефсимании. Храм этот находился в ведении Русской духовной миссии в Иерусалиме.

Что же было дальше? Иеромонах Серафим остался при Русской духовной миссии в Иерусалиме и через некоторое время скончался. Адмиральша Делингаузен после завершения своей святой одиссеи вернулась в Америку.

Маша же рассталась со своими спутниками еще в Шанхае, где она положила свои богатства в банк. К несчастью, любимый ею человек вскоре погиб. Она добралась до Парижа, пережив по пути еще не одну любовную историю, здесь взяла себе в компаньонки одну эмигрантку по имени Татьяна Вострякова, потом родила ребенка от одного своего любовника, который, впрочем, ее бросил, как только газеты сообщили о крахе Шанхайского банка. Мария Михайловна оказалась в нищете, однако ей случайно встретился молодой юрист Юрий Нахичеванский, младший сына генерал-лейтенанта Гусейна-хана Нахичеванского, убитого чекистами, бывшего генерал-адъютанта и командира Гвардейского кавалерийского корпуса. Юрий взялся представлять ее интересы в Шанхайском банке и добился-таки выплат. Они поженились, но прежде чем муж взял контроль над ее деньгами, Маша успела купить на подставное лицо ресторан в Пигале и назвать его «Золото атамана» — в честь Семенова, которому она была столь многим обязана и который не столь давно умер в Японии. Она даже попыталась устроить его поминки, однако Юрий Гусейнович очень этого не одобрил. Мария Михайловна довольно-таки боялась супруга, появлялась в «Золоте атамана» только инкогнито, в сопровождении верной Татьяны Востряковой, и, конечно, князь Нахичеванский ни в коем случае не должен был узнать о похождениях его княгини!

Я, разумеется, охотно оказала Марии Михайловне услугу молчанием в благодарность за то, что она сделала для памяти Елизаветы Федоровны и других моих родственников-мучеников. Мария Михайловна осталась мне весьма признательна и долгие годы потом была клиенткой нашего «Ирфе», приезжая на примерки исключительно в сопровождении мужа, которому было очень лестно беседовать с Феликсом. А корыстной дочери *Г.Р.*, Матрене Соловьевой, я весьма признательна за ее аферу — иначе мы бы никак не познакомились с Марией Нахичеванской, потому что именно княгиня Нахичеванская отвела от нас еще более страшную угрозу, чем шантаж: угрозу быть похищенными и уничтоженными большевистскими комиссарами.

Надо сказать, что, хоть русских во Франции было очень много и все мы вроде бы бежали из Совдепии с одинаковыми чувствами, мы вовсе не всем своим соотечественникам раскрывали объятия. Феликс был, впрочем, очень неосторожен. Во мне сословные предрассудки были еще сильны, я все еще продолжала обитать на своем романовском Олимпе, а мой муж жил с исключительным доверием и бесшабашным любопытством ко всем подряд. Правда, когда объявилась так называемая великая княжна Анастасия, он никакого доверия к ней не проявил!

Сейчас на некоторое время отвлекусь, чтобы рассказать эту необычайную историю, которая нас не могла не коснуться, как и всех Романовых.

Примерно году так в 1927-м Мари, великая княгиня Мария Павловна, рассказала, что в Париже много говорят о появлении спасшейся дочери императора, великой княжне Анастасии. Мы с Феликсом уставились на Мари в недоумении: не сошла ли она с ума?! Всем было известно, что следователь Николай Соколов, по приказу адмирала Колчака изучивший материалы дела на месте в 1918 году, вскоре после трагедии, вполне определенно установил, что уничтожена была вся без исключения семья императора! И хоть сначала тела Анастасии и Алексея считались пропавшими, потом нашли и их.

— Говорят, у нее такие же голубые глаза, — растерянно пробормотала Мари, видя наши насмешливые ухмылки. — И госпожа Боткина очень уверена, что это Анастасия! И герцог Лейхтенбергский поселил ее в своем замке!

— Ради бога, перестань! — раздраженно сказал Феликс. — Не нужно принимать желаемое за действительное! Ольга Александровна все нам про нее рассказала.

В самом деле, некоторое время назад моя тетя, великая княгиня Ольга Александровна, была у нас и сообщила, что в Берлине пыталась утопиться женщина, которую спасли чудом, и она, очнувшись, назвалась великой княжной Анастасией Николаевной. Якобы ее спас от расстрела в Ипатьевском доме солдат по фамилии Чайковский, он же помог скрыться, она вышла за него замуж — уже за границей. Потом муж умер, она вынуждена была работать, чтобы как-то прожить... Она потеряла память и только теперь, едва не умерев, вспомнила, кто она. К этой особе немедленно началось паломничество эмигрантов-монархистов, которые рады были ухватиться за любую надежду, возвращавшую их в незабвенное прошлое. Кто-то узнавал в ней Анастасию, кто-то — нет. Больше всех поддерживала ее госпожа Боткина, жена доктора, расстрелянного вместе со всей семьей моего дяди. Она довольно близко знала моих кузин. Ее восторженное письмо побудило Ольгу Александровну обратиться к Пьеру Жильяру, воспитателю моего кузена Алексея, цесаревича. Жильяр ближе других помнил великих княжон; более того, он последовал за семьей моего дяди в ссылку, в Екатеринбург, но большевики не позволили ему поселиться в Ипатьевском доме. В 19-м году Жильяр покинул Россию, женившись на бывшей горничной моих кузин. Теперь он преподавал в университете Лозанны. Тетя Оля попросила его встретиться с этой Анастасией.

Он явился в больницу с женой. Девушка сначала ничего не помнила, не узнала его, но постепенно воспоминания к ней словно бы возвращались. Каждый день она могла рассказать какой-то новый эпизод из жизни. Впрочем, вокруг нее толклось столько эмигрантов, в том числе и бывавших при дворе, знавших дочерей императора, что она многое могла узнать из их рассказов. Потом, когда я читала ее «записки», меня поразило, что она описала тот случай с горничной-красавицей, которую ma tantine отставила от своих дочерей, потому что они уступали ей внешностью. Я на какой-то миг даже поколебалась в своих сомнениях... А потом Александра Александровна Жильяр с горечью рассказала, что она сама, ненадолго поверив Анастасии, пустилась в откровения и описала ей ту старинную историю, которую так хорошо знала. Ведь она сама и была той Шурой Тегловой, которую моя тетушка взяла на смену бедняжке Оленьке...

К несчастью, очень многие из нашего круга этой особе поверили. Но и моя тетя Оля, в конце концов ее сама повидавшая, и моя двоюродная тетя, принцесса Ирен Прусская, сестра императрицы, и фрейлина государыни баронесса Буксгевден, и многие другие ее разоблачали. Они прекрасно знали настоящую Анастасию. Впрочем, самозванка и сама себя разоблачала. В ней не было ни следа породы, достоинства, она просто играла роль... Так, как эту роль понимала. Моя бабушка, вдовствующая императрица Мария Федоровна, говорила Ольге Александровне: «Неужели ты думаешь, я немедленно не поехала бы к ней, если бы верила, что это моя внучка?» Более того, моя бабушка отправила в Берлин Алексея Волкова, бывшего камердинера императрицы Александры Федоровны, единственного человека, кому удалось вырваться из Екатеринбурга. Он видел Анастасию незадолго до убийства царской семьи. Maman переписала для меня отчет, который представил моей бабушке Волков:

«До госпожи Чайковской я добрался не без труда. В мое первое посещение мне не позволили говорить с

ней, и я принужден был удовольствоваться тем, что рассматривал ее из окна; впрочем, даже этого мне было достаточно, чтобы убедиться, что эта женщина не имеет ничего общего с покойной великой княжной Анастасией Николаевной. Я решил все же довести дело до конца и попросил о еще одной встрече с нею.

Мы увиделись на следующий день. Я спросил ее, узнает ли она меня; она ответила, что нет. Я задал ей еще множество вопросов; ответы были столь же отрицательны. Поведение людей, окружающих госпожу Чайковскую, показалось мне довольно подозрительным. Они беспрестанно вмешивались в разговор, отвечали иногда за нее и объясняли всякую ошибку плохим самочувствием моей собеседницы.

Еще раз должен подтвердить, и самым категоричным образом, что госпожа Чайковская не имеет никакого отношения к великой княжне Анастасии Николаевне. Если ей и известны какие-то факты из жизни императорской фамилии, то она почерпнула их исключительно из книг; к тому же ее знакомство с предметом выглядит весьма поверхностным. Это мое замечание подтверждается тем, что она ни разу не упомянула какой-нибудь детали, кроме тех, о которых писала пресса...»

Эта особа, впрочем, не смущалась и уверяла, что хорошо знакома с нами, Юсуповыми. Когда я позднее читала ее книгу, я просто со смеху умирала, читая описание нашей с Феликсом семьи:

«Мы частенько наезжали к Юсуповым. Моя кузина Ирэн, дочь великой княжны Ксении Александровны, сестры государя, была замужем за князем Феликсом Сумароковым-Юсуповым. Ах, они были так веселы, задорны, привлекательны, обаятельны! Они притягивали к себе, многие люди любили бывать у них.

Еще бы — танцы, вечера, развлечения, домашние концерты! И приглашали не бог весть кого, любимцев публики: Собинова, Максакову, Барсову, Вяльцеву, цыган. Иногда собиралось небольшое общество, человек пятнадцать — двадцать, читали вслух, разыгрывали скетчи, заводили какие-то необычные развлечения, иногда садились за карточный стол. Всяк иностранец, приезжавший в Петербург, норовил заехать в это очаровательное общество.

Особняк Юсуповых находился на набережной Мойки. Иностранцы, когда брали извозчиков, чтобы к ним ехать, говорили: «Мойка-стрит, Юсуповхаус». В двухэтажном особняке множество комнат и большой танцевальный зал. После танцев всегда подавали пикантный ужин: креветки, крабы, красное вино и мадера, по праздникам — шампанское и торты.

Стоило войти в дом, как вы слышали музыку. Она здесь постоянно звучала, но в скорбные дни не светская, а духовная.

Несколько раз в году Юсуповы устраивали благотворительные базары, где мы продавали свое рукоделье, носовые платочки и кружева, а матушка акварельные картиночки, все это отдавали по рублю.

Феликс — душка, такой милый, не побоялся и прикончил этого слизняка Распутина. Помаялись с ним, конечно, он был здоровенный и живучий, пришлось его в проруби утопить, чтобы сдох.

Незадолго до этого события я встретила в обществе Пуришкевича — он был такой милый, обходительный, приветливый, — и спросила его:

— Долго еще будет отираться этот мужик Распутин?

— Подождите, мы скоро его уберем, он всем надоел, — посулил Пуришкевич.

Юсуповы были очень богаты. Феликс был щедр для бедняков, всем помогал, кто ни просил. Однажды я была у них в гостях, тут пришла курсистка и сказала: «Всем известно, что князь денег не считает, транжирит, бросает деньги на ветер. А у меня до денег большая нужда». Феликс спросил: «Сколько?» Она попросила восемьдесят рублей, он ей дал. Замечательная была семья».

Каждое слово здесь выдает плохую актрису, которая могла только гримасы корчить, да и то дурно, вульгарно, пошло, с отвратительной претензией на великосветскость. Вообразить такой разговор с Пуришкевичем, в таком тоне, о боже... К тому же вся семья государя находилась под сильным влиянием *Г.Р.*! Анастасии было семнадцать, когда случилась трагедия в Ипатьевском доме. Превратиться в изголодавшуюся простолюдинку (она очень много внимания уделяет тому, кто что ел, словно надеясь добавить правдоподобия своим россказням) за девять лет великая княжна не могла бы ни при каких условиях.

Роковая страсть Распутина

Но я вернусь к тому дню, когда у нас появилась взволнованная Мари, не знающая, чему и кому верить в этой истории. Она уговорила Феликса отправиться в Зеон — так назывался замок герцога Лейхтенбергского близ Мюнхена. Мой муж отправился туда в сопровождении профессора Руднева, из самых горячих приверженцев самозваной Анастасии. Этот господин восторженно поведал Феликсу, как он, в бытность свою в Петербурге 28 июля 1914 года, вместе с другом проходил через Дворцовую площадь и откуда-то сверху на них посыпались бумажные шарики, которые бросали две расшалившиеся великие княжны — Татьяна и Анастасия. И Руднев уверял, что Анастасия очень хорошо помнит этот день и эти бумажные шарики! Феликс прямо спросил: «А вы уверены, доктор, что не упоминали о шариках перед этой особой раньше?» Доктор очень смутился и перевел разговор на то, что пули и штыковые удары изменили до неузнаваемости лицо великой княжны.

Между прочим, потом герцогиня Лейхтенбергская рассказывала мне о самозванке: «Она была очень хитрой. Однажды ее спрашивали: «Помните, у вас на камине стояла фарфоровая собачка?» — и на следующий день она говорила очередному посетителю: «Помню, у нас на камине стояла фарфоровая собачка». Видимо, так же обстояло дело и с этими шариками.

Феликс прибыл в Зеон, где ему сообщили, что «ее императорское высочество» больны и не принимают. Руднева, впрочем, не задерживали. Он ушел к Анастасии и вскоре вернулся сообщить, что весть о появлении князя Юсупова ее очень обрадовала. «Феликс пришел! — якобы вскричала она. — Какое счастье! Скажите ему — одеваюсь и спускаюсь немедленно! И Ирина с ним?»

Феликс, перекосившись от фальши, которой были пропитаны эти слова, ждал еще четверть часа, пока эта дама не появилась. Он был с самого начала уверен в обмане, но распознал бы его в любом случае. Эта особа совершенно ничем, ни лицом, ни манерами, ни осанкой, не походила ни на одну из великих княжон. При этом лицо ее вовсе не было затронуто штыками или пулями. Феликс начал разговор по-русски, потом продолжил по-французски и по-английски. Анастасия отвечала только по-немецки. Но всем было известно, что великие княжны немецкий язык знали очень плохо, в царской семье по-немецки никогда не говорили, предпочитали русский язык. К тому же девушки прекрасно знали французский и английский.

Феликс говорил мне потом, что ехал в Зеон, раздираемый двумя чувствами: доверием и недоверием. Он очень хотел верить — как и мы все. Но поверить было просто невозможно, он уехал в убеждении, что все, кто поддерживают эту так называемую Анастасию, преследуют весьма корыстные цели.

На следующий год берлинская уголовная полиция предприняла частное расследование. Обнаружили, что под именем Анастасии пыталась втереться в наше доверие полька по имени Франциска Шанцковска. Ее родственники сразу узнали ее по фотографиям, им показанным.

Роковая страсть Распутина

Самозванку поддерживали определенные круги... С грустью признаю, что среди них были и наши, Романовых, родственники. Считалось, что личные капиталы моего дяди Никки были помещены в иностранные банки. Через лже-Анастасию, наследницу, пытались этими деньгами завладеть. Но мало кто знал, что с самого начала войны мой дядя император поручил министру финансов Коковцову (от него мы с Феликсом это и узнали) перевести в Россию весь свой личный капитал. На счету одного берлинского банка осталась какая-то незначительная сумма.

Сидней Гиббс, воспитатель бедного Алеши, выразился совершенно безапелляционно: «Если это — Анастасия, то я — китаец!»

Она где-то еще пыталась потом отстаивать свои права, написала книгу, о которой я говорила, дурачила других людей, но нас это уже не интересовало.

А теперь — о той опасности, от которой нас спасла княгиня Нахичеванская.

Феликс всегда был неравнодушен к искусству и однажды стал ужасно расхваливать какого-то Бернштейна, тоже эмигранта, говорил, что надо поддержать талант нищего соотечественника, а антисемитизм, которым он мою неприязнь к этому «соотечественнику» объяснял, нынче не в моде, особенно во Франции. «В конце концов, Модильяни тоже был еврей из Ливорно», — как-то раз бросил он, чем совершенно меня ошеломил. Оказывается, мой муж более наблюдателен, чем мне казалось!..

Но дело было не в том, что Бернштейн — еврей. Мне его работы сами по себе не нравились, это было жалкое подражание Пикассо, который и сам в моем понимании жалок, но Феликс уверял, что у Бернштейна большое будущее, и даже купил какие-то его картинки. Единственное, что ему не нравилось, это что художник очень тосковал по России и заводил разные «неприятные разговоры». Например, он твердил, что русские во Франции должны помогать тем, кто остался в родной стране. Феликс говорил, что никаким большевизанам помогать не желает, а Бернштейн говорил, что в нем не осталось того патриотизма, который заставил в свое время совершить великое дело освобождения России от *Г.Р.*

Потом однажды Бернштейн вдруг из нашего дома исчез, а Феликс о нем даже слышать больше не хотел! Оказалось, он его выгнал вон, когда узнал, случайно узнал, что жена этого якобы нищего художника работает не где-нибудь, а в советском торгпредстве! Теперь стало понятно, почему Бернштейн заводил те «неприятные разговоры». Потом оказалось, что он арестован. Феликс стал разузнавать среди своих многочисленных знакомых, и кто-то сказал, что настоящая фамилия этого «нищего художника» — Ужданский-Еленский, год назад он был выдворен из Варшавы за работу в пользу Советов, а теперь разоблачен как организатор шпионской сети во Франции. Оказывается, он к очень многим доверчивым ценителям своего «искусства» пытался втереться в друзья и обратить их в свою советскую веру. Но делал это очень деликатно. Провалился он очень глупо и не по своей вине. Стремясь как можно скорее собрать информацию о новых способах производства оружия (Франция в это время очень быстро развивалась экономически), он стал действовать через профсоюзные организации. Связь осуществлял некий Креме. И вот один механик из Версальского арсенала очень удивился, что Креме требует от него сведения, к профсоюзной работе никакого отношения не имеющие. Механик сообщил руководству арсенала, руководство обратилось в полицию. Вскоре заговорщики были арестованы, «нищий художник» попал в тюрьму, а Креме бежал в Россию, где, по слухам, был убит, поскольку провалил задание. У меня сложилось такое впечатление, что в России отныне вся государственная машина работала как огромная мясорубка, которая перемалывала всех, кто там оказывался. Я была радостно изумлена, когда случайно узнала, что Виноградовы, моя дорогая Котя и ее муж, еще не убиты — живут в Петрограде, который эти изверги назвали Ленинградом в честь своего кровожадного лидера. А вот муж Махи, управитель двора моего отца, был расстрелян; ее, правда, не тронули...

Словом, после истории с Бернштейном Феликс на некоторое время стал чуть разборчивее в знакомствах.

Прошло сколько-то лет. И вот мы попали на концерт Надежды Плевицкой.

Я, конечно, видела и слышала ее и раньше: в Петербурге она была частой гостьей в императорском дворце. Мой oncle Никки ее обожал, считал воплощением души того народа, который он любил и который, как был уверен наш несчастный государь, любил его. Помню, я оказалась на концерте Плевицкой во дворце моей тети Оли, великой княгини Ольги Александровны, на Сергиевской. Собрались мои кузины и блестящая гвардейская молодежь, кирасиры, конногвардейцы. Певица находилась в зените славы — любимица государя, любимица высшего света... Меня ее голос пугал своим надрывом, надломом, этими бабьими интонациями, угрюмым, монотонным трагизмом. А вокруг восторгались: как прекрасно, гибко, как выразительно! И вдруг она запела какую-то народную песню про похороны крестьянки. Все стихли, обернулись. В чем дело? Какая дерзость! Люди пришли для забавы, смеха, а слышат: «Тихо тащится лошадка, по пути бредет, гроб, рогожею покрытый, на санях везет...» Все застыли. Что-то жуткое рождалось в ее исполнении. Сжимало сердце. Наивно и жутко. Наивно, как жизнь. И жутко, как смерть...

С тех пор я никогда не бывала на ее концертах. А она пела то в Ливадии, в Крыму, в императорском дворце (после этого концерта ей была подарена роскошная бриллиантовая брошь с двуглавым орлом), то в школе рукоделия императрицы в Москве, то в Петербурге, то ездила с гастролями по Сибири.

Очень странно, но Феликс ее тоже недолюбливал.

— Из нее земля прет, — говорил он брезгливо. — Не русская почва, как наши любители говорят, а именно земля. Перегной!

Роковая страсть Распутина

Плевицкая объявилась в Париже со своим мужем Скоблиным (говорили, что посаженым отцом на их свадьбе бы сам генерал Кутепов) и пользовалась таким же успехом, как в России, даже большим. Она пела чаще в кабаре или ресторанах, как Вертинский или Иза Кремер, но все же иногда давала концерты в больших залах, снятых для нее какими-нибудь эмигрантскими союзами. У нее была песня — такая страшная, заставляющая всех рыдать:

> Замело тебя снегом, Россия,
> Запуржило седою пургой,
> И печальные ветры степные
> Панихиды поют над тобой.

Я ее только раз случайно услышала и, хоть во мне не было этой истерической, типичной, эмигрантской тоски по России (я тосковала по нашей прежней жизни, по нашим дворцам, по нашим домам), все равно не сдержала слез. В зале стояли рыдания, будто колокольный звон. Я слышала, после каждого концерта, на котором звучала эта песня, хоть один человек кончал самоубийством, а то и несколько. Ну как можно было это продолжать петь?! Но Плевицкая пела, рвала людям сердца.

Кажется, она была не слишком умна. Например, во время гастролей в Америке (мы были там одновременно, поэтому я знаю историю из первых рук) там произошел политический скандал, несколько испортивший ее репутацию. Мало того, что она дала в Нью-Йорке концерт, на который были приглашены служащие советского представительства «Амторга». Анонсы в просоветской газете

«Русский голос» приглашали на концерты «рабоче-крестьянской певицы»! Это, естественно, шокировало эмигрантов. Да еще Плевицкая провела благотворительный концерт в пользу беспризорников Советской России. В ответ на критику прессы заявила: «Я артистка и пою для всех. Я вне политики. Кроме того, мне жаль всех детей». Газета эмигрантов отозвалась статьей «Глупость или измена?». Этот вопрос всех занимал...

Еще там, в Америке, она искала с нами встречи. Мы жили некоторое время в одном отеле — когда наши дела поправились после продажи некоторой части вещей. Мы ее избегали, но однажды столкнулись в вестибюле. Она шла с концерта — в облегающем фигуру темно-зеленом платье, в котором она не могла сидеть, только стоять, потому что платье сшивали прямо на ней, в страшную обтяжку. У нее был устрашающей величины бюст, обтянутый парчой. Она напомнила мне крокодила, которого я видела в маленьком зоопарке в Каире.

— Вы — убийца! — воскликнула она с напыщенным видом, увидав Феликса, и ткнула в него пальцем с огромным малахитом в золотой оправе. — Государь доверял вам, государыня была вашей родственницей, — палец сделал резкое движение в мою сторону, малахит мрачно замерцал, — а вы обманули их доверие! Вы убили... Вы убили святого человека! Я счастлива, что наконец-то могу выразить вам свое презрение! Не сомневаюсь, что вас ждет отмщение!

Роковая страсть Распутина

Из углов вестибюля защелкали затворы фотоаппаратов, замерцали вспышки. Собравшиеся репортеры лихорадочно жгли магний.

Это был какой-то маразм. Я даже растерялась! Кто бы мог подумать, что здесь может оказаться столько газетчиков!

Феликс оглянулся с невозмутимым видом:

— Неужели мадам не хватает рекламы, что она решила воспользоваться нашим присутствием? Но знаете, если его величество и был в восторге от ваших заунывных песен, то я на ваших концертах всегда храпел. Слышите, господа? — Он обернулся к репортерам, которые мелькали за спинами фотографов. — Я крепко спал на концертах этой дамы! И всем советую не тратить деньги, чтобы слушать ее тоскливые завывания!

И, крепко стиснув мою руку, он бросился в лифт, увлекая меня за собой.

Кажется, никогда — ни до, ни после этого — я не видела Феликса в такой ярости. Именно поэтому он был столь груб — против обыкновения. Его обычной манерой язвить была ледяная любезность. Правда, он, заметив, что я встревожилась, тотчас принял спокойное выражение, но я знала, что он весь кипит. Впрочем, скоро это прошло и он стал хохотать, потому что умел во всем найти смешное.

Больше мы с Плевицкой не встречались долгие годы и вообще мало о ней знали. Но прошло время, та неприятная сцена забылась. Многие наши друзья приглашали к себе Плевицкую петь. Когда умер отец Феликса, мой свекор, и Зинаида Николаевна стала жить у нас, она однажды пригласила певицу на домашний концерт. И мы увидели совсем другую женщину, не такую, какой она была в Америке, — очень постаревшую, очень встревоженную. Она чуть ли не со слезами извинилась за ту пошлую сцену. В голосе ее больше не было пугающего надрыва, она пела мягко, успокаивая всю боль, которая накопилась в сердцах слушателей за те годы, в которые мы беспрестанно оплакивали свои потери. Даже я не смогла сдержать слез, даже моя маленькая Ирина расплакалась. А потом случилась сцена, которая нас неприятно удивила. Плевицкая опустилась на колени у большого портрета императора и как-то театрально, неестественно зарыдала. У меня было все впечатление испорчено, прежняя неприязнь к ней вернулась. Однако моя свекровь продолжала быть к певице очень расположена, приглашала ее — и Плевицкая бывала у нас, а перед уходом все так же театрально падала на колени перед императорским портретом. Это нас с Феликсом страшно коробило, мы бы и рады были ее не приглашать, но не хотели обижать Зинаиду Николаевну. Плевицкая сшила у нас в «Ирфе» несколько платьев — не для сцены, а просто для выходов.

Но близко мы не сходились, хотя певица зазывала нас в гости — у нее имелся, по рассказам, дом в пригороде Парижа, в Озуар-ля-Феррьер.

Ее муж в это время находился в руководстве РОВСа, Русского Обще-Воинского Союза. Конечно, я была далека от этого, но иногда слышала, как говорят, что эта организация представляет значительную угрозу для Советской России, потому что умело разоблачает засланных оттуда шпионов. Заслуга в этом всецело была генерала Александра Павловича Кутепова. И вдруг он исчез — потом стало известно, что он был похищен и переправлен в СССР.

Парочка, которая прогуливалась в дюнах Фале де Вашнуар, видела, что на пустынный пляж прибыли две машины: «Альфа-Ромео» и красное такси «Рено». Влюбленные видели также моторную лодку, стоящую у берега, и пароход на рейде.

Двое пассажиров автомобиля вытащили какой-то большой продолговатый предмет, завернутый в мешковину, взвалили на плечи, вошли в воду и положили предмет на дно лодки, в которой находились еще два человека. Лодка на полной скорости помчалась к пароходу, который поднял якорь и ушел, как только находившиеся в лодке и их таинственный груз оказались на борту.

Это был советский пароход «Спартак», неожиданно покинувший Гавр днем раньше.

Официальное расследование похищения ни к чему не привело, но Владимир Львович Бурцев, известный нам еще по Петербургу издатель и журналист, разоблачивший в свое время знаменитого провокатора Азефа, что стало истинной «бомбой» в рядах эсеров, умудрился выяснить, что организовали похищение сотрудники советских представительств во Франции, все — штатные агенты иностранного отдела ОГПУ СССР. Позже стало известно, что при похищении Кутепова усыпили слишком большой дозой хлороформа и он умер еще в пути.

Плевицкая была дружна с женой пропавшего генерала, Лидией Давыдовной, и утешала ее своими песнями. Ее голос оказывал на бедную женщину поистине магическое воздействие. А поскольку Зинаида Николаевна была также с генеральшей Кутеповой дружна, она виделась с Плевицкой чаще и чаще.

И вот однажды к нам в «Ирфе» пришла наша старинная знакомая — княгиня Мария Михайловна Нахичеванская — и попросила разрешения поговорить со мной и Феликсом наедине.

Она очень изменилась за прошедшие годы. Располнела, была одета в черное. Платок с розами сменила прекрасная шаль с восточным рисунком. Оказывается, она родила сына и двух дочерей, а жили Нахичеванские теперь во Французской Сирии, как тогда назывался Ливан, где Юрий Гусейнович создал представительство компании «Форд» на Ближнем Востоке. Мария Михайловна теперь пышно именовалась *ханума* Мария Нахичеванская.

В Париж они наезжали нечасто, лишь по делам мужа, и вряд ли Мария Михайловна захаживала в «Золото атамана», которое теперь по закону принадлежало Тархану, и уж конечно не пела там свою коронную песню.

— Вы желали заказать новые платья? — спросила я, когда мы с Феликсом поздравили ее с рождением детей. Но Мария Михайловна покачала головой. У нее был очень встревоженный вид.

Мы сразу поняли — что-то случилось! — и провели ее в приватные помещения.

— Вам надо уехать, Феликс Феликсович, Ирина Александровна! — выпалила она, едва за нами закрылась дверь кабинета. — Она что-то задумала, задумала недоброе!

И начала рассказывать, что вчера были они с мужем в известном армянском ресторане и видели там Плевицкую с мужем и двумя какими-то мужчинами. Оба говорили по-русски: один очень хорошо, а другой ломано, как говорят французы. Плевицкая была в шляпе под вуалью и держалась очень скромно, словно не хотела привлекать внимания. Однако она довольно много пила и говорила все громче и громче. И Марья Михайловна услышала несколько фраз, которые, как она поняла, касались нас. Для начала Плевицкая сказала, что старуха от нее без ума, а сын делает все, что мать хочет, так что с ним легко будет справиться. Помешать может только принцесса, хорошо бы раз и навсегда заставить ее замолчать. Тогда Скоблин сказал, что надо не размениваться по мелочам, а отправить принцессу на отдых. Причем вместе с мужем. Воспользоваться оказией — и отправить всех вместе!

— На отдых, — задумчиво повторил один из мужчин — француз — и засмеялся. Ему вторили все сидевшие за столом, причем Марии Михайловне почудилось что-то невероятно гнусное в их смехе.

— А почему вы решили, что это имеет отношение к нам? — с удивлением спросил Феликс.

— Ну так ведь принцесса, — пояснила Мария Михайловна, — так ведь Ирина Александровна у нас — принцесса.

— Я всего-навсего княжна императорской крови, — поправила я, хотя отлично знала, что французы называют меня именно princesse.

— Да, но... Ой! — вдруг всплеснула руками Мария Михайловна. — Я забыла сказать! Плевицкая еще добавила, что будет счастлива отомстить проклятому убийце.

Феликс так и покатился со смеху:

— Вы решили, дорогая ханума, что в Париже я один убийца?

Мария Михайловна надула губки:

— Не верите мне? А знаете, что один друг моего мужа служит в РОВС? Они Скоблина подозревали, что он с красными стакнулся и замешан в похищении генерала Кутепова. Когда Скоблину это высказали, он сказал: дайте мне револьвер, я застрелюсь, если вы меня подозреваете. Револьвера ему не дали, поверили. Он же у нового начальника, господина Миллера, самый ближайший человек. А все же некоторые говорят, что зря ему такое большое доверие. И еще, — она понизила голос, — этот друг моего мужа рассказывал, что теперь советские шпионы времени не тратят на то, чтобы людей уговаривать на них работать. Лучше человека похитить и в России мучительной смертью казнить!

— Да что вы, Мария Михайловна, кому мы с Ириной нужны! — ласково улыбаясь, сказал Феликс. — Но все же спасибо, драгоценная ханума, что вы нам все это рассказали. Мне Плевицкая и прежде не была приятна, а теперь я вовсе постараюсь держаться от нее подальше. И матушка, и Ирина то же делать станут.

Мария Михайловна сразу повеселела и, выпив с нами чаю, ушла, пообещав, что закажет у нас платья в свой следующий приезд. Как только за ней закрылась дверь, улыбающееся лицо Феликса сделалось озабоченным.

— Поехали домой, надо быстро собраться, — сказал он. — Вы с Бэби сегодня же отправитесь к Ксении Александровне, в Виндзор. Мы с матерью — на Корсику. Все это на самом деле серьезно, я просто не хотел виду давать перед княгиней. Мы и впрямь очень похожи на тех персонажей рассказа Плевицкой, которых хотят отправить отдохнуть. Старуха, которая от этой певички без ума, — это моя мать. Принцесса — ты. И убийца... Это, конечно, я, Мария Михайловна все правильно поняла! Помнишь, Плевицкая еще в Америке проклинала меня за ту старую историю с *Г.Р.* и грозила отмщением? Похоже, что это местечко отдыха, которое нам пророчат, находится где-нибудь во глубине сибирских руд. Я тоже слышал о том, что Скоблина подозревают в деле с Кутеповым. Ему доверяет только Миллер, остальные в РОВСе давно на него косятся. Мне бы очень хотелось, чтобы я ошибся и чтобы Мария Михайловна ошиблась тоже. Я буду просто счастлив! Но давайка лучше окажемся сейчас подальше от этих людей. На всякий случай. Пока не исчезнет та оказия, о которой шла речь.

Я была в совершенном шоке и тупо послушалась Феликса. Только я настояла, чтобы мы уехали все вместе, не разделяясь. В результате мы: Феликс, я, наша дочь, сорванная из школы в разгар занятий, и еле живая от изумления Зинаида Николаевна — с наспех собранными вещами стремительно отбыли в Англию, где, спустя две недели, до нас дошло известие сначала об исчезновении генерала Евгения Карловича Миллера, а затем об аресте Плевицкой и поисках скрывшегося Скоблина. Потом выявились неопровержимые доказательства, что именно они, Плевицкая и Скоблин, много лет уже работали на большевиков под кличками Фермер и Фермерша. Оба похищения руководителей РОВСа были делом их рук. Наверное, вместе с Миллером должны были отправиться в Совдепию и мы, Юсуповы, и если бы не предупреждение милой ханумы Нахичеванской, это вполне могло бы случиться!

Эта история потрясла эмигрантскую среду. Люди мучились вопросом: почему, почему она делала это?! Она, божественная Плевицкая, душа народная!

Почему?

Мы с мужем это часто обсуждали.

Феликс тогда сказал, что, когда русские эмигранты недоумевают, как могла «искренняя монархистка» Плевицкая пойти на предательство, они же сами и дают ответ на свой вопрос. Да как раз потому, что она была искренняя монархистка! Она лично знала государя Николая Александровича, его семью, она любила их — любила до обожествления, особенно самого императора. И ничего, кроме тайной ненависти и презрения, она не могла испытывать к людям, которые предали своего государя, а ведь и Кутепов, и Миллер были лидерами Белого движения, которое уступило Россию красным и не смогло помешать уничтожить царскую семью. Они все были в ее понимании предателями. Предать же предателей не казалось Плевицкой предательством. А Россия при этом оставалась Россией. Там к власти пришли «простые люди», вся «белая кость» убралась за кордон. Разве это грех, наверное, думала она, желать петь для своего народа? Опять сделаться именно всенародно любимой певицей? Не сидеть в крохотной «артистической» в кабаках и ресторанах — выходить на сцену, как в былые времена, знать, что поешь не для «осколков старого мира», а для всей России?

Так полагал Феликс. Может быть, он был прав...

Не сомневаюсь, Плевицкая видела в розовом свете то будущее, которое ожидало бы ее после возвращения на родину. Она попала бы там в Сибирь. А здесь, во Франции, она попала в Ренн, в каторжную тюрьму для особо опасных уголовных преступников. Через несколько лет, уже во время германской оккупации, она там умерла. О судьбе Скоблина я ничего не знаю.

Каким чудом мы не стали их жертвами?!

Скандальная «слава» убийцы *Г.Р.* всю жизнь тянулась за Феликсом как тень, из-за чего мы переживали порой немало неприятных моментов. Однажды нашлись люди, которые вытащили эту старую трагедию из-под спуда и попытались обнародовать, совершенно исказив мое в ней участие.

Я имею в виду фильм кинокомпании «Метро Голденн Майер», который назывался «Распутин и императрица».

Вообще надо сказать, что историю *Г.Р.* экранизировали довольно часто. Помню, еще в России после февраля 17-го года фильмы, порочащие царскую фамилию, стали выходить один за другим. А уж после Октябрьского переворота — и того пуще. Не отставал и Голливуд. Также Алексей Толстой, еще во время жизни в эмиграции, написал пьесу «Заговор императрицы». Она вышла за счет автора отдельной книжкой в Берлине, а потом, после возвращения Толстого в Совдепию, пьесу эту, как мы узнали из газет, беспрестанно ставили театры в Москве и в том городе, который когда-то назывался Петербургом. Кстати, в перечне действующих лиц мой муж был обозначен так: «Феликс, князь Юсупов, паж». Прочитав это, оное «действующее лицо» долго хохотало и назвало автора: «Алексей, советский граф Толстой, ренегат». Кажется, именно с его легкой руки прозвище «советский граф» в эмигрантской среде приклеилось к А. Н. Толстому навсегда.

Когда в Париже показывали фильмы о Распутине, я никогда не ходила в кинотеатры. Не пошла бы и на этот, но вдруг получила письмо от одной нашей приятельницы по Америке. Ее звали Фанни Хольцман, она была адвокат и, когда мы пытались выручить свои драгоценности с таможни, она нам очень помогла. На сей раз Фанни написала, что в Нью-Йорке теперь идет фильм «Распутин и императрица», в котором одна из героинь явно изображает меня. Фанни уверяла, что это настоящая клевета и я должна подать в суд на кинокомпанию.

Фильм через некоторое время появился в Париже. Интерес к нему был огромен: его номинировали на «Оскар», к тому же название обещало нечто скандальное. Конечно, мы послушались Фанни и пошли смотреть. Я надела шляпку с вуалью и скрыла лицо. Я опасалась, что эти прохвосты в Голливуде подобрали киноактрису, которая будет похожа на меня, как две капли воды. Но ничего подобного: Диана Винард ничем меня не напоминала. К тому же она отличалась великолепной, в меру пышной фигурой, а я всю жизнь была чрезвычайно худа.

В этом фильме играли три актера по фамилии Бэрримор: Лайонелл в роли Распутина, Джон в роли князя Чегодаева и Этель в роли императрицы. У Лайонелла и Этель были какие-то особенно выпуклые глаза, словно они страдали базедовой болезнью, и если образу Распутина это прибавляло некоего отвратительного демонизма, то царицу делало отталкивающей, мне на нее просто смотреть было противно.

Конечно, я была готова к голливудской подделке, но в первые минуты, когда изображено было богослужение в честь трехсотлетия дома Романовых, когда пел великолепный хор, душа моя вдруг задрожала. Это был миг острого, болезненного возвращения в прошлое, словно на машине времени, придуманной Уэллсом. Я невольно схватила Феликса за руку, и он в ответ крепко сжал мои пальцы, понимая мое волнение и разделяя его. Но это длилось несколько мгновений, пока не появилась царская семья.

Эффект перемещения во времени кончился. Они были настолько *другие*, что все чувства во мне сразу остыли, и далее я смотрела фильм просто как набор эпизодов из жизни посторонних людей. Вообще он был невозможно длинный, затянутый, напыщенный и нелепый. Кому взбрело в голову выставить его на премию «Оскар»?! Начинался фильм с того, что в Петербурге был убит великий князь Сергей, губернатор города. Надо полагать, имелся в виду мой покойный двоюродный дед, великий князь Сергей Александрович, убитый бомбистом Каляевым в Москве. По подозрению в убийстве некий полковник князь Павел Чегодаев арестовал несколько человек, в том числе женщин и детей. Не вполне понятно, зачем детей, пожалуй, просто затем, чтобы впоследствии показать несостоявшуюся сцену их расстрела.

Великий князь Игорь — бог весть кто такой, некий собирательный образ, ужасный злодей — велит Чегодаеву их расстрелять, тот возражает. Его невеста Наташа — дочь покойного князя Сергея, фрейлина императрицы, — страдает и плачет. Тем временем в императорской семье еще одно горе — наследник престола, Алеша, сражен приступом гемофилии. Доктора ничего не могут сделать, и тогда Наташа приводит к постели царевича «святого отца» Григория.

Более ужасной рожи, чем у этого «отца», я в жизни не видела! Он был лишен буквального сходства с *Г.Р.*, кроме бороды, сапог и косоворотки, однако я испытывала к нему точно такое же отвращение, как к истинному *Г.Р.*, что, конечно, свидетельствовало о таланте актера. И все же во всем его образе, манерах, приемах было нечто настолько карикатурное, что Феликс, сидящий рядом со мной, то трясся от смеха, то едва не срывался с кресла от возмущения.

Итак, Григорий излечивает царевича с помощью гипноза и впоследствии не раз гипнотизирует его, как и других в царской семье. Все попадают под его влияние, кроме полковника Чегодаева, который, судя по фильму, вообще единственный оплот престола: государь просит его помочь собрать Думу, потом он останавливает расстрел группы каких-то полусумасшедших, которые заподозрены в убийстве князя Сергея, а главное, он единственный относится к Григорию с подозрением. Более того, он даже пытается Григория застрелить, но того спасает панцирь, надетый под рубашку. Наташа совершенно опьянена Григорием, отсрочивает свадьбу с Чегодаевым, ничего не объясняя жениху толком, а Григорий тем временем сводит дружбу с министром юстиции и другими влиятельными людьми, начинает вершить большую политику и верховодит в семье царя. Его гипнотическому влиянию противится только великая княжна Мария. Григорий замышляет ночью пробраться в ее спальню, Наташа застает его почти на месте преступления. Судя по фильму, она не столько возмущена этим гнусным сластолюбием, сколько обуреваема ревностью. Григорий гипнотизирует ее — и далее следует недвусмысленная сцена между ними. Внезапно появляется императрица, Наташа разоблачает Григория, говорит, что он был в спальне Марии, государыня его прогоняет. Вся семья императора в возмущении, они рады сбросить ту власть, которую имел над ними Григорий. Тем временем начинается война; государыня, великие княжны и фрейлины служат в госпитале, в том числе и Наташа. Когда полковник Чегодаев снова просит ее руки, она отказывает, говорит, что недостойна его, потому что утратила честь. Чегодаев решает убить Григория — и убивает самым зверским образом, колошматя, сколько помню, палкой, после чего тащит к реке и топит труп. При этом он одет в косоворотку и выглядит как пьяный мужик. В присутствии посторонних государь отправляет Чегодаева в ссылку за границу, а когда семья остается с ним наедине, все его целуют, обнимают и благодарят. На прощание государыня умоляет его простить Наташу, потому что она — жертва и ее чистая душа заслуживает снисхождения. Затем следуют сцены революции и ужасного расстрела царской семьи.

Когда зажегся свет в зале, я поняла, что зрители в восторге. Если эта картина и не заслуживала «Оскара», она, конечно, все равно производила сильное впечатление на людей, не знающих истинных событий, но подавленных этим нагнетанием скандальных подробностей из жизни русской императорской семьи. Некую правдивость фильму прибавляли документальные кадры, в него вставленные — очень умело, кстати: виды русских городов, толпы восставшего народа на площадях...

Роковая страсть Распутина

И при этом — нонсенс из нонсенсов: католические монахи в православных монастырях!

— Каков скотина этот Чегодаев! — брезгливо сказал Феликс, передергиваясь. — Превратил святого человека в отбивную!

Он пытался этой злой шуткой скрыть тяжелое впечатление от фильма.

— Не надо было ходить, — пробормотала я. — Зачем нам такие воспоминания?

— Напротив! — возразил Феликс. — Это очень отлично, что мы пошли, спасибо Фанни!

— Да ведь там нет никакой клеветы на меня, — пожала я плечами. — Эта Наташа ничуть меня не напоминает.

— Как не напоминает?! — остро глянул на меня Феликс. — Ведь она — невеста убийцы Григория. А кто его убил? Чегодаев. Явно же, что имеюсь в виду я. Какая гадкая у него рожа, — простонал он, брезгливо заведя глаза. — Напудренный, подмазанный, усы в ниточку, брови, как у кинозвезды, сам в корсете, бр-р...

«Брови бритые, рожа пудреная», — вспомнилось вдруг — и меня едва не стошнило.

— Нет, это им даром не пройдет! — зло сказал Феликс. — Надо требовать запрета картины, надо возбуждать против кинокомпании иск! Наверняка Фанни поможет нам найти хорошего адвоката.

— Но это же смешно, Феликс, — возразила я. — Мы сами будем jaser sur le compte de nous-mêmes![1]

---

[1] Перемывать себе кости *(франц.)*.

— Цель оправдывает средства, — пожал он плечами. — Мы можем выставить им иск, самое малое, на полста тысяч долларов. Вы не можете не понимать, дорогая, как нам пригодятся эти деньги!

Да уж, я это очень хорошо понимала! Наше финансовое положение было весьма непрочным, фирма «Ирфе», к несчастью, приносила уже совершенно эфемерный доход. Итак, Феликс хочет заработать на нашей дурной славе... Ну что же, как ни противно, это средство быстро выручить очень большую сумму. Я прекрасно понимала, что нищие не выбирают. Конечно, нам до нищеты было еще далеко, но уже сейчас мы жили всего лишь в двухкомнатной квартирке на рю Турель...

— Но вы представляете, что мы можем проиграть? — воззвала я к нашему общему благоразумию. — Мы затратим деньги на суд, а потом проиграем...

— Иск — это риск, — отважно заявил Феликс. — Какого черта?! Эти поганые американцы уверены, что им все дозволено! Ничего, пусть платят!

Но для начала должны были заплатить мы — за возбуждение процесса. Чем? Мой брат Никита познакомил нас со своим богатым приятелем, бароном Эрлангером, и тот дал нам деньги в долг. Фанни посоветовала обратиться в лондонский суд и порекомендовала нескольких лучших адвокатов. В конце концов мы выбрали сэра Патрика Хейстингса и Георга Брукса. Интересы «Метро Голденн Майер» представлял сэр Уильям Джоуит. Вел процесс судья Хорэйс Эвори.

Роковая страсть Распутина

Суть нашего иска сводилась к следующему: я считаю, что изображена в фильме под именем княжны Наташи и что сцена, в которой героиня уступает домогательствам Распутина, — явная клевета на меня. Кинокомпания признавала, что Чегодаев и Феликс — одно лицо, но заявляла, что княжна Наташа — персонаж вымышленный, а потому претензии мои безосновательны.

В Париже не все знакомые нас одобрили: некоторые чистоплотно заявляли, что мы хотим заработать деньги на скандале. С этим трудно было спорить. Но другие смеялись над этим чистоплюйством и уверяли, что с «американскими жидами» судиться нужно непременно, чтобы отбить привычку соваться в чужую личную жизнь и трепать честное имя Юсуповых. С этим мы тоже не спорили.

Я приехала в Лондон за две недели до начала процесса и с радостью встретилась с матерью. Ее гораздо больше беспокоило состояние здоровья моего отца, чем исход суда. Отец жил в это время в Ментоне, на вилле Сент-Терез, под присмотром нашей хорошей знакомой Ольги Чириковой, и я то и дело туда ездила. Вообще наши родители в это время уже все болели: в Париже — Зинаида Николаевна, в Ментоне — мой отец, в Виндзоре — моя мать, а отец Феликса, как я упоминала, уже скончался, и моя дорогая бабушка, вдовствующая императрица, давно упокоилась...

Адвокаты провели со мной репетиции перекрестного допроса, а потом прилетел Феликс. Это был первый раз, когда он решился отправиться на самолете. Я все время боялась, что его самолет упадет в море. Видимо, сердце чуяло недоброе, потому что он и в самом деле упал — но в двух шагах от береговой полосы. Феликс промок до нитки, но остался жив и невредим.

И вот настал день суда. Фильм был показан всем присутствующим в зале.

Сэр Уильям Джоуит, адвокат «Метро», сразу сказал, что вовсе не считает, что я была знакома с *Г.Р.* и тем паче — была его яростной поклонницей, что привела его в семью императора. Всем известно, что это не так. Наташа в фильме настолько не похожа на меня, что любому должна показаться смехотворной сама мысль о нашем сходстве. Таким образом, мои претензии безосновательны.

Стараясь убедить меня в этом, он меня совершенно измучил: вопросы задавал чуть ли не пять часов, подходя с самой неожиданной стороны. Например, был такой поворот:

— Французский посол в России Морис Палеолог в своих «Мемуарах» описывает князя Юсупова «утонченным и женственным». Это верно?

— Нет, не верно, — возразила я. — В моем муже нет ничего женственного.

Этот вопрос меня напугал. Что, если сэр Уильям сейчас начнет копаться в некоторых сомнительных эпизодах прошлого Феликса? Ах, какую мы сделали глупость, что затеяли этот процесс!

— Он груб? — вкрадчиво спросил Джоуит.

— Нет, не груб.

— Умен, эстет?

— Да.

— Любит искусство?

— Да.

— Однако вы не можете не признать, — заявил сэр Уильям, — что в фильме Чегодаев — сущий солдафон! Вспомните ярость, с которой он уничтожал свою жертву, это ведь сущий зверь. Кроме того, в реальном убийстве подлинного Распутина принимал участие не только князь Юсупов. Его соучастником был и великий князь Дмитрий, кузен покойного государя императора. Обратите внимание: в фильме Чегодаев — родственник царской семьи, кроме того, он был сослан за границу после убийства. Князь Юсупов отправился в свое родовое имение, а князь Дмитрий — за границу! То есть именно он вполне может быть прообразом Чегодаева! Тогда вам совершенно не о чем беспокоиться, вы ведь не состояли ни в каких отношениях с князем Дмитрием! Хотя и он не был солдафоном. Скорее всего, Чегодаев не похож ни на того, ни на другого. Постановщики вольно обошлись с историей, но кто с ней не обходился слишком вольно? Этим грешил и некий Шекспир!

Представители кинокомпании расхохотались, чувствуя, что слова сэра Джоуита явно произвели впечатление на суд.

Заседание первого дня кончилось — завтра к присяге должны были привести Феликса.

Ему пришлось в подробностях описать, что происходило в ту ужасную ночь. Сходства с изображенным в фильме действом было много... Ну вот разве что Чегодаев совершил все своими руками, а Феликс был не один. Но сценарист и режиссер сами признавали, что строили сцену в подвале, основываясь на книге князя Юсупова «Как я убил Распутина», и даже декорации очень напоминали подвальную залу на Мойке, во дворце Юсуповых, где произошло то страшное событие.

Процесс длился несколько дней, в конце концов суд вынес решение в нашу пользу. Фильм в теперешнем его виде был запрещен, «Метро» принуждалось выплатить мне возмещение за клевету в 25 тысяч долларов и оплатить огромные судебные издержки. Между прочим, хоть наше финансовое требование было уменьшено ровно вдвое, слухи пошли, что мы выручили куда больше... Один раз я слышала, будто вообще триста тысяч долларов. Ну так это совершенная неправда.

Феликс был очень весел, и, конечно, мы все радовались победе. Адвокаты, которые получили хороший гонорар, уверяли, что дела нашего никогда на забудут: не каждый день защищаешь великую княгиню и слышишь, как князь во всеуслышание рассказывает в подробностях, как убивал человека. Меня от такого юмора коробило, но Феликсу этот пассаж очень понравился.

После процесса некоторые сцены фильма были изменены — например, обольщение княгини Наташи. Теперь этого в картине не было, Наташа просто сидела, загипнотизированная, на диване, до прихода императрицы. А Чегодаеву она затем отказывает не потому, что обесчещена, а потому, что чувствует себя недостойной его из-за своего былого увлечения Григорием и слепой веры в его лживую святость. Претерпели редактуру и некоторые другие эпизоды.

Кроме того, в фильме появился новый титр: «Любое сходство с реальными людьми, живыми или мертвыми, является случайным».

Кажется, теперь это выражение является сакраментальным.

. . . .

Все, что написано до сих пор, я написала, как говорится, в один присест. Очень быстро и с удовольствием. Право, любые, даже самые тяжелые воспоминания доставляли мне удовольствие тем самым эффектом возврата в прошлое, о котором я уже упоминала! Однако несколько дней назад, буквально после того, как я рассказала о сцене в лондонском суде, у меня случился тяжелый сердечный приступ, который уложил меня в постель. Выздоравливая, я перечитала написанное. И вдруг мне показалось, что я пошла не по тому пути. Вернее, не теми путями. Сначала я тратила время на то, чтобы опровергнуть мемуары Феликса. Потом вдруг ударилась в описание самого трагического эпизода истории России, который, очень возможно, и уничтожил всю нашу прежнюю жизнь. А где же воспоминания женщины, обычной женщины, которая каждый день не вспоминала свою роль в истории, а просто жила? Так ведь написаны и мемуары Феликса, особенно их вторая часть. Это повседневная жизнь, не каждый ее миг, конечно, но именно повседневность...

Как ни странно, мне это совершенно не интересно писать. Более того, меня словно бы что-то останавливает. И я знаю что!

Пытаясь воскресить в памяти некоторые события, я перечитала письмо Тани Васильчиковой (теперь она княгиня Татьяна Меттерних), адресованное моей дочери Ирине, Бэби, подруге Таниного детства. А ее мать, Диля, Дилька, как мы ее звали, княгиня Лидия Леонидовна Васильчикова, была подругой детства Феликса. Она, бедная, трагически погибла в Париже в автомобильной аварии в 1948 году. Васильчиковы жили у нас некоторое время после бегства из России — точнее, после переезда с Мальты, куда им, так же, как и нам в свое время, удалось перебраться после революции через Крым. Девочки учились в Сен-Жермен-ан-Ле. Я приведу Татьянино письмо почти целиком, потому что оно для меня явилось в какой-то степени откровением, и не только потому, что напомнило те события нашей, юсуповской жизни, о которых я подзабыла. Другим! Потом поясню почему.

«Добрый день, моя дорогая Бэби. Хочу рассказать тебе свой сон. Я видела во сне нас, мою сестру Мисси, тебя и меня, трех маленьких девочек... лет по десять, не больше. Мы сидели в длинных ночных сорочках на перилах галереи, которая располагалась перед нашими комнатами, на втором этаже высокого дома, под потолком домашнего театра. Наутро я сообразила, что мне приснился ваш — юсуповский — дом в Булонь-сюр-Сен на окраине Парижа, где мы однажды, во время переезда нашей семьи из России,

провели ночь под присмотром твоей бабушки, княгини Зинаиды, которую ты называла Бу, и ее преданной, здоровенной русской горничной, а также лающего, ревнивого пекинеса. Знаешь, мы воспринимали княгиню как нашу третью бабушку. Она была необычайно добра. Мама рассказывала мне, что твой отец и мать утверждали, будто они не способны быть воспитателями, а потому полностью предоставили свою дочь заботам княгини. Помню Зинаиду Николаевну отдыхающей на диване — с высокой прической, в элегантных, мягко струящихся одеждах с высокой застежкой, выдержанных всегда в траурных тонах, так как она так и не смогла справиться со смертью своего старшего сына, твоего дяди, которого ты никогда не видела. Меня поражало, насколько она была хрупка и нежна, никогда не повышала голоса. Да, она вела спокойную жизнь под защитой своего окружения, обожавшего и уважающего ее! Причем я уже девочкой понимала, что, несмотря на хрупкость, она обладала большой внутренней силой, всегда была полной участия к каждому, постоянно готовой на сострадание и помощь, всегда тихой, светлой и понимающей. Помнишь, мы любили играть поблизости от нее — мы сидели в ее комнате за маленьким столом и рисовали. Пить чай рядом с ней было совершенно особенной наградой и разрешалось лишь тогда, когда она не ждала гостей. Часто она вынуждена была после этого отдыхать, и мы очень следили за тем, чтобы не шуметь, хотя сердили, дразнили и щекотали милую, старую горничную, пытаясь втянуть ее в нашу возню и отрывая ее от работы. Однажды я услышала, как князь Феликс Феликсович сказал: «Когда я провожу с матерью несколько часов, покидаю ее ожившим, словно напившимся из тайного целебного источника! То же говорят и мои друзья».

Тот театр, который мне приснился... Я его отлично помню наяву. Кажется, он был разрисован Александром Яковлевым? Он походил на большую овальную гостиную, которая была отделена от сцены занавесом и высокой изогнутой ступенькой.

Мы, дети, мало что понимали в искусстве и видели лишь группу одаренных, непосредственных и раскрепощенных гостей, которые музицировали и импровизировали, ставили любительские спектакли, а иногда просто беседовали, что было для нас скучно, хотя разговоры были страстными и оживленными и кончались часто взрывом смеха над какой-нибудь остротой. Нам казалась намного веселее сцена, когда повар, который, кроме прочего, необыкновенно играл на балалайке, гремел своим басом, в то время как его высокая белая шапка, символ его ремесла, лежала рядом с ним на украшенном бронзой комоде.

Твой отец, когда он пел или декламировал русские и зарубежные песни, казался мне тогда истинным небожителем с этой его совершенной дикцией и светлым, приятно звучавшим голосом. Нет, в самом деле — он выглядел как ангел, когда стоял, опираясь одной ногой о стул, и слегка трогал струны гитары. Шелковая черная русская рубашка смутно блестела в матовом свете, а большие светло-голубые глаза затуманенно смотрели с его вечно юношеского лица.

Помню, как смотрела на него твоя мать, одетая в эфирные, отороченные кисточками платья... смотрела и отстраненно, и с восхищением...

Роковая страсть Распутина

Мы наблюдали за происходящим с верхней галереи, пока рука горничной мягко, но настойчиво не тянула нас в постель.

О моя дорогая Бэби, тот дом — одно из лучших воспоминаний моего детства. Все там было устроено самим князем Феликсом и имело в себе что-то своеобразное и удивительное. Вода в ванной выливалась из пасти настоящего старого, высеченного из камня римского льва, который был впущен в стену и обрамлен пышно растущими растениями и листвой. Одна комната была оборудована как татарская палатка. Другая — украшена изображениями редких чудовищ, которые были исполнены с точностью до малейшего волоска и отвратительнейших бородавок. Ты рассказала нам, что твой отец написал эти картины после убийства Распутина, когда ему казалось, что он одержим злым духом. Большие попугаи с пестрыми перьями — подарки бывшего короля Португалии — подкарауливали нас, чтобы зацепить своими когтистыми лапами, когда мы мчались мимо. Мы бежали, потому что хотели опять сунуть нос туда, куда нам запрещалось входить. Мы пробирались в комнату твоего отца, всю в черных тонах, чтобы подивиться на роскошный халат персидского принца, который был разложен на меховом покрывале бархатного дивана. Днем князь Феликс, насколько я помню, носил трезво-темные облегающие костюмы, но вечером — любил переодеваться в театральные. Он казался мне волшебником, как и весь дом.

Может быть, виновата память ребенка, которая любила все приукрасить, но мне до сих пор кажется, что в этом доме вообще все было необычно.

На улице, перед дверью, сумасшедший садовник ворошил гравий. Одетый в обноски фрака со свисающими рукавами и зеленоватый цилиндр, он выглядел как усталая ласточка, опустившая крылья.

Как это водится у детей, мы принимали все, как оно было, не подвергая ничего сомнению или критике. Но иногда мы все же были поражены, когда, играя, находили тут или там усыпанные бриллиантами драгоценности Фаберже, которые были просто выброшены, потому что были сломаны и больше неприемлемы. В этом доме материальные ценности не имели значения.

Мы же, Васильчиковы, постепенно познающие цену денег и обременяющее унижение, которое мы чувствовали от их недостатка, находили такое равнодушие к земным богатствам непонятным. Конечно, теперь я знаю, что знаменитое юсуповское богатство уже в те годы ускоренно шло под уклон. Большая его часть была уже потеряна в революцию. И если сравнить то, что ваша семья имела некогда в России, с тем, чем она обладала за границей после революции, то это выглядело бы так, как если бы вы пересели с громадного океанского парохода в лодку, если даже эта лодка многим казалась роскошной. Экономия была незнакомым понятием, и об ограничениях поэтому не могло быть и речи: как и когда-то раньше, были приняты клубника зимой и цветы вне сезона, широкая благотворительность и щедрая расточительность.

Иногда, впрочем, небожители у нас на глазах падали на землю. Помню, как ты, Бэби, спросила за столом: «Где же ложки, которыми мы обычно пользуемся?» — «Не задавай глупых вопросов», — был ответ. А ложки, оказывается, были отнесены в ломбард...

Роковая страсть Распутина

Какое было счастливое время! Мы проводили вместе почти каждое лето. Помню, как твой отец сказал нашей матери: «Дилька, ты знаешь, как воспитывать детей; мы не столь удачливы в этом. Бери Бэби с собой!» Как было потом грустно расставаться, когда мы уехали в Берлин! Боже мой, дорогая Бэби, после этого сна у меня возникло страстное желание написать воспоминания. Как я жалею, что не вела дневник, подобно моей дорогой Мисси![1]

Теперь было бы гораздо легче восстановить многие эпизоды прошлого.

А впрочем, ты знаешь, отчасти оно и неплохо. Я хочу написать воспоминания обычной женщины, которая любила, страдала, радовалась, жила — обычной женщины, а вовсе не участницы исторических событий. Конечно, девиз нашего рода — Васильчиковых — был: «Жизнь — царю, честь — никому», но уж так вышло, что жизнь моя была отдана мне самой и моему мужу. Честь наша осталась при нас. И если я все же напишу эти записки, они будут просто женскими воспоминаниями и не мемуарами исторического лица, которым я себя совершенно не ощущаю, я ведь им и не была... и в этих простых женских воспоминаниях обязательно найдется место и нашей дружбе, и детским играм, и даже галерее домашнего театра, на которой мы сидели втроем: Мисси, я и ты, моя дорогая Бэби».

---

[1] Татьяна Меттерних имеет в виду мемуары своей сестры Марии Илларионовны Васильчиковой «Берлинский дневник». И все же княгиня Меттерних в 1976 году выпустила книгу воспоминаний «Женщина с пятью паспортами». *(Прим. автора.)*

Думаю, если Таня когда-нибудь напишет свои воспоминания, они будут именно такими. Но, в отличие от нее, я так и не смогла отрешиться от мысли, что была не просто женщиной, не просто человеком, а историческим лицом. Даже Феликс перестал в конце концов зацикливаться на своей исторической роли — и с тем же пылом, с каким он изобразил событие 16 декабря 1917 года в книге «Убийство Распутина», живописал самые обыденные мелочи нашей жизни... *«принимая все, как оно было, не подвергая ничего сомнению или критике»*, как прекрасно выразилась Татьяна. У меня это не получается. Я даже не могу найти слов для описания смерти моих родных, отца, матери, бабушки... Кому это важно, для кого это трагедия, кроме меня самой?

О жизни Дмитрия, женившегося на своей американке, мне тоже писать скучно... Мы не смогли поехать на его похороны, я, кажется, болела, Феликс был чем-то занят... Дмитрий перестал быть одной из основных фигур нашей жизни, мы легко отпустили его от себя.

Наша Бэби, Ирина, в 1932 году вышла за Николая Шереметева, сына старинного нашего знакомого, друга детства моего дяди Никки, бывшего флигель-адъютанта, главы ассоциации кавалергардов в Париже и первого председателя Союза русских дворян, графа Дмитрия Сергеевича Шереметева. Мы с Феликсом сначала очень возражали — конечно, не потому, что имели что-нибудь против Дмитрия Сергеевича, графини Ирины Илларионовны и их семьи, а потому, что избранник нашей дочери был болен туберкулезом. В этом смысле позиция родителей жениха меня поразила своей безответственностью. Видно было, что им хочется просто сбыть на чужие плечи заботы о больном сыне, если они позволяют ему, больному, вступать в брак. Ну, Дмитрий Сергеевич ладно, он был всегда сибарит и эгоист, я помню, как мой отец говорил, что, будучи близким другом государя, он мог говорить ему правду, как та ни была горька, но нет, он не шел дальше формального исполнения обязанностей дежурного флигель-адъютанта. На все же прочее он как бы махнул рукой, причем при всяком удобном случае стремился выбраться из Ставки в Петроград или в свое имение в Финляндии, где у него была чудная рыбная ловля. Даже в эмиграции (Дмитрий Сергеевич это слово не любил и всегда говорил — «в беженстве») он написал охотничьи воспоминания «Охота на Зваде». Впрочем, надо отдать ему справедливость — написал он и книгу «Из воспоминаний о Государе Императоре Николае II», где было несколько очень трогательных эпизодов. Возможно, это покажется странным, но я очень люблю читать о батальных событиях. Думаю, это отец приохотил меня своими рассказами о службе. Поэтому книгу Дмитрия Сергеевича я прочитала с интересом, тем более что в то время все наши семейные недоразумения были уже разрешены. Особенно приятно мне было читать один эпизод — о том, как мой дядя Никки простил разжалованного полковника и восстановил его в чине, — потому что я помню, как Дмитрий Сергеевич рассказывал этот случай в нашей гостиной, в Петербурге, на Мойке...

Словом, Дмитрий Сергеевич был очень своеобразным человеком, а графиня Ирина Илларионовна «в беженстве» совершенно растерялась и была только рада, что сможет избавиться от забот о больном сыне и трат на его лечение. Неловко писать об этом, но это правда... Наша дочь очень любила Николая, а мы с Феликсом очень любили ее. Что было делать?! Мы не могли разрушить свадьбу, но положили отсрочку до того времени, как Николая признают здоровым. Мы сами отправили его в Швейцарию, в санаторий, и лишь годом позже устроили свадьбу, получив свидетельство врачей. Ну что же, наша внучка Ксения отличается крепким здоровьем, слава Богу!

О, смертный грех — мое тщеславие... Я безумно люблю свою семью, свою дочь и внучку, но если я сейчас стану описывать их первые шаги, первые слова, детские болезни и девичьи любови, их свадьбы, наши повседневные хлопоты над ними, это сведет меня с того пьедестала, на котором я — хотя бы в своих воспоминаниях — стояла всю жизнь. Если бы я готовила эту книгу для печати, а не писала бы только для себя, я бы сейчас с легким сердцем вычеркнула рассказ и о герцоге Эберкорне и его любви ко мне, и о встрече с Модильяни, и еще кое-какие совершенно обыденные эпизоды. Но что написано пером... пусть остается. Не знаю, успею ли что-нибудь еще рассказать. У меня острое ощущение, что я или не захочу закончить эти записки — просто станет скучно перебирать повседневные события и я брошу писать, — или мне что-нибудь помешает это сделать.

Ну, посмотрим.

. . . .

Возвращаюсь к рукописи спустя два месяца. Да, вот здесь на полях помечено 23 декабря минувшего года, накануне Рождества, — а нынче уже 25 февраля. Очень дурно себя чувствовала, да и настроение писать ушло совершенно. Немалую роль сыграла в этом одна газетная статья, на которую я случайно наткнулась. Приведу ее целиком.

«Всем известна история о том, как Клеопатра растворила в уксусе жемчужину и выпила этот напиток, чтобы поразить воображение Марка Антония. Многие ученые, исследующие древний Египет, до последнего времени считали это легендой, мифом. Однако американский ученый Джонс Пруденс решил доказать ее правдивость.

Он отправился в обычный супермаркет, где приобрел винный уксус, который используется в процессе приготовления современных блюд и использовался в древнем греко-римском мире. Цель была поставлена такая: выяснить, какой концентрации уксусной кислоты достаточно для того, чтобы растворить карбонат кальция — главный компонент жемчуга. Пятипроцентной уксусной эссенции оказалось достаточно, чтобы растворить пятикаратную жемчужину весом в один грамм в течение 24 часов. В результате опыта на поверхности уксусной жидкости осталось всего лишь небольшое количество прозрачного, желеобразного материала. Жемчужина растворилась практически без следа, в процессе реакции уксусной кислоты и карбоната кальция из украшения получился набор из ацетата кальция, воды и углекислого газа.

Заодно был развенчан и еще один миф: до этого момента считалось, что жемчужину может растворить только суперконцентрированный уксус. А Джонс доказал, что высокая концентрация уксусной кислоты только замедляет реакцию.

Другие опыты с жемчугом и уксусом показали, что если жемчужину предварительно разрушить и поместить в кипящий уксус, то реакция занимает меньше десяти минут. Есть мнение, что Клеопатра заранее «смягчила» жемчужину, затем раздавила ее и поместила в сосуд с уксусом. Поэтому-то на химическую реакцию потребовалось мало времени: кинула жемчужину в сосуд с уксусом, немного подождала и выпила.

Остается вопрос: как это вообще можно выпить? Джонс поясняет: карбонат кальция, который содержится в жемчужине, нейтрализует некоторые кислоты, так что в результате вышеописанного опыта напиток получается не настолько кислым, как уксус».

Моя дочь не могла понять, отчего я так смеялась, когда прочла эту статью, а потом приуныла. Как вовремя я ее нашла! Даже если бы я не устала от работы над этими «мемуарами», она показала бы мне, насколько все условно в нашем мире. Мы пытаемся своими воспоминаниями подтвердить правдивость каких-то событий, но потом появляется кто-то другой и переворачивает все с ног на голову, а его доказательства истинности происходящего оказываются столь же бесспорны, как и наши.

Роковая страсть Распутина

Мне приходилось читать исторические труды, которые пресерьезно ссылались на частные воспоминания. Да разве мыслимо это?! Каждое слово о прошлом враз истинно и ложно, и все дело лишь в том, во что захочет поверить читавший. Скажем, когда умер Феликс и его схоронили в могиле княгини Зинаиды Николаевны на Сент-Женевьев-де-Буа, сделали это по ее завещанию. Такова была ее воля — соединиться с нами после смерти. Однако до меня долетали слухи, будто похоронили мы Феликса в могиле матери от нашей материальной недостаточности.

Какая чушь! Можно представить, что, когда придет мой час, обо мне скажут то же самое.

Ах, как болит сегодня сердце... Больше не могу писать теперь. Наутро, может быть, вернусь...

* * *

Она не вернулась ни наутро, ни потом. Она никогда не вернулась...

Этой ночи Ирина Александровна, княгиня Романова-Юсупова, не пережила. Она скончалась через два с половиной года после смерти мужа. Как она и ожидала, после похорон ее в могиле свекрови разговоры ходили разные. Однако никто из тех, кто был увлечен этими пересудами, не обратил внимания на дату смерти Ирины Александровны. А это произошло 26 февраля 1970 года.

Двадцать шестого!

Sapienti sat[1].

---

[1] Умный поймет с полуслова *(лат.)*.

Послесловие автора

Я люблю читать мемуары. Причем именно женские. Женщины чувствуют тоньше и пишут живее, их воспоминания проникнуты не только реалиями эпохи, но и ароматом цветов и духов, вкусом и запахом еды, шуршаньем платьев и стуком каблучков, смехом детей и шепотом любимых мужчин... Но когда я прочла мемуары Феликса Юсупова, которые выходили в Париже в 1952—1954 годах (Youssoupoff, Prince Felix: «Avant L'Exil», «L'Exil», «Изгнание», «Перед изгнанием», Plon, Paris), я была поражена именно той тонкостью, с какой описывает мельчайшие детали быта этот мужчина. Впрочем, иногда он любил изображать женщину, может быть, в этом дело, в этом причина его особенной восприимчивости и тонкости изображения жизни?

Роковая страсть Распутина

Феликс Юсупов был, конечно, человеком необычайным, и не только потому, что являлся убийцей демона России, Григория Распутина. Сама персона князя Феликса вызывала громадный интерес у людей, сама его фантастически обаятельная личность, его уникальная внешность... О нем было много написано, однако фигура его жены Ирины — племянницы императора Николая II, совершенно меркла рядом с ослепительным сиянием князя Феликса. Он относился к Ирине с нежностью и почтением, но ничего не имел против именно такого положения дел.

А она?

Она, племянница императора, вышла по страстной любви за человека с репутацией настолько скандальной, что просто руки врозь. Но этот человек был фантастически богат... На имя Ирины, как на приманку, ее муж поймал Распутина — но никто не знал, насколько глубоко сама Ирина Юсупова увязла в этой кровавой интриге. Она была воплощением светскости и высокородного высокомерия — однако стала самой титулованной манекенщицей Парижа...

Ну разве не интересно хотя бы попытаться исследовать этот клубок противоречий, вообразить строй ее мыслей и чувств, попытаться их запечатлеть, как бы водя по бумаге рукой Ирины? Вот я и попыталась. Я подумала, что женщина женщину всегда поймет... И мне кажется, что я ее поняла.

Эту книгу я писала ужасно долго. И все это время я была Ириной Юсуповой... Прекрасное было время! Нервное, неровное, но прекрасное.

Конечно, здесь много моей фантазии. Но очень многое подкреплено реальностью, почерпнутой из книг. Я перечислю некоторые источники, которыми пользовалась. Прежде всего, конечно, сами мемуары Феликса Юсупова, вышедшие в Париже, о них я уже упоминала. Потом — его книга «Rasputin», Dial Press, 1927 («Распутин», в другом варианте — «Убийство Распутина»).

Ирина частенько обращается к мемуарам своего отца, великого князя Александра Михайловича. Они называются «Книга воспоминаний» и вышли в Париже в 1933 году как приложение к журналу «Иллюстрированная Россия».

Немало интересного узнала я из дневников императрицы Марии Федоровны, дневников и переписки императора Николая II и императрицы Александры Федоровны, из воспоминаний графини Екатерины Леонидовны Камаровской и русского офицера В. М. Догадина, книг Арона Симановича, личного секретаря, Григория Распутина «Распутин и евреи» и книги Матрены Распутиной «Распутин. Почему?». А также из мемуаров великой княгини Марии Павловны («Education of a princess, a memoir by Marie, Grand Duchess of Russia», таково их оригинальное название) и из воспоминания великой княгини Ольги Александровны и Татьяны Меттерних (Васильчиковой). Помогли мне книги «История рода князей Юсуповых», «О роде князей Юсуповых», «Юсуповский дворец», «Кто добил Россию? Мифы и правда о Гражданской войне» Н. Старикова, «Записи Придворного камер-фурьерского журнала», великолепный труд А. Васильева «Красота в изгнании» и множество порой разрозненных, обрывочных сведений, которые встречались тут и там, в книгах, статьях, а главное — в мемуарах свидетелей эпохи, и суровых мужских, и трепетных женских.

Искренне надеюсь, что судьбы моих героинь не оставят равнодушными и вас, дорогие читатели.

С любовью, Елена Арсеньева

Литературно-художественное издание
ЧАРОВНИЦА. РОМАНЫ Е. АРСЕНЬЕВОЙ

Арсеньева Елена

РОКОВАЯ СТРАСТЬ РАСПУТИНА

Ответственный редактор *О. Аминова*
Редактор *Е. Курочкина*
Младший редактор *О. Крылова*
Художественный редактор *П. Петров*
Технический редактор *О. Лёвкин*
Компьютерная верстка *Г. Клочкова*
Корректор *Д. Горобец*

ООО «Издательство «Эксмо»
123308, Москва, ул. Зорге, д. 1. Тел. 8 (495) 411-68-86, 8 (495) 956-39-21.
Home page: **www.eksmo.ru** E-mail: **info@eksmo.ru**

Өндіруші: «ЭКСМО» АҚБ Баспасы, 123308, Мәскеу, Ресей, Зорге көшесі, 1 үй.
Тел. 8 (495) 411-68-86, 8 (495) 956-39-21
Home page: www.eksmo.ru E-mail: info@eksmo.ru.
Тауар белгісі: «Эксмо»
Қазақстан Республикасында дистрибьютор және өнім бойынша
арыз-талаптарды қабылдаушының
өкілі «РДЦ-Алматы» ЖШС, Алматы қ., Домбровский көш., 3«а», литер Б, офис 1.
Тел.: 8 (727) 2 51 59 89,90,91,92, факс: 8 (727) 251 58 12 вн. 107; E-mail: RDC-Almaty@eksmo.kz
Өнімнің жарамдылық мерзімі шектелмеген.
Сертификация туралы ақпарат сайтта: www.eksmo.ru/certification

Сведения о подтверждении соответствия издания согласно
законодательству РФ о техническом регулировании можно
получить по адресу: http://eksmo.ru/certification/

Өндірген мемлекет: Ресей
Сертификация қарастырылмаған

Подписано в печать 29.11.2013.
Формат 84х108 $^1/_{32}$. Гарнитура «Таймс».
Печать офсетная. Усл. печ. л. 18,48.
Тираж 2500 экз. Заказ № 3822.

Отпечатано в филиале «Тверской полиграфический комбинат
детской литературы» ОАО «Издательство «Высшая школа»
170040, г. Тверь, проспект 50 лет Октября, д. 46
Тел.: +7 (4822) 44-85-98. Факс: +7 (4822) 44-61-51

ISBN 978-5-699-69334-4

16+

Оптовая торговля книгами «Эксмо»:
ООО «ТД «Эксмо». 142700, Московская обл., Ленинский р-н, г. Видное,
Белокаменное ш., д. 1, многоканальный тел. 411-50-74.
E-mail: **reception@eksmo-sale.ru**

***По вопросам приобретения книг «Эксмо» зарубежными оптовыми
покупателями*** *обращаться в отдел зарубежных продаж ТД «Эксмо»*
E-mail: **international@eksmo-sale.ru**

*International Sales: International wholesale customers should contact
Foreign Sales Department of Trading House «Eksmo» for their orders.*
international@eksmo-sale.ru

***По вопросам заказа книг корпоративным клиентам, в том числе в специальном
оформлении,*** *обращаться по тел.* +7 (495) 411-68-59, доб. 2261, 1257.
E-mail: **vipzakaz@eksmo.ru**

***Оптовая торговля бумажно-беловыми
и канцелярскими товарами для школы и офиса «Канц-Эксмо»:***
Компания «Канц-Эксмо»: 142702, Московская обл., Ленинский р-н, г. Видное-2,
Белокаменное ш., д. 1, а/я 5. Тел./факс +7 (495) 745-28-87 (многоканальный).
e-mail: **kanc@eksmo-sale.ru**, сайт: **www.kanc-eksmo.ru**

Полный ассортимент книг издательства «Эксмо» для оптовых покупателей:
В Санкт-Петербурге: ООО СЗКО, пр-т Обуховской Обороны, д. 84Е.
Тел. (812) 365-46-03/04.
В Нижнем Новгороде: ООО ТД «Эксмо НН», 603094, г. Нижний Новгород,
ул. Карпинского, д. 29, бизнес-парк «Грин Плаза». Тел. (831) 216-15-91 (92, 93, 94).
В Ростове-на-Дону: ООО «РДЦ-Ростов», пр. Стачки, 243А. Тел. (863) 220-19-34.
В Самаре: ООО «РДЦ-Самара», пр-т Кирова, д. 75/1, литера «Е». Тел. (846) 269-66-70.
В Екатеринбурге: ООО «РДЦ-Екатеринбург», ул. Прибалтийская, д. 24а.
Тел. +7 (343) 272-72-01/02/03/04/05/06/07/08.
В Новосибирске: ООО «РДЦ-Новосибирск», Комбинатский пер., д. 3.
Тел. +7 (383) 289-91-42. E-mail: **eksmo-nsk@yandex.ru**
В Киеве: ООО «РДЦ Эксмо-Украина», Московский пр-т, д. 9. Тел./факс: (044) 495-79-80/81.
В Донецке: ул. Артема, д. 160. Тел. +38 (032) 381-81-05.
В Харькове: ул. Гвардойцев Железнодорожников, д. 8. Тел. +38 (057) 724-11-56.
Во Львове: ТП ООО «Эксмо-Запад», ул. Бузкова, д. 2. Тел./факс (032) 245-00-19.
В Симферополе: ООО «Эксмо-Крым», ул. Киевская, д. 153.
Тел./факс (0652) 22-90-03, 54-32-99.
В Казахстане: ТОО «РДЦ-Алматы», ул. Домбровского, д. 3а.
Тел./факс (727) 251-59-90/91. **rdc-almaty@mail.ru**

Полный ассортимент продукции издательства «Эксмо»
можно приобрести в магазинах **«Новый книжный»** и **«Читай-город».**
Телефон единой справочной: 8 (800) 444-8-444. Звонок по России бесплатный.

Интернет-магазин ООО «Издательство «Эксмо»
www.fiction.eksmo.ru
Розничная продажа книг с доставкой по всему миру.
Тел.: +7 (495) 745-89-14. E-mail: **imarket@eksmo-sale.ru**

· КОРОЛЕВА ИСТОРИЧЕСКОГО РОМАНА ·

Анастасия
ТУМАНОВА

Цыганская страсть точно пламя. Манит, обжигает, завораживает – и пробуждает жаркое ответное чувство. Исторические любовные романы писателя-этнографа Анастасии Тумановой – ваш пропуск в мир цыган, самого загадочного народа на свете.

ЧИТАЙТЕ В СЕРИИ:

- Полынь – сухие слёзы

ЦЫГАНСКАЯ САГА:

- Роковая красавица
- Страсти таборных цыган
- Люби меня, смуглянка
- Супруг неверный мой
- Жена невенчанная
- Княжна-цыганка
- Цыганочка, ваш выход!

РОМАНЫ О СЁСТРАХ ГРЕШНЕВЫХ:

- Родовое проклятье
- Дочери смуглой черкешенки
- Дама полусвета

www.eksmo.ru

2013-121

Татьяна
ТРОНИНА

Она входит в пятёрку самых популярных авторов современного женского романа.

Её книги рассказывают о той любви, что не часто случается и бывает настоящим подарком судьбы.

Такая любовь похожа на солнечный удар...

Романы о хрупком
и нежданном счастье
"Золотая женщина"
"Страсти по рыжей фурии"

Сбереги своё счастье!

www.eksmo.ru

2012-007

Елена
Арсеньева
в авторской серии
„Чаровница"

ЕЛЕНА АРСЕНЬЕВА

**ЗВЕЗДА МОЯ
ЕДИНСТВЕННАЯ**

Миром правят женщины. Это ради них мужчины завоёвывают города и государства, совершают подвиги и научные открытия. Чтобы удостоиться их благосклонности, грозные государи и могущественные военачальники готовы совершать любые безрассудства. Как заметил Шекспир, сила женщин в их слабости, а слабость их безгранична — так же, как безгранична их власть над мужчинами.

www.eksmo.ru

2011-866

Prospect Heights Public Library
12 N Elm Street
Prospect Heights, IL 60070
www.phpl.info